藤樹神社創立記念写真帖（1922 年刊）15.0㎝×23.0㎝

（その 1）

縣社藤樹神社本殿及拝殿

（その2）

中門

（その3）

神苑ノ一部（其一）

（その4）

神苑ノ一部（其二）

（その5）

社頭

（その6）

社務所

（その7）

神　饌　所

（その8）

水　嗽　舎

（その9）

遠望（鎮座祭）

（その 10）

鎮座祭御靈代通御

（その 11）

鎭座祭齋主御下叅進

（その 12）

鎭座祭ニ堀田滋賀縣知事奉告文奏上

（その 13）

奉祝祭ニ奏ノ東遊ノ舞

（その 14）

上棟式撒餅

（その 15）

縣社藤樹神社鎮座拾周年
記念寫眞帖

藤樹神社鎮座拾周年記念写真帖（1932 年刊）15.0㎝×22.5㎝

大正十一年九月神庫壹棟新築、同十三年九月待賓館壹棟建設堺市生島嘉久次郎氏外一名寄進、
同十四年神額奉揭大阪市外吉川又平氏寄進、同年十月參道築造京都市櫻井吉太郎氏外三名寄進、
昭和七年石燈籠壹對建設大阪市森下博氏寄進、同年藤樹神社鎮座記念碑建設有志寄進。
鎮座十年後の縣社 藤樹神社 （社頭）

（その 1）

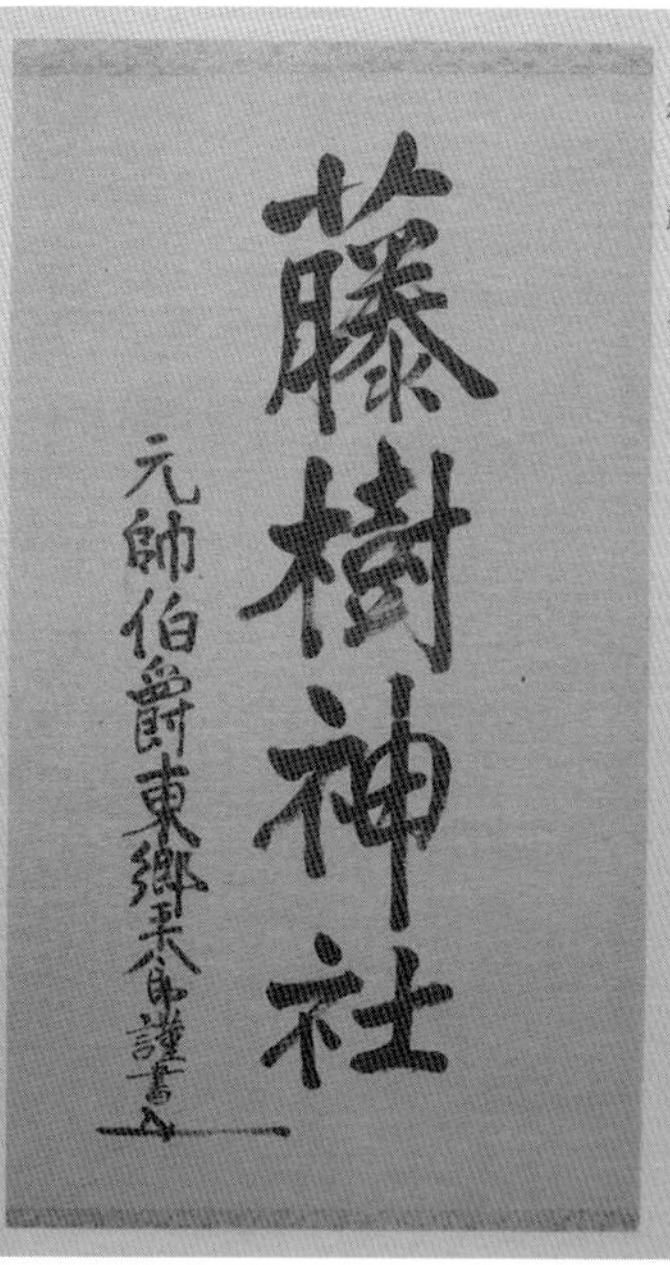

大正十年六月元帥伯爵東郷平八郎閣下筆大正十四年三月大阪市外石切住 吉川又平氏表装額入寄附、同時に神額に仕立大鳥居に奉掲す。

藤樹先生御畫像

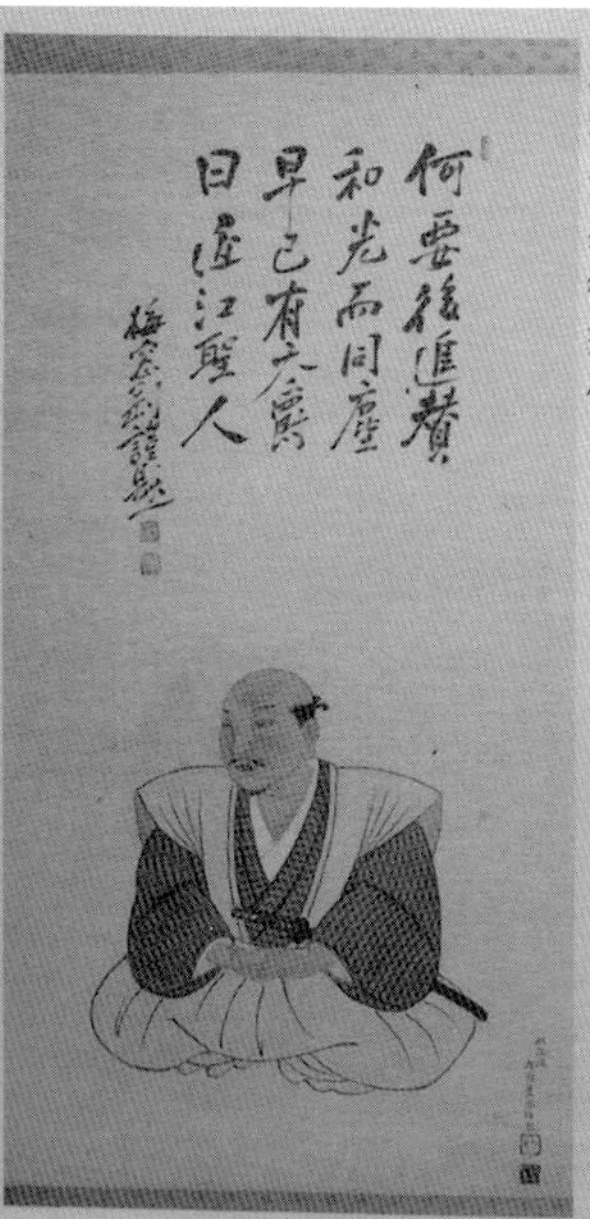

藤樹書院傳來の舊畫像によりて京都梅戸在貞畫伯の謹寫せるものにして東宮御學問所御用掛杉浦重剛翁の賛あり、大正九年九月十五日大溝町大字勝野 原田知近氏より奉納。右二品大正十二年二月二十四日佐野理事長郡長退官の爲御暇乞として參拜奉持して神庫に納入す。

（その2）

御鎮座の光景

齋主 鳥居清憲
朱傘 藤樹神社創立協賛會長 堀田義次郎
神劔 副齋主
奉仕社掌 小川喜代藏
御靈代

（以下略之）

皇后陛下御使皇后宮職御用係吉田鞆子 權女嬬多輝子次皇后宮屬植萬吉 御先導野呂社司 神前祗候小川社掌、向ッテ左佐野理事長並縣高等官

皇后陛下御使御差遣の光景
（大正十一年十一月二十日）

（その3）

鎮座祭當日の藤樹神社

鎮座二年後の藤樹神社

（その4）

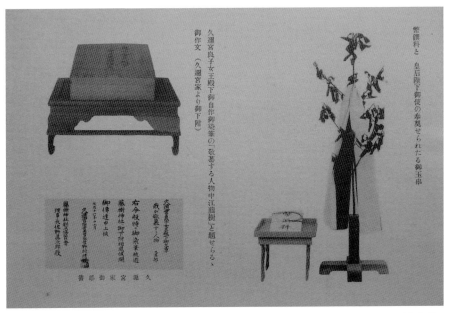

幣饌料と　皇后陛下御使の奉奠せられたる御玉串

久邇宮良子女王殿下御自作御染筆の「敬慕する人物中江藤樹」と題せらる、御作文（久邇宮家より御下附）

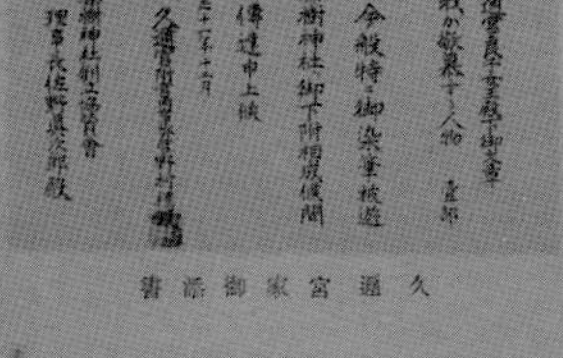
久邇宮良子女王殿下御文章
我か敬慕する人物　壹部
右今般特ニ御染筆被遊
藤樹神社ヘ御下附相成候間
御傳達申上候
藤樹神社創立協賛會
理事長佐野眞次郎殿

久邇宮家御添書

（その5）

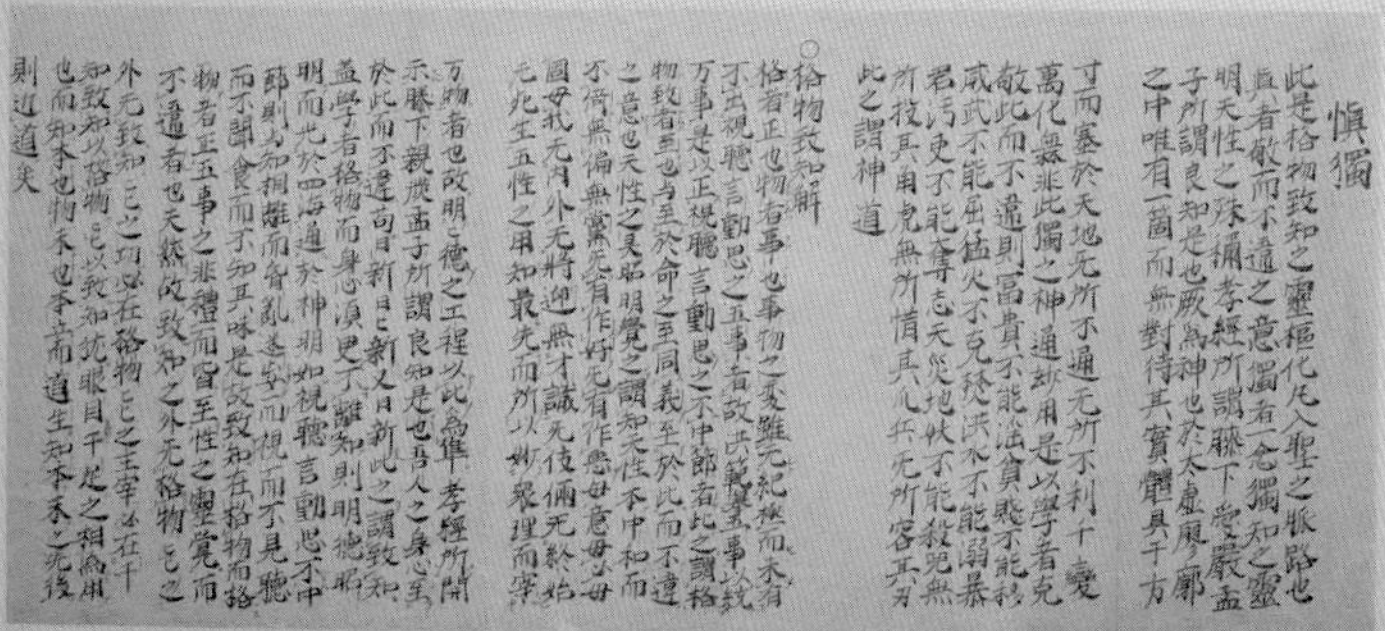

藤樹先生眞蹟横幅一巻　昭和二年十月六日大阪市外石切住吉川又平氏奉納（今その一部分を掲ぐ）

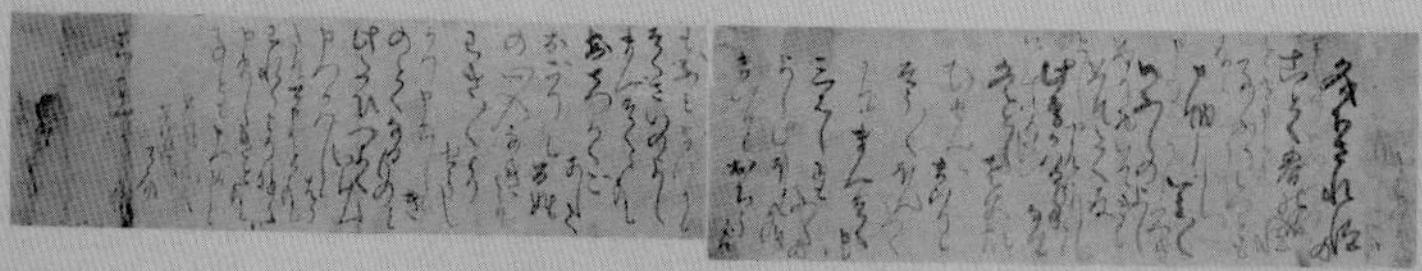

熊澤蕃山先生書簡一通　大正十五年二月滋賀縣高島郡安曇村大字田中早藤貞一郎氏奉納

（その6）

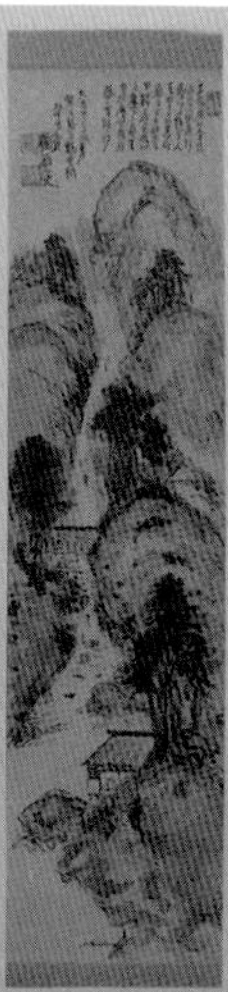

巨匠八十九叟富岡鐵齋翁筆大正十三年五月二十一日神饌料並書簡壹通を添へて奉納。

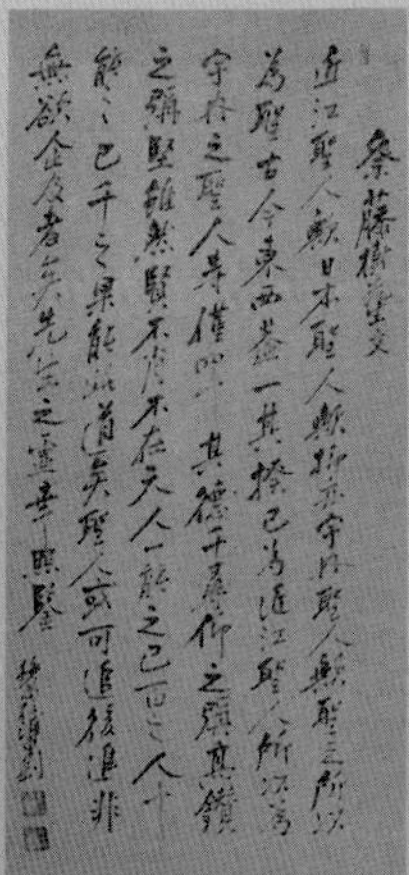

梅窓杉浦重剛翁筆（藤樹先生二百五十年祭に捧げられたる祭文を全帋に謹書せるもの）大正十四年五月十日大阪市東區今橋二丁目大音新吉氏奉納。

元帥東郷平八郎閣下筆小笠原長生子函書あり、昭和二年五月十五日大阪市外石切住吉川又平氏奉納。

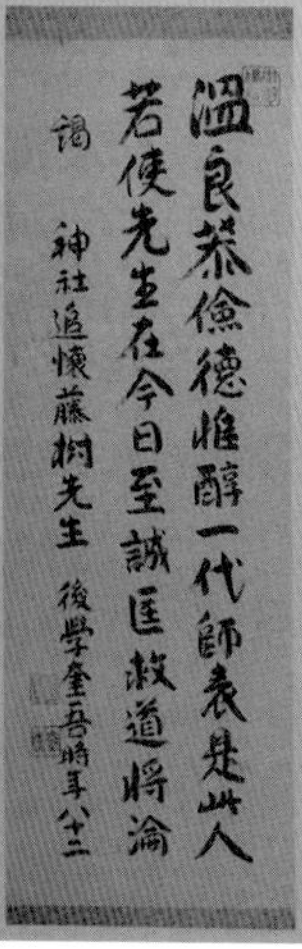

昭和六年五月二十七日清浦伯夫人同伴參拜自ら神前に奉獻せらる。

（その7）

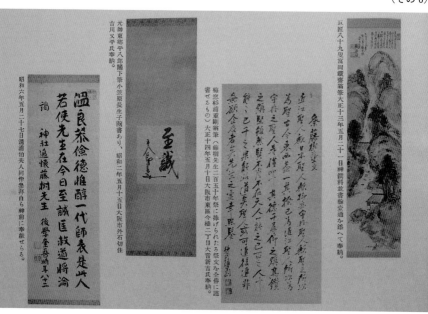

刀剣　備前長船長光

長さ　二尺八寸五分

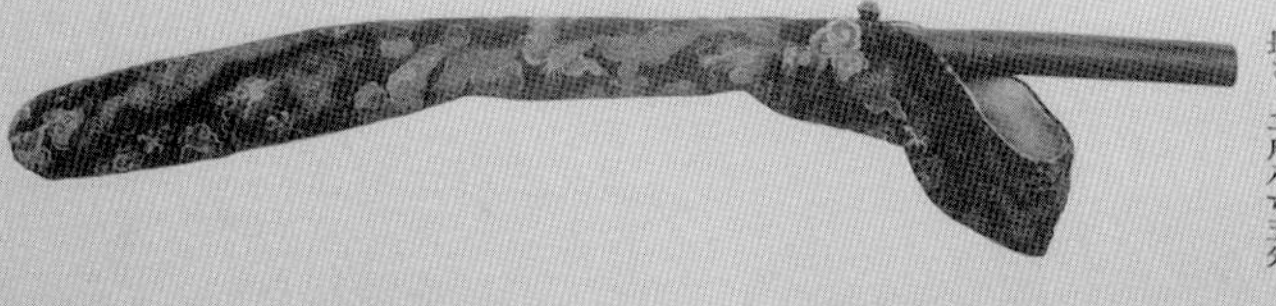

屏風　半雙　陽明學大家佐藤一齋筆

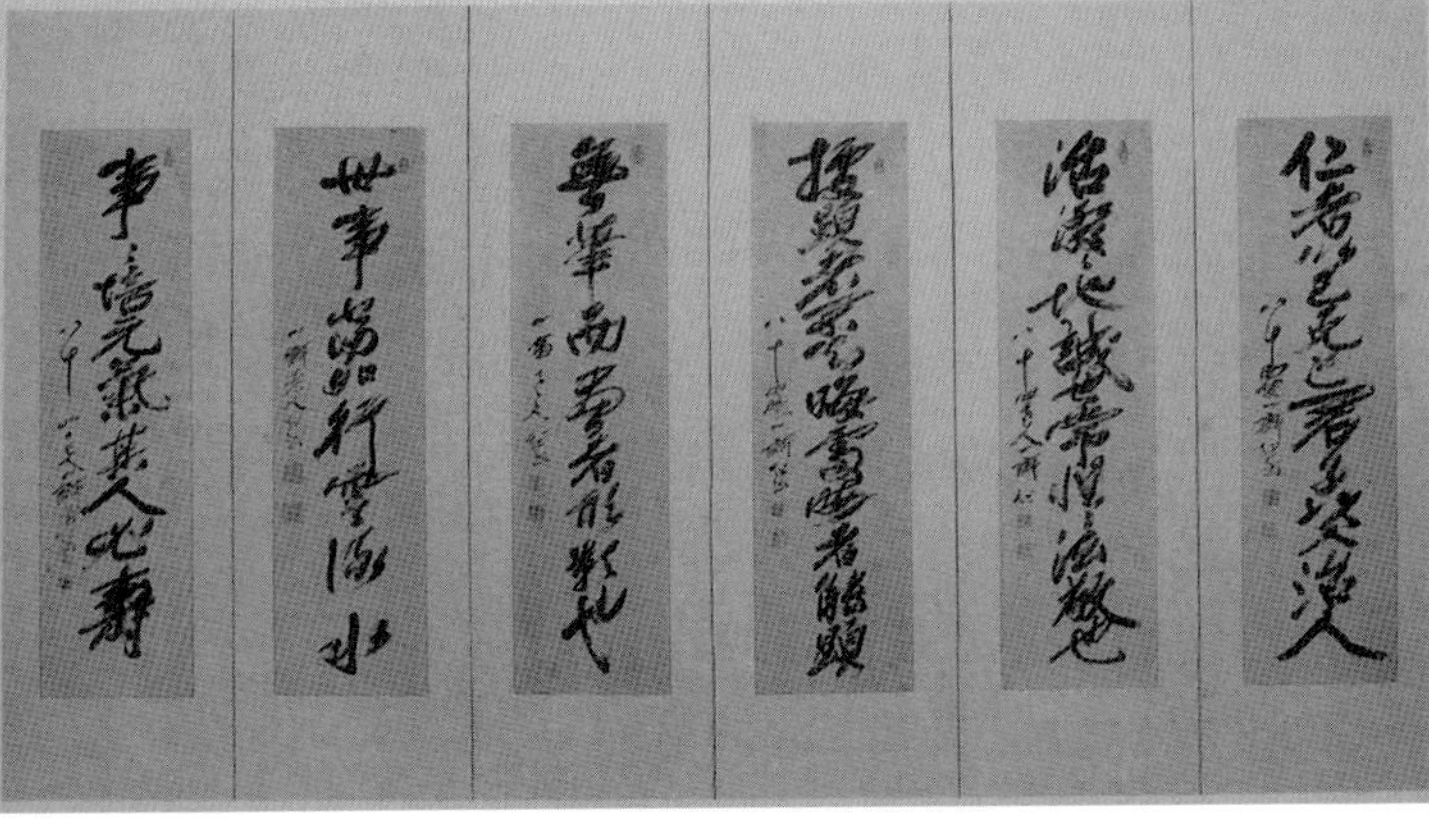

右二品　滋賀縣高島郡青柳村大字青柳　中江寅吉氏昭和三年三月七日奉納。

（その8）

孟母銅像

もと支那山東省卽墨縣城北林哥庄なる靈山廟に安置せらる。昭和三年九月十五日大阪市外石切住吉川又平氏より奉納。

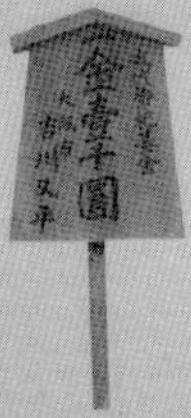

昭和二年三月七日大阪市外石切住吉川又平氏は亡夫人の遺志に依り永代祭祀資金として金壹千圓を寄進せらる、又昭和六年八月藤樹神社創立協賛會は神社營繕維持資金として金貳千圓を寄進せられたり。

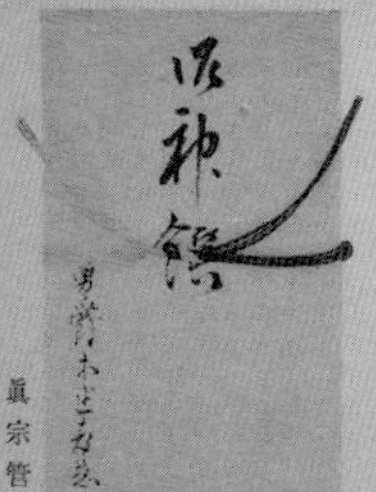

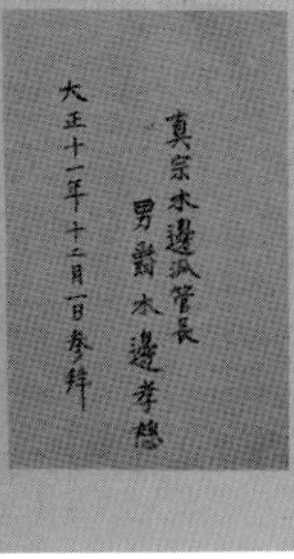

眞宗管長の神社參拜

（その9）

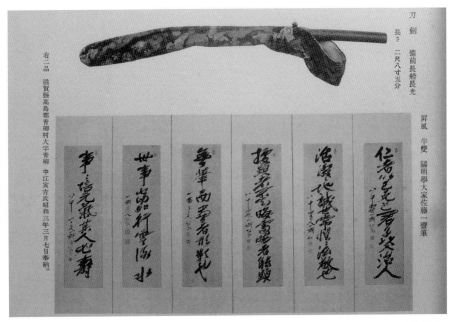

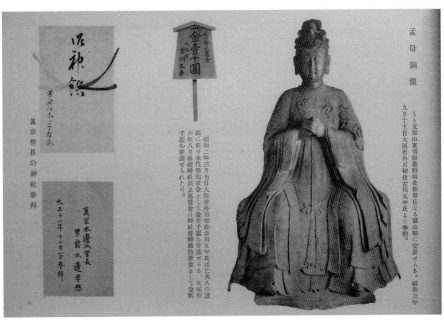

大勲位元帥閑院宮載仁親王殿下
御染筆
（藤樹先生全集御題辭）

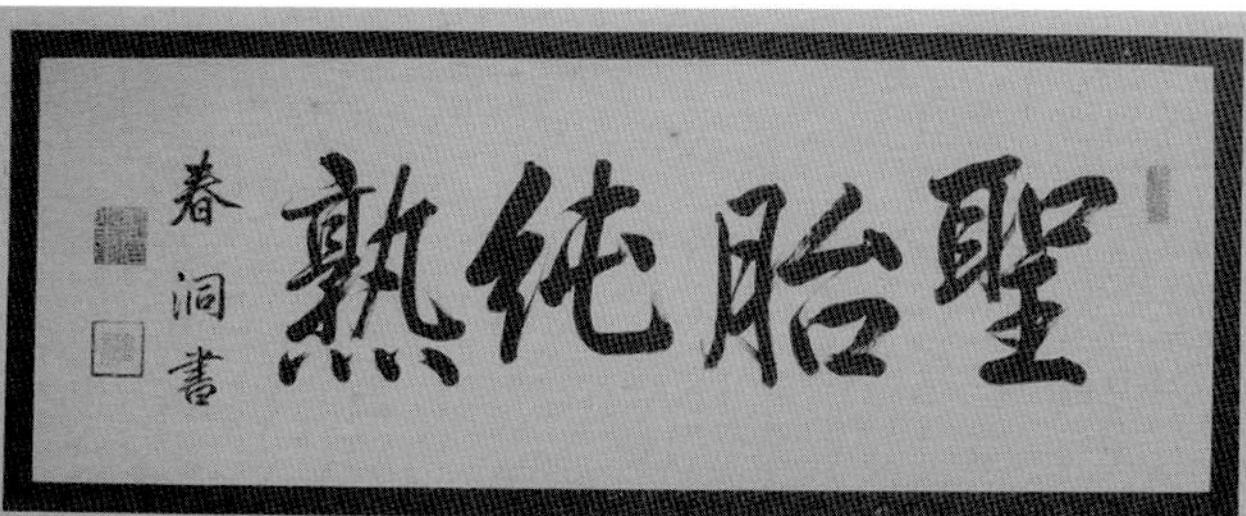

昭和三年十月九日藤樹神社協賛會より奉納

保軒高瀬博士詩あり曰く、
太湖如ㇾ鏡映二秋空一七十二峰望不ㇾ窮同志聯ㇾ車謁二江聖一入ㇾ郷先見俗淳風。

全集完成奉告祭當日神前に奉獻したる
藤樹先生全集壹部

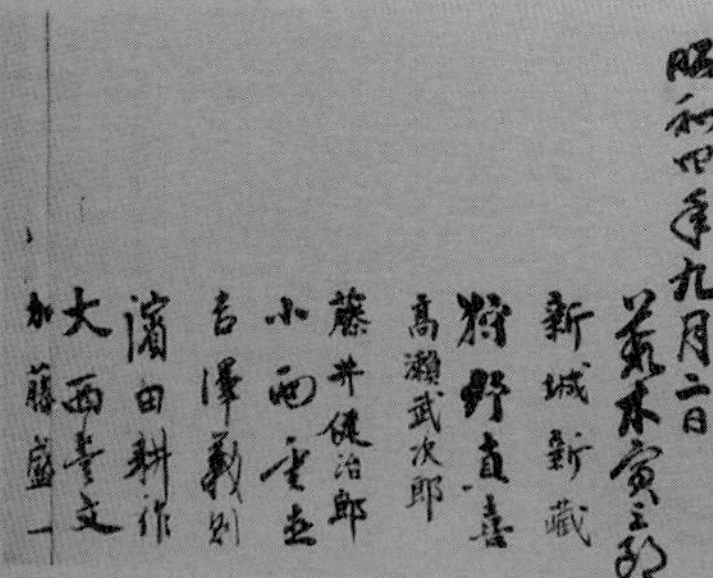

加藤編纂主任の案内にて參拜せる京大荒木
新城の新舊兩總長以下七博士

（その10）

孝經淨寫

昭和四年八月三日から五日間常鴻社主催高島郡教育會後援の下に講習會が開かれた、講師は廣島文理科大學教授文學博士西晋一郎（前列）同文學士福島政雄（二列左）藤樹先生全集編纂主任加藤盛一（二列右）の三先生で小川社司（後列）も遺蹟や遺品の説明など御手傳をした。會するもの三府二十三縣に亙り郡教育會員を加へて二百有餘名で全集の完成を祝するといふ意味もあり、眞に床しき會合であつた。幹部の方々は東京松本義懿、高松甚太郎、京都森信三、大阪柳川重行、廣島玖村敏雄の諸氏で郡教育會長は上原勝太郎氏であつた。此の意義深き會合が機縁となつて今や藤樹頌德會の結成を見るに至つたのである。

（その11）

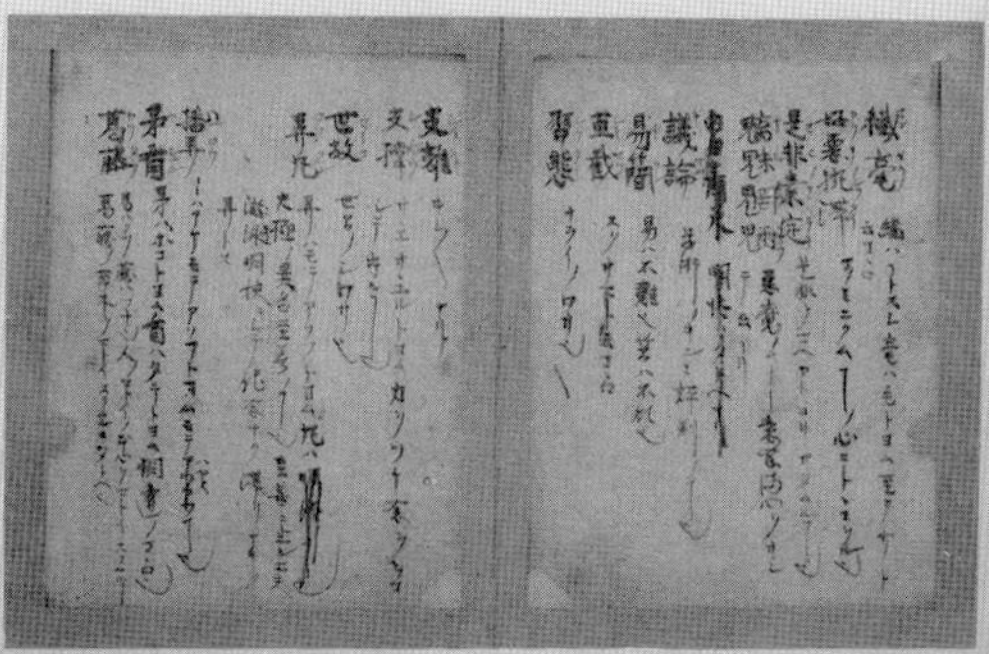

藤樹先生眞蹟熟語解 並詠艸

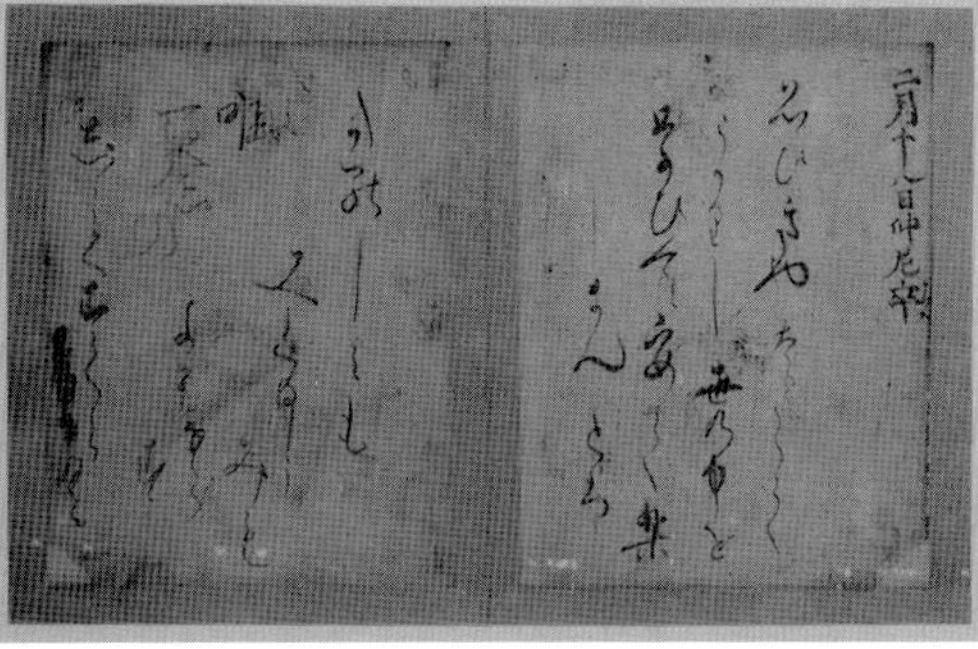

合本帖仕立壹册昭和六年六月三十日社司小川喜代藏奉納。今その一部を揭ぐ。

（その 12）

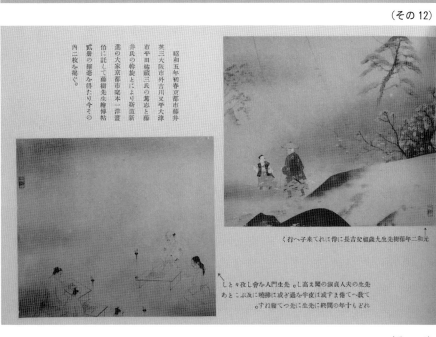

昭和五年初春京都市藤井英三大阪市外吉川又平大津市平田䅣藏三氏の篤志と藤井氏の斡旋とにより斯道新進の大家京都市粟本一洋畫伯に託して藤樹先生繪傳帖貳册の揮毫を得たり今その内二枚を揭ぐ。

↑元和二年藤樹先生九歳祖父吉長に伴はれて米子へ行く

↖先生の夫人貞淑の聞え高し。先生門人を會し孜々として敎へて倦ます或は夜半を過ぎ或は拂曉に及ぶことあれども十年の間終に先生に先つて寝れす。

（その 13）

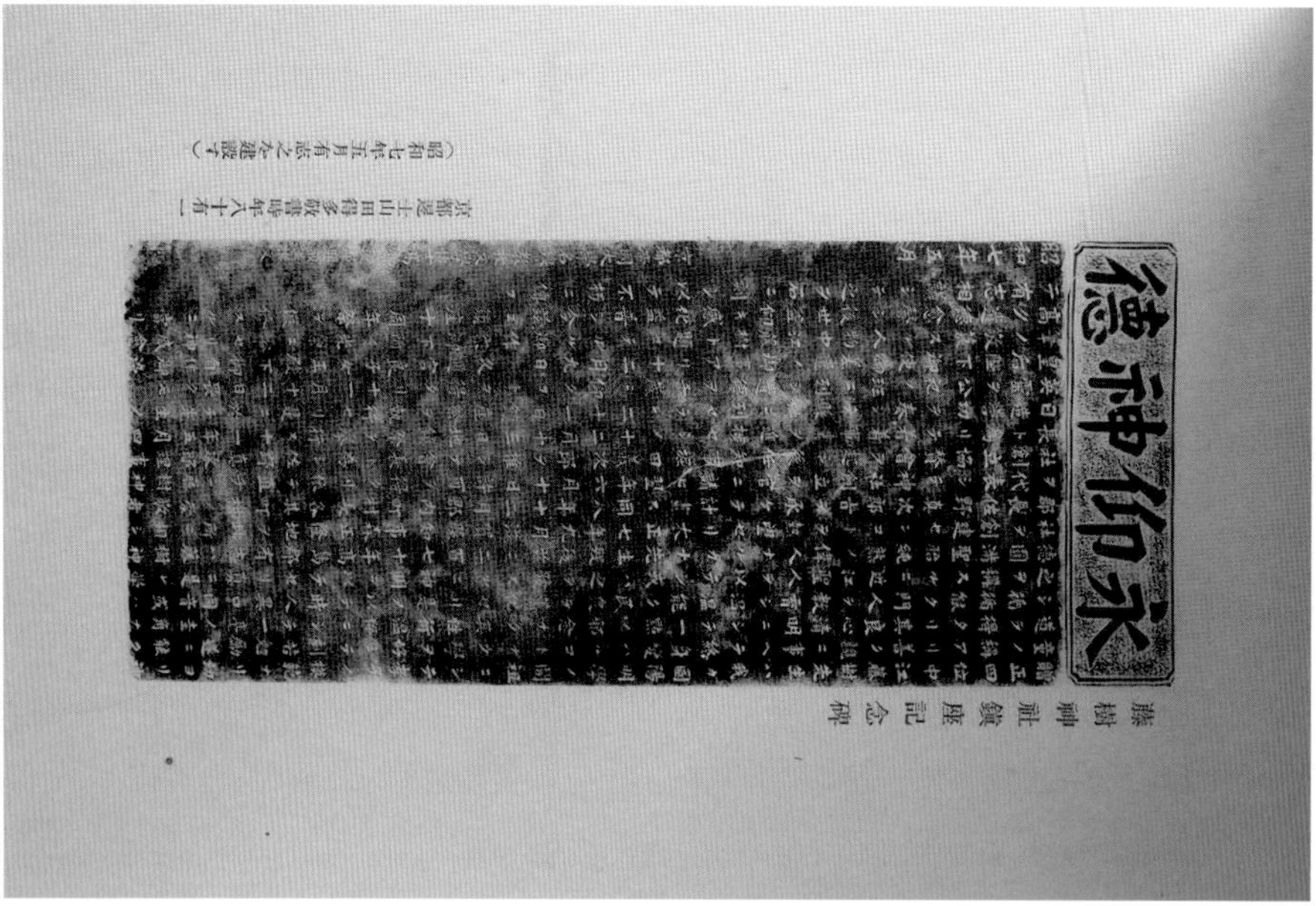

（その14）

藤樹神社絵はがき　10.0㎝×14.8㎝

藤樹神社百年史

藤樹神社奉賛会

藤樹神社百周年を迎えて

近江聖人と仰がれた郷土の偉人中江藤樹先生を顕彰して造営された藤樹神社が一世紀、百年を迎えることになりました。

藤樹先生は我が国の陽明学の祖として、この高島では私塾を開き、身分の分け隔てなく多くの人たちに教えを説かれました。教えは広く周りの里人に深く浸透して、地域の生活文化として現代にまで脈々と伝わっています。

近年まで地元のどの家も、留守にする時、さらには夜中でも、施錠せずに戸を閉めるだけであった、という逸話には驚きます。泥棒はいない、悪いことをする人はいないと言うことは、藤樹先生の教えが村里に染み入っていることを思い知らされます。

・「良知」という美しい心に従い、日々努力すること。
・先祖を尊び、大自然を敬うことが「孝行」であること。
・物事を良く学び理解し、「実行」してこそ初めて知ったことになる。
・和やかな顔つき（貌）をして、
思いやりのある言葉（言）で話しかけ、

澄んだ瞳で物事を見つめ（視）、

耳を傾けて話を聴き（聴）、

心を込めて相手を思う（思）。

普段の生活や周りの人たちとの交わりの中で「五事（貌・言・視・聴・思）を正す」ことが、良知を磨き、良知に致る道となる。

今、我々が生きる現代にこそ、この藤樹先生の教えを改めて見直すことが周年の大きな意味をもつと思うところであります。

藤樹神社奉賛会長　河本　英典

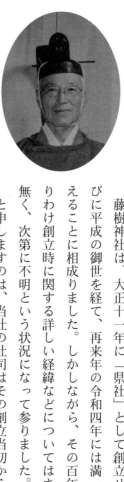

発刊の辞

藤樹神社は、大正十一年に「県社」として創立せられて以来、昭和並びに平成の御世を経て、再来年の令和四年には満一百年という佳節を迎えることに相成りました。しかしながら、その百年の歩みに於ける、とりわけ創立時に関する詳しい経緯などについてはまとまった出版物とて無く、次第に不明という状況になって参りました。

と申しますのは、当社の社司はその創立当初からの慣例として終身制で継承されてきました関係上、どうしても詳細を知り得ないという内情がありまして、常々、心の隅にて憂慮していたところでありましたが、今般創立百周年を目前にひかえて、これまでまったく手ずかずの「神庫」の内部資料を整理しましたところ、書類の中に立派に綴られた『藤樹神社御造営謹記』を発見しまして、創立時の全貌というものを始めて知ることができました。

その後の経過に就きましては、第二代社司、即ち私の祖父小川喜代蔵の手稿『重要記録』と、第三代社司（戦後は宮司）、即ち慈父小川秀和の記録した『社務日誌』によって、草創期の概要を窺い知ることができます。

この度発刊の本書の原稿にじっくりと眼を通しまして、その創立にあたっては高島郡民こぞって物心両面にわたる多大の御協力御支援を頂いたことは言うまでもない事ですが、特に事業の先頭に立って奔走なされた高島郡長佐野真次郎氏の熱い至誠には、只々頭が深く下がるばかりで、未来永劫にわたって氏の御名前は決して忘れてはならないと痛切に感じたところです。この辺の事については、『藤樹神社御造営謹記』の加藤盛一氏の跋文を御一読願いたいと思います。

また、戦前・戦中・戦後という時代的背景を考えますと、ことに戦後教育がもたらした影響によって、祭神の中江藤樹先生に対する国民全体の意識が大きく変化し、それが為に藤樹神社の立ち位置にも、少なからぬ影響を与えたことは周知のとおりであります。

その事はともかくとして、現在、藤樹神社の維持管理に奉仕しています我々にとりましては、そのような外的要因になんら関係なく、純粋に先生の御霊をお祀りするわが国唯一の神社として、将来の二百年さらには三百年へと御護りしていく事の大切さを、この『藤樹先生百年史』は教示しているものと感じてなりません。

最後に、本書の編集に際して御尽力頂いた方々の御苦労に対して深謝申し上げる共に、多くの方々が御読み下さって、様々な先人達の誠意と熱意に触れる契機となることを強く願ってやみません。

令和二年新嘗祭の日に

第六代藤樹神社宮司　小川　秀治

目　次

第二部　小川喜代蔵稿『重要記録』

第三部　小川秀和筆『社務日誌』

第四部　百年点描

目　次

藤樹神社の創立前後について

はじめに

大正十一年（一九二二）五月二十一日の創立にかかる県社藤樹神社の経緯については、さいわいにもその当事者であった高島郡長佐野真次郎みずからが、昭和十五年（一九四〇）に執筆せられた『藤樹神社御造営謹記』（以下、『謹記』と略称する）、ならびに第二代藤樹神社社司小川喜代蔵の手稿『重要記録』のこのたびの発見によって、われわれは、かなりこまかな経緯や動向、創立事業の全体像を、比較的容易に把握することができ得た。それゆえ、この二書とあわせて小川秀和宮司手筆の『社務日誌』を基本資料としながら、藤樹神社創立にかかわる歴史的背景など、いくつかの視点をつうじて概述し、おおかたの参考に供するとともに、慈斤を乞う次第である。

一　森正隆知事の高島郡巡視

そもそも歴史的人物名を冠した藤樹神社の創立については、「郡内有志は藤樹神社創建を熱望し」（『神社名鑑』神社本庁、一九六三）とあるように、これまで高島郡民の熱望にもとづく総意に起因するものと、われわれは認識してきた。なぜなら、徳行の学者として《近江聖人》とまでたたえられた祭神の中江藤樹（一六〇八―四八）は、戦前のいわゆる旧教科書のなかで、とりわけ修身書には、その改定ごとにほとんどというくらいに登場しており、近江の歴史人物の知名度として、抜群であったことはいうまでもない。

このことは、すでに滋賀大学教育学部附属図書館所蔵の旧教科書（もちろん滋賀師範学校図書館旧蔵の教科書を含む）約八、五〇〇冊の悉皆調査によって明らかにされており、そこに登場する近江の人物は一八人をかぞえた。そのうち、中江藤樹にかんする記述は、ぜんぶで八八回あることがわかり、その教科別内訳としては修身五一回、国語一一回、歴史二五回、唱歌一回であった（『図書館だより』教科書展特集号、一九九六・七）。

ちなみに、その具体的な掲載例として明治三十三年（一九〇〇）発行の金港堂書籍編『尋常小学修身訓／児童用』には、

第一課　中江藤樹先生㈠

中江藤樹先生は、ちひさいときより、よく父母のをしへにしたがはれたり。

九さいのときより、ぢゞばゞにそだてられしが、又よくそのをしへにしたがはれたり。

先生あるとき、しゅーしんの本をよみて、大いにかんしんし、それよりなほさら、ぎょーじょーをよくせんと心がけられたり。

第二課　中江藤樹先生㈡

先生とし十四のとき、ばゞわづらひて、なくなり、あくるとし、ぢゞまたわづらひて、なくなりたち。やまひのあひだは、先生よくかいほーし、ししたるときは、先生いたくなげかれたり。十八さいのとき、父のなくなりたることをききて、大いにかなしまれたり。それより母を思ふ心、なほさらつよくなりて、つひにいへにかへられたり。

とあり、このころの教科書は、小学校低学年といえども文語体であったことがうかがえる。また、藤樹の名はどこにも書かれていないが、藤樹の教えにまつわる逸話を採用したものとして、たとえば筆者所蔵の明治三十九年（一九〇六）発行の『尋常小学修身書／複式編制学校児童用』には、

だい十四　じぶんのものと人のもの

まごがうちにかへって、馬をあらはうとして、くらをおろしたら、さいふがでました。これはおきゃくのわすれたものだらうとおもって、すぐにそのやどやにかへしにいきました。おきゃくはたいそーよろこんで、おれいのかねをだしましたが、まごはなかなかうけとりませんでした。

というように「正直馬子の話」を載せている。この教科書は、前述の滋賀大学教育学部附属図書館所蔵旧教科書の「書目一覧」には登載されていない。

なお、藤樹につづく第二位の人物は井伊直弼（三五回）であり、第三位は石田三成（二九回）、第四位は山内一豊の妻（二八回）、第五位は最澄（二四回）というよう

になっている。したがって、すくなくとも昭和二十年（一九四五）八月以前における滋賀県民ならば、《国定教科書》をつうじて、徳行の学者・教育者としての中江藤樹の名とその教えは、わが郷土の有名な偉人のひとりとして、だれでもが知っていたわけである。

「学制公布以来、修身は下位におかれていたのだが、一八八〇年には、《修身・読書・習字・算術・地理・歴史》というように、教科名をあげるとき先頭におかれるようになった。これは修身重視のあらわれであり、この位置は一九四五年の敗戦まで不動であった」（山住正己『教科書』岩波新書、一九七〇）というような戦前の公教育環境から推測してみても、前述のように、高島郡民の総意というのは、どうしても自然のながれと理解できるのであるが、実際における経緯はそうでなかった。そのことは、『譴記』から知ることができ、自序の冒頭に、

藤樹神社の創立は元本県知事森正隆氏の発意なり。

と断言し、さらに本文の「発端」章には、

大正七年五月、敬神家の森正隆氏、滋賀県知事に任せられ、先つ高島郡を巡視して親しく聖人の跡を訪ひ、神霊を公祀の班に列せしめ、遺徳を千歳に崇ふし、民徳の磨礪、文教の興隆に資する為め、藤樹神社の創建を決意せらる。

とあって、まったく森正隆知事（任期＝大正六・一二・一七〜同八・四・一八）の提案であったことが、その場に同席していた瀬戸山高光高島郡長から事務引継ぎをした佐野の手稿によって、じゅうぶんにうかがえる。この「聖人の跡」とは、国史跡の藤樹書院跡のことである。その当時の藤樹書院は、明治三十八年（一九〇五）以降、高島郡役所の管轄下に置かれての運営であったので知事の巡視となり、要するにその会場で、知事と地元の役場・書院関係者との懇談会がおこなわれ、そのさい藤樹神社の件が浮上し、いっきに実現の方向へと進むことになった。もちろん、このような大事業は滋賀県が主体となって実施するという腹積もりは、森知事のなかにあったことはいうまでもない。

それとともに、その席上において、当時の青柳村長が渕田竹次郎（任期＝大正五・三・七〜同九・三・六）であり、渕田は上小川在住の人であったことがさいわいして、話が要領よく進展したものと思われる。それを裏づける資料が、昭和十年（一九三五）三月七日、藤樹神社待賓館において開催せられた「藤樹先生御誕生日記念座談会」である。このなかで渕田竹次郎は、藤樹神社創立

時を回顧して、次のようなすこぶる重要な発言をしていたことが知られる。すこし長いかも知れないが、引用させていただく。

　私が村長をして居つた時の事でありました。森（正隆）知事が藤樹書院へ参拝せられまして、藤樹先生を神様として祀るのがよいか、但しは従来の如く藤樹先生として祀るのがよいかとの事でありましたが、それはどちらでも結構ですと申しますと、それでは神として祀ることにしよう、との事で神社建設地の撰定についての協議に移り、書院の境内を中心としてとの事でありましたが、何分民家を多く取払はねばなりませんからと申しますと、それでは氏神境内にとの事でありましたが、それも困難な事情を申しますとそれでは他に適当な候補地がないかとの事で、此処〔藤樹神社〕へ案内した処、「こゝはよい処だ申分なし」との事で、不動さんを移転願つて此の地を境内にする事に定め、即座に私の一存で土地を寄附することに御答へして、後みんなの承認を求めたのであります。

（『藤樹研究』三―八、藤樹頌徳会、一九三五）

その日のうちに藤樹神社予定地が決まり、そのあと具体的に事業を進めていくのは滋賀県の出先機関ともいうべき地元の高島郡役所ということになり、さいしょの布石は、それの第一線の事業統轄責任者ともいうべき高島郡長の人選であった。なんといっても、神社の創立などは、滋賀県当局にとって未曽有の事業にほかならず、だれもが経験したことのない、歴史的・文化的事業ということであった。

　そこで、森知事は、その慧眼をして人格識見および実務にすぐれた愛知郡長の佐野真次郎（一八七七―一九六五）を適任者として見さだめ、高島郡長に転任させることからスタートした。すなわち、佐野が特命をうけて高島郡長に就任したのは、知事の高島郡巡視からほぼ三ヶ月過ぎた八月十七日であった。それから、大正十二年（一九二三）二月十五日に依願退職するまでの四年六カ月の佐野は、まさしく獅子奮迅、東奔西走の毎日であったといえよう。

〈注1〉森正隆の履歴は、次のとおり。「一八六六―一九二一。山形県出身。内務官僚。米沢藩下士遠藤庄右衛門の二男。秋田県書記官森長義の養子。一高をへて明治二六年帝国大学法科大学法律学科卒。同年司法官試補・内務属・警保局。二七年香川県参事官・第一課長兼第三課長。二八年新潟県参事官。三一年長野県書記官。三二年香川県書記官。三三年千葉県書記官・和歌山県書記官。三四年三重県書記官。三六年熊本県書記官。三八年熊本県第一部長・静岡県第一部長。四〇年茨城県知事。四一年秋田県知事。四五年新潟県知事。大正二年宮城県知事。六年滋賀県知事。八年宮城県知事。一〇年貴族院議員」（秦育彦編『日本近現代人物履歴事典』東京大学出版会、二〇〇二）

〈注2〉佐野真次郎の経歴は、次のとおり。「明治十年四月九日、東浅井郡小谷村字山脇に生る。明治三十三年六月東浅井郡書記拝命、（中略）同四十一年二月滋賀県文官普通試験に合格す。大正五年一月滋賀県属を命ぜられ内務部勧業課に勤務す、同年九月県通訳官兼県属となり六年四月愛知郡長に進む、七年八月高島郡長に転じ在職中県社藤樹神社の建設に努力して之を成就す、十二年二月官を辞して近江板紙株式会社重役となりしが、幾許もなくして実業界を退き滋賀県会議員に当選す、爾来引続き県会議員に列し政友派に属して重きをなせり、其他江州日々新聞社に重役たり」（『近江人要覧』近江人協会、一九三二）

〈注3〉高島郡役所の沿革は、次のとおり。「明治十一年郡区町村編制法公布せられ、戸籍法によりて施行せられたる区分を廃せらる。十二年五月十六日高島郡役所の位置を今津村に定む。即ち今津曹沢寺の堂宇を借入れて七月一日開庁す。今猶同庁舎を使用す。三十一年十一月一棟を増築して郡参事会室とし、三十三年四月亦一棟を増築して会議場とす」（『高島郡誌』高島郡教育会、一九二七）

二　森県政の積極政策

前節において藤樹神社創立の発端は、森知事の高島郡初巡視にあったと論及してきたが、そのことをもうすこし広げて、森県政という視点から考察してみたい。というのは、森知事が《敬神家》であったという理由だけをもって、つまり個人の内面性の問題として結論づけるのは、いくぶん短絡すぎるのではないかと思われるからである。

地方長官の人事異動とはいえ、一年五か月というみじかい知事の任期であったわけであるが、ここで、森知事の県政にたいする基本的理念がいかなるものであったかを知ることのほうが重要といえる。森知事が、自身の政治理念をおおやけの場でかたったのは、結果的に、大正七年（一九一八）の通常県会（会期＝一一・一五〜一二・一四）だけとなった。

すなわち、この通常県会において次年度予算案を提出したことにより、大正八年度の滋賀県政において、森知事はなにを計画し実現しようとするのか、そのおおかたの事業内容をうかがうことができる。予算関連の提出議案にたいする知事の一般説明のなかに、次のような発言がみられる。

まず「今年度ノ県会ニ出シマシタトコロノ大正八年度予算ハ総計百六拾参万六千六拾弐円デアリマス之レヲ大正七年度ニ比シ実ニ金参拾壱万九千六百四拾五円ノ増加デアル、予算編成ノ骨子ハ……第一物価騰貴ノ影響ニ依リ止ムヲ得サルモノ、第二ハ時勢ノ要求上其施設ヲ必要トスルモノノ外ハ節約ヲシテ斧鉞ヲ加ヘタ次第デアリマス、」と述べ、……「私ノ県治方針ハ……大別スレバ、第一ハ民風ノ改善、第二ハ教育ノ刷新、第三ハ勧業ノ改善、第四ハ運輸交通ノ整備、第五ハ風光史跡ノ保存及紹介、第六ハ済民の施設、第七ハ工夫発明ノ奨励デアリマス、」とし、各々について具体的、詳細にその施策と予算措置について説明をした。

(『滋賀県議会史』第三巻、一九七四)

この七項目にわたる森知事の県治方針のうち、ここで注目すべきは第二の《教育の刷新》と、第五の《風光史跡の保存及紹介》である。まず教育予算においては、中等学校が三校、工業学校と商業学校が各一校の増設案という、常識をくつがえすような内容であった。一年に一校ずつの開校をめざすのが普通の線といえるので、おそらく県会議員のほとんどは、おどろいたにちがいない。

県は「……社会の進運と教育の必要及び県経済の都合に応じ、漸次三〇〇人程度の学校を湖東、湖北、湖西に一校ずつ増設する計画をもって教育の普及発達を図りたい」と諮問した。

(『六〇年のあゆみ』滋賀県立高島高等学校、一九七九)

中等学校三校のうち、湖西のばあいは今津中学校(高島郡今津町)であり、大正九年(一九二〇)六月二十七日、今津尋常高等小学校の新築校舎を仮校舎にあてて、新入生八〇名をむかえて開校式がおこなわれた。そして翌年七月に、ようやく新校舎が竣功して移転をおこない、独立中学校としての面目がととのったわけである。

……敷地五千坪、校舎千五十七坪七五、寄宿舎二百二十六坪一。設立費二十五万円。十四年三月第一回卒業生を出す、人員四十九名。大正十五年三月一日現在生徒数二百九十一名、学級数十学級とす。

(『高島郡誌』高島郡教育会、一九二七)

じつのところ、このような県立中学校の誘致は、長年にわたる高島郡民の悲願であった。もしも、森知事のごとき大正八年度の積極的予算措置がなかったならば、今津中学校の開校はさらにおくれて、あるいは四、五年先のことになっていたかも知れない。

そうして、その今津中学校の初代校長として、膳所中学校教頭であった加藤盛一（一八八四―一九四五）がむかえられた。京都帝国大学卒業の中国哲学思想研究者でもあった加藤は、わが国の陽明学の開祖である中江藤樹の人となりを《敦厚》《剛毅》というふたつの成語であらわし、それを生徒心得綱領に取り入れ、郡民から「藤樹中学校」と称されるほどの徹底した校風づくりをおこなった。今津中学校は、毎年の入学式や卒業式のときには、恒例として生徒全員がかならず藤樹神社を正式参拝することになる。藤樹神社正面の大鳥居のそばに建立された石造「社標」は、今津中学校の教員ならびに在校生徒全員の募金によって、寄進されたものであり、社標の「藤樹神社」四文字は、杉浦重剛の揮毫にかかるものである。なお、のちに加藤は、教育界から身をひき、藤樹神社創立協賛会発行の『藤樹先生全集』全五巻の編纂主任となって全精力をかたむけ、学術界においてすぐれた功績を残すことになる。

次の《風光史跡の保存及紹介》とは、具体的にどういうものを指しているのか図りがたいが、近江聖人中江藤樹の史跡を日本全国にひろめ、また全国からおおくの人々が湖西の《近江聖人の里》をおとずれる手法として、「藤樹神社構想」をそれなりに想定していたのではなかろうか。つまり、森知事が大正七年（一九一八）五月に高島郡を巡視したときに、「藤樹神社構想」を披瀝せられた胸のうちに、滋賀県ならではの《風光史跡の保存及紹介》という考え方が、自身の県治方針の柱ひとつとしてすでに描いていたことは、じゅうぶんに想像し得るのである。

森知事は、帝国大学法科大学卒業後、内務官僚ひとすじにあゆみ滋賀県知事に赴任するまでに、すでに茨城県・秋田県・新潟県・宮城県の各知事を歴任されており、その地方行政のゆたかな経験則から、これまでの滋賀県政の積み残しや現在ただ今のさまざまな諸問題、懸案事項を直感的に知悉したことであろう。高島郡のばあいでいうと、県民のあいだで《滋賀県の北海道》とか、《汽車なし郡》などと揶揄されてきた実状にかんがみ、とりわけそのみじかい任期中にあって、湖西鉄道（＝江若鉄道）の敷設実現になみなみならぬ決意をもって道筋をたてたことは、森知事のすぐれた行政手腕といわざるを得ない。森知事は、ひたすら滋賀県全体の均衡ある発展をこころがけたということであろう。

巷間、森知事は、立憲政友会系知事として知られている人物であった。時あたかも、大正七年（一九一八）九月には、政友会総裁原敬を首班とする、わが国はじめての政党内閣の誕生をみた。原内閣は、①教育の改善、②交通通信機関の整備、③国防の充実、④産業の奨励という、しごくわかりやすい四大政策をうちだした。前述の森知事の大正八年度県治方針は、まさしくこうした原内閣の四大政策を下敷きにし、踏襲していたことがうかがえる。つまり、森知事が思い切った積極的予算案を策定したのも、そのような背景に裏づけされたものであったといえよう。

〈注1〉今津中学校開校式における来賓者は、次のとおりである。堀田義次郎滋賀県知事、膳所中学校長、八日市中学校長、虎姫中学校長、佐野真次郎高島郡長、滋賀郡長、安原仁兵衛衆議院議員、滋賀県会議員上原海老四郎、同石田与太郎。なお、安原仁兵衛は、安曇村田中（南市）の呉服商の長子に生まれ、明治法律学校（現明治大学）卒業ののち政治の道をあゆむ。江若鉄道の敷設に中心的役割をになう。政友会所属。

〈注2〉加藤校長の作成した生徒心得七綱領の第二条は、「敦厚と剛毅とは吾が藤樹先生性格の二大特長なり、生徒は日夕先生に私淑し此等余風を追慕し力めて軽薄優柔の言動を避くべし」であった。

三　明治神宮の大造営事業

森知事が、藤樹神社創立の事業計画に熱意をしめされたその背景のひとつに、ちょうどその時期、東京の都心においては、官幣大社明治神宮の大造営工事の真っ最中にあったことも、指摘できるのではなかろうか。高島郡巡視の二年後の大正九年（一九二〇）十一月一日、明治神宮竣功の鎮座祭がおこなわれ、約五十万人にのぼる参拝者のにぎわいで、境内外のほとんどを埋めつくした。

したがって、藤樹神社創立事業のいちれんの進め方は、現在進行中の明治神宮の造営事業を、かなり参考にしていたことが推測し得ると思われる。森知事やその後任の堀田義次郎知事においても、地方長官会議などで東上する機会がたびたびあったであろうから、そのさい進捗中の明治神宮を視察し、担当者からもさまざまな情報を得ていたことがかんがえられる。参考までに、明治神宮大造営の経緯について、八束清貫掌典の小論「栄ゆく明治神宮」は、次のようにつづっている。

先帝奉祀の神宮を奉建して、万民等しく之を崇敬追慕し奉らんとの希望は、実に明治四十五年七月三十日神去りまして後、早くも期せずして起つた。第三十帝国議会に先帝の聖徳を万代に記念し奉りたいとの建議があり、衆議院が満場一致、之を可決せるは、大正二年三月二十六日にして、御登遐、僅に七ヶ月後の事に係るのである。……此の建議の種子は、前後に於て各方面よりの熱望に培はれて遂に官幣大社明治神宮の創立が勅許せられた。実にこの建議の半歳後、同年十一月二十二日である。政府は神社奉祀調査会を設けて神宮奉建に関する一切の事を調査審議せしめ、大正四年五月に至り明治神宮造営局を新設した。国庫より御造営費四百五十万円余を支出し、歳月、五ヶ年半を費して、こゝに先帝に合はせて先后をも祀れるこの宏大森厳なる明治神宮が現出するに至つたのである。

（『神社協会雑誌』一九—一一、神社協会事務所、一九二〇）

文中の先帝とは、明治天皇であり、先后とは、大正三年（一九一四）四月十一日に没せられた昭憲皇太后（皇太后美子）であることは周知のとおり。

また、「明治神宮御造営の議は先帝崩御の後幾何ならずして起れるもの、其の発する先づ東京市民の陳情にありし」（塚本清治「明治神宮と国民の赤誠」前掲『神社協会雑誌』）と明らかにしているように、政府直轄の造営事業とともに、かかる赤誠の東京市民などにも、その陳情の具体的事業の一端をになう寄附金等の受け皿として、明治神宮造営局が官制公布されるよりも五か月はやく、《財団法人明治神宮奉賛会》の設立をみたのである。

それで、国の事業と市民の寄附による事業とを区別し、その後者の事業が《外苑工事》となって具体化し、その施工については造営局がおこなった。このことについて「明治神宮奉建概要」には、

明治神宮の造営が政府の事業として国費を以て施行せらるゝに付、之に対する国民奉賛の誠を致さむが為め広く献資を募りて明治神宮に外苑を設けむとするの請願あるや、神社奉祀調査会に於ては右請願の趣旨を容れ旧青山練兵場及権田原町に亙る一帯の地域を神宮附属外苑と為し、樹林泉池を設けて公衆の優遊に任せ各種の建築を起して以て永く祭神の鴻業乾徳を偲び、明治の聖世を記念するの方法を講ずることを決定せり、是に於て財団法人明治神宮奉賛会設立せられ、外苑造設事業に充つべき献資の蒐集に努め予期以上の結果を挙げ、大正六年二月同会より

外苑造設事業施行の事務を明治神宮造営局に委嘱せむことを申請し造営局に於ては右申請を容れて、大正六年八月より之が事務執行に必要なる職員を増置し事業の実施に当ることゝなれり。

（前掲『神社協会雑誌』）

と、その経過がくわしく書かれている。

藤樹神社のばあいは、もちろん明治神宮とは比較にならないが、高島郡役所に事務所をおいた《藤樹神社創立協賛会》がすべての事業主体となって、郡民・県民、さらには全国の篤志者からの寄附金をもって財源となしたが、その事業全体の規模や経費などは、内務大臣の認可を得てのうえのことであった。

なお、藤樹神社の創立にかかわる事業の特徴をあえていうならば、のちに学術書としてたかい評価を得た第二期事業の『藤樹先生全集』全五巻の出版であろう。ただ、この刊行事業は、昭和三年（一九二八）から四年にかけてであったために、《藤樹神社創立協賛会》の事務所であった高島郡役所はすでに廃止されており、その事務処理は、滋賀県庁の学務部内に引継がれることになる。佐野真次郎の昭和三十三年（一九五八）の回顧録によると、その当時、『全集』の事業予算としては印刷費用しか残っておらず、加藤盛一・小川喜代蔵・高橋俊乗・柴田甚五郎の編纂委員にたいする報酬は、ほとんど皆無の状態であって、「誠に相すまぬ訳である」とその心情を吐露している。昭和十五年（一九四〇）に岩波書店から《増補版》が出されたこともあって、すでに九十年過ぎた現在においてもなお、『藤樹先生全集』全五巻の学術的価値を維持しているという事実は、なによりも特筆すべきことであろう。この点については、ひとえに編纂主任加藤盛一の功績である。

ひるがえって、森知事が高島郡をはじめて巡視せられたとき、藤樹書院における知事と渕田竹次郎青柳村長とのわずか一、二分間程度のやりとり、すなわち、

藤樹先生を神様として祀るのがよいか、但しは従来の如く藤樹先生として祀るのがよいかとの事でありましたが、それはどちらでも結構ですと申しますと、それでは神として祀ることにしよう……。

（前掲『藤樹研究』三―八）

という、いわば阿吽の呼吸のようなもの、それはすなわちふたりの胸中に、現今、帝都において造営中の明治神宮をイメージしていたことも、じゅうぶんに想像されてよい。

それと、もう一点だけ言及すべきは、この時期の藤樹神社の創立とよく似た類例として栃木県那須塩原市に鎮座する乃木神社についても、見逃すことができない。この那須乃木神社は、

旧県社。祭神は乃木希典・同静子。創建は一九一六年（大正五）。旧乃木別邸を社地とする。ここで希典は一八九二年（明治二五）・九八年、一九〇一年五月以降三カ年の、計五年間を過ごし、半農生活を営んだという。例祭は明治天皇の崩御に際して乃木夫妻が殉死した九月一三日。（『日本史広辞典』）

というように、藤樹神社の創建話がでるわずか二年前のことであって、しかもその人物ゆかりの地を社地に選定したことの情報もまた、森知事の脳裏のなかにあったことはいうまでもない。

〈注1〉作家森まゆみの連載エッセー『てくてくまち再見』に、次のような興味をそそる一文がある。「明治天皇は京都の伏見桃山陵に葬られ、渋沢栄一らは、明治天皇を記念する場所を東京にも作ろうとした。それが明治天皇と昭憲皇太后を神として祭った明治神宮内苑であり、100年のうちに17万本の見事な森となった。（中略）そもそも神宮外苑は渋沢栄一が民費で、と考え、明治神宮奉賛会を組織して、全国からの拠金と青年たちの肉体労働奉仕でできあがった」（『毎日新聞』二〇一九・六・二四）

〈注2〉『藤樹先生全集』の顧問は、井上哲次郎博士・狩野直喜博士・高瀬武次郎博士・東敬治の四氏であった。

〈注3〉加藤盛一は、立命館大学教授ののち広島文理科大学教授にむかえられるが、不幸にも八月六日の原子爆弾に被災し死去する。昭和十九年（一九四四）、中江藤樹の研究にて文学博士を取得。広島県出身。

四　遺徳宣伝講演会

造営工事が予定どおり順調に進捗し、いよいよ一年後には竣功となる鎮座祭が執りおこなわれるという頃、東京と大阪の都心のど真ん中において、藤樹神社創立協賛会主催の《藤樹先生遺徳宣伝講演会》が、あいついで開催せられた。「両会場共何れも千有余名の参聴者を得」（『謹記』）るほどの盛況ぶりであったという。

まず大正十年（一九二一）四月十日、東京帝国大学文学部講堂において、午後一時開会、午後六時閉会の日程でおこなわれた。佐野理事長の「開会の辞」につづいて、四名の講師がつぎつぎに壇上にたった。佐野が事前に小川喜代蔵にあてた書簡によると、

題不詳　　文学博士 井上哲次郎
「藤樹先生ノ学説」　文学博士 服部宇之吉
「藤樹先生ノ孝道」　文学博士 宇野哲人
「中江藤樹ト日本陽明学」　東敬治

という内容になっている。前三名は、東京帝国大学教授であり、日本哲学および中国哲学分野でのわが国を代表する一流学者であった。また、東敬治は、岩国藩儒東沢瀉を父にもつ儒学者で、陽明学会の主幹として月刊誌『陽明学』を発行し、明治・大正期の陽明学思想の普及啓蒙に、おおいに功績のあった人物といえよう。なお、宇野哲人の講演録は、のちに孔版印刷にふされて藤樹神社社務所において、廉価頒布せられた。

翌五月二日、大阪市中之島公会堂において、

京都帝国大学総長 文学博士 荒木寅三郎
京都帝国大学教授 文学博士 内藤虎次郎
京都帝国大学教授 文学博士 高瀬武次郎
大阪懐徳堂教授 松山直蔵
京都心学明倫舎主 柴田虎三郎
洗心洞幹事 石崎酉之允

という、じつに豪華な顔ぶれの講師陣であった。残念ながら、それらの演題の記録はなく、したがってその講演録もどこにも残されていない。なかんずく、湖南内藤虎次郎（一八六六―一九三四）は、東洋史学者として、いわゆる《京都学派》を代表する知名度のたかい人物のひとりであったことから、講演会場もいちだんと熱気につつまれたことであろう。一般市民にとって、内藤湖南博士の講演を聴けるだけでも、たいへんなことであった。

講演会は、文字どおり藤樹の人物宣伝はさることながら、藤樹神社創立事業の宣伝と、そのための財源となる寄附金の募集宣伝が、なによりの重要な事項であって、佐野理事長の両会場における開会の辞のなかで、寄附金募集を熱弁したことはいうまでもない。こうした取り組みも、結果的に県外者からの多額の応募につながったものと思われる。

創立協賛会とはまたべつに、大阪の仁丹本舗の創業者である森下博（一八六九―一九四三）が実質のスポンサーとなって、大正十一年（一九二二）五月十二日に《中江藤樹先生木像除幕式並に遺徳宣伝講演会》を、京都市岡崎公会堂にて開催している。それこそ、鎮座祭執行の九日前のことであったが、同年五月十日付けの京都日出新聞の、ほぼ一面を仁丹の広告にあて、そのなかに遺徳宣伝講演会を囲み記事として、ど真ん中におおきく載せら

れた。これによって、会場は多数の京都市民でにぎわったものと推測されてよい。このときも、佐野理事長は、壇上において藤樹神社創立事業のこともふくめて挨拶をしており、そのあとの講演内容は、

「彫刻始末報告」　御木像作者 石本暁海

「藤樹先生ノ人格」　大谷大学教授 安藤州一

「藤樹先生ノ学説ト現代思潮」　文学博士 高瀬武次郎

ということであった。主催者は藤樹学会となっているが、これは任意団体であり、木像が藤樹神社でなく藤樹の菩提寺（玉林寺）に寄進安置するがために、そのような主催者名となったわけである。もっとも、森下博にしてみれば、あるいはこの木像もまた、当初は藤樹神社への奉納を希望していたかも知れない。いずれにしても、京都方面における藤樹神社創立事業の宣伝にとって、けっして小さくない講演会だったといえるであろう。

なお、このときの高瀬武次郎の講演要旨は、大正十一年（一九二二）六月十四日と十五日の京都日出新聞に連載されている。

〈注1〉明治三十年（一八九七）、内藤虎次郎三十二歳の著書『近世文学史論』に、藤樹を歴史的評価した一文がある。「中江藤樹は、はじめて陸・王の学の専門家となったが、かれの学問・品行の純粋さ、教化・恩沢の真実さが、郷民の間に行きわたったことといえば、百年後まで非難の声ひとつなかったほどだった」（『内藤湖南』日本の名著、中央公論社、一九七一）

〈注2〉昭和四年（一九二九）九月二日の『参拝録』に、「荒木寅三郎、新城新蔵、狩野直喜、高瀬武次郎、藤井健治郎、小西重直、吉沢義則、浜田耕作、大西□文、加藤盛一」が署名している。荒木は京都帝国大学前総長、新城は現任の総長、浜田はのちに総長に就任することになる。『藤樹先生全集』全五巻が完成したことを機に、加藤の案内で藤樹神社を参拝したのであろう。

〈注3〉東敬治の講演については、その全文が『藤樹先生を語る』（藤樹頌徳会、一九三七）に「藤樹先生としての陽明学」という題目で収録されている。

五　渋沢栄一のはからい

事業計画書によると、おおきく第一期事業と第二期事業とにわけられ、第一期は藤樹神社の創立であり、つぎの第二期は徳本堂（＝藤樹書院）の建築、藤樹文庫の建設、神社基本財産の造成および藤樹全集の出版であったが、最終的に第二期事業は、藤樹全集（＝『藤樹先生全

集』全五巻）の出版と、神社基本財産の造成だけが実現したことになる。その理由としては、なによりも総額二十万円の募金予定額が、実際には十一万円余りにとどまったことにある。しかしながら、この十一万円さえも、佐野真次郎が先頭にたって、協賛会関係者がそれこそ薄氷を踏むような思いで、可能なかぎりの方法でもって募金活動をおこなった、その結果といえよう。さらには、だれもが知る《近江聖人中江藤樹》を祀る藤樹神社ゆえに、とりわけ、多額の募金におうじた東京、大阪方面の篤志者が続出したのが、成功のおおきなウエイトを占めている。それのいちばんの功労者は、東京の実業家渋沢栄一（一八四〇―一九三一）にほかならない。『謹記』には、一千円以上の寄附者名のみが代表して記載されているが、参考までに列記すると、次のようになる。

・男爵三井八郎右衛門（二、〇〇〇円）
・男爵岩崎小弥太（二、〇〇〇円）
・男爵古河虎之助（一、五〇〇円）
・男爵住友吉左衛門（一、五〇〇円）
・子爵渋沢栄一（一、〇〇〇円）
・男爵大倉喜八郎（一、〇〇〇円）
・男爵森村開作（一、〇〇〇円）
・森下　博（一、〇〇〇円）
・大谷仁兵衛（一、〇〇〇円）
・下郷伝平（一、〇〇〇円）
・中川末吉（一、〇〇〇円）
・中　弥兵衛（一、〇〇〇円）

ちなみに、このころの財閥の寄附行為の一例をあげると、住友家第十五代当主・住友吉左衛門友純は、大阪府立中之島図書館（建物は現在、重要文化財）の建物まるごと寄附しており、それは明治三十七年（一九〇四）と大正十一年（一九二二）の二度にわたる。それはともかく、仁丹本舗の創業者である大阪の森下博は、これ以外にも昭和七年（一九三五）五月の藤樹神社鎮座十周年にさいして、中鳥居の両側にある一対のりっぱな石造常夜灯を寄進している。

また、大谷仁兵衛（一八六五―一九五六）は、高島郡三谷村（現高島市今津町）出身の、下郷伝平（一八七二―一九四六）は、坂田郡長浜町（現長浜市）の、そして中川末吉（一八七四―一九五九）は、高島郡広瀬村（現高島市安曇川町）出身の、中弥兵衛は高島郡饗庭村（現高島市新旭町）出身の実業家であった。このうち、下郷伝平などは大正七年（一九一八）に、伊吹山高層気象観測所の事務所用地一五〇坪および完成建物三棟を、滋賀県に寄附採納している。

さて、六人の男爵は、いうまでもなくわが国を代表する財閥であって、かれらは渋沢の《添書》によって募金におうじたわけである。秘書でなく、渋沢みずからがしたためた《添書》には、

国民道徳の権化たる藤樹先生を神社に崇祀することは、目今の如き思想界の混沌たる折柄極めて適切なる事柄なりと思考し、少額なから自分は金壱千円を寄付せしを以て、貴殿に於かせられても応分の御寄付を成し遣はされたし。（『謹記』）

とあり、藤樹神社の創立は、まことに時宜を得た事業であることを強調して、読む側の心をゆり動かさずにはいられない文章といえよう。ちなみに、渋沢の著書をひもとくと、かれの藤樹神社にたいするこうした募金の考え方を裏づけることができる。

自分が従来事業に対する観念は、自己の利殖を第二位に置き、まず国家社会の利益を考えてやっておった。それであるから金は溜まらなかったが、普通の実業家と称せらるる人々よりは、比較的国家社会のためになった点が多かろうと、自ら信じておる。この点からいえば余の主義は、利己主義でなく公益主義ということができよう。こう言えば如何にも自慢高慢をいうようであるけれども、衷心自ら左様信じておるところを遠慮なく告白するばかりである。

（『渋沢百訓』角川ソフィア文庫、二〇一〇）

要するに、渋沢は、日本の健全な国民道徳の育成に力をそそいだ《公益主義的実業家》であったということに尽きる。しかしそれにつけても、三井・三菱・住友・古河・大倉などの財閥にたいし、ただの書状一通をもってすぐさま対応したことが、かの財閥もまた渋沢と同様に《公益主義的実業家》としての一面を、あわせ持っていたことの証左になろうか。

東上した佐野は、寄附金の懇願とあわせて渋沢に、藤樹神社創立協賛会の《顧問》就任を要請したところ、それも快諾を得られたこともあってか、そのごにおいて、藤樹神社の宝物類のなかに渋沢の書跡二点がたいせつに収蔵されている。一点は、昭和三年（一九二八）九月、渋沢が死去する三年前の八十九歳の揮毫にかかる「道従実学存」（軸装）である。《道は実学により存す》と訓み下すが、人として踏みおこなうべき正しい道は、いにしえの書物にあるのではなく、目の前の実生活のなかにこ

そある、という謂いであろうか。人のおこなうべき道とは、いわゆる孔子の説く《仁》であり、それは愛敬の心にもとづいたものといえよう。

この句の真意をもとめるうえで、『渋沢百訓』における次のような一文がすこぶる参考になる。

学問と実行というものとは、別々に分離してきたのであるが、かの朱子学のごときは、ことさらこの弊害に陥っておる。……その学を奉ずる人々は、自ら一室に静坐しながら香でも焚いて読書三昧に入らねば、真の学問をするものとはいわれないような傾向になって行った。……例えば日常のこととても、考えようではすべて学問ではなかろうか。一つの事務を執るのも、来客に接して談話するのも、何から何まで観じ来れば、一種の学問であると自分は解釈する。

この《陽明学》の色彩の濃いわずか五文字の句は、じつに渋沢哲学の眼目といえるであろう。

もう一点は、「聖凡一性」(横額)である。渋沢は、『藤樹先生全集』第一巻の経解「慎独」から、この成語をみつけて揮毫したものと思われる。

心之良知。斯之謂聖。当下自在。聖凡一性。微有動気。依慎独名。提撕警覚。大陽已出。昏昧自明。雲行雨施。天日自若。

〔心の良知、斯れをこれ聖と謂う。当下自在、聖凡一性、微かに動気あらば、慎独の名によって、提撕警覚せよ。太陽すでに出ずれば、昏昧おのずから明らかなり。雲行き雨施し、天日自若たり〕

「聖凡一性」とは、孔子のような聖人も、われわれのごとき普通の人間も、この世に生をうけたときはほとんど同じ本性である、という謂いである。つまり、すべての人間は、ひとしく「良知の心」をそなわっているがゆえに「一性」なのである。渋沢は、藤樹の教説の核心をみごとに把握していたことがわかる。

なおまた、前掲以外の篤志者で特筆すべきものとして、大阪朝日新聞社(五百円)、同社長村山龍平(五百円)、大阪毎日新聞社(金額不詳)、同社長本山彦一(五百円)、東京帝国大学総長古在由直(三十円)などがあげられる。

〈注1〉渋沢栄一の経歴は次のとおり。「生家は武蔵榛沢郡(埼玉県)の名主。一橋家につかえ、幕臣となる。慶応3年徳川昭武にしたがって渡欧し、西洋の近代産業や財政制度を見聞。維新後、大蔵省にはいり、財政・金融制度などを立案。明治6年退官後、第一国立銀行のほか、王子製紙、大阪紡績などの設立に関与。引退後は社会事業につくした」（『講談社日本人名大辞典』）

〈注2〉大谷仁兵衛については、「明治36年東京の帝国地方行政学会（現ぎょうせい）の経営を継承。大正9年内外印刷（のちの内外出版印刷）を創立するなど、多数の出版社の経営に関与した」（『講談社日本人名大辞典』）とあり、下郷伝平については、「明治29年近江製糸の社長となり、全国有数の製糸会社にそだて、長浜銀行頭取、長浜町長などもつとめる」（前掲書）とあり、中川末吉については、「明治21年古河本店に入社。アメリカ留学後、大正3年横浜電線製造常務となる。のち東京古河銀行専務、横浜護謨製造（現横浜ゴム）、古川電気工業、日本軽金属の社長を歴任し、古河財閥の中心となった」（前掲書）とある。

〈注3〉大阪毎日新聞社長本山彦一（一八五三―一九三二）は、大正十二年十一月十九日に藤樹神社を参拝する（『参拝録』）。

六　久邇宮良子女王のお作文

高島郡長佐野真次郎の聡明さと行動力のたかさを証明するものに、藤樹神社第一の社宝ともいうべき久邇宮良子女王のお作文のご下附の一件がある。そもそもの経緯について『謹記』には、佐野自身の回顧として、

大正十年二月十二日発行の大阪毎日新聞に「尊とき御婦徳」と題し　久邇宮良子女王殿下御自作の「中江藤樹」と題せられたる御作文の一部を掲記し奉れるを拝見せり。当時藤樹神社御造営の工事中なりしが幸に御完成の暁に此の　殿下の御作文を神社に御下賜を蒙るを得ば無上の光栄と思惟し……

というように記されていて、当初の創立事業計画にはまったくなかった話ということがわかる。

ところが、その大阪毎日新聞の当該記事を実際にしらべてみると、見出しは、「良子女王のいとも尊き御心／老師の身の上を案じ給ひて／熱意の彩管を揮ひ給ふ雛の一幅／病床にて感涙に咽ぶ杉浦重剛翁」となっており、どういうわけか御作文云々の内容とはまったく異なっている。つまり、記事は、もっか病床中の杉浦重剛翁にたいする御見舞として、弥生節句にちなんだ雛人形の絹本画を贈られるために、みずから画筆をお執りになったということである。それのさいごには、次のような重剛翁の談話を載せている。

良子女王殿下今回の御事は当然の御事とは申しながら、御同慶の至りに堪へませぬ。尚微臣に対し病気の御見舞として御使を以て厚い御言葉や御見舞品下

し賜つた上、御自身御彩管を御取り遊ばされて御掛軸を賜るとは感泣の外御座いません。永久に家門の栄与として子孫に伝へ奉ります。

この疑問についていろいろ推測することは避けて、今後の研究課題として残しておく。

これより先、大正七年（一九一八）一月に久邇宮良子が皇太子妃に内定し、同年五月十四日付け東京朝日新聞には、「良子女王の修身教育」という見出しで、杉浦重剛が良子女王の御教育掛りに決定したことを報道している。その記事は次のとおりである。

未来の東宮妃と仰がるべき久邇宮良子女王殿下の御教育につきては、御両親宮たる邦彦王、同妃俔子両殿下に於かせられても特に御注意遊ばされ、既に当局者とも御内議の末それぞれ御教育主任者を選定ありしが、既報諸氏の外、今般東宮御学問所御用掛り杉浦重剛翁を新教育掛りとして伺候せしむることに決し、翁も謹みて御請けを申し上げたる趣きなるが、翁は現に東宮御学問所勅任御用掛りとして帝王学御進講中なるにより、妃殿下たるべき良子女王殿下に対し奉り修身の御講話を申し上ぐるには、寔に適材を適所に挙げたるものにして、最も人選に当を得たるものというべきなり。

そうして同八年（一九一九）六月十日、皇太子裕仁親王と久邇宮良子女王との婚約が、宮内省からおおやけに発表せられた。ちかい将来において、良子女王が皇后陛下になられる方であり、そのお作文をぜひとも藤樹神社にご下附たまわり《社宝》に、ということである。そこで佐野は、さっそくに堀田義次郎知事の決裁を得て、協賛会顧問である大津膳所出身の杉浦重剛（一八五五―一九二四）に、久邇宮家への執りなしを依頼し、その実現に動きはじめた。

ところで杉浦は、大正三年（一九一四）に東宮御学問所御用掛となり、皇太子にたいするいわゆる《帝王学》の倫理の教師にあったが、このたびの婚約成立を機に、良子女王もまた杉浦からおなじ《帝王学》をまなぶことになった。評論家保阪正康（一九三九―）は、そのあたりの内実にかんして次のように記述している。

とくに倫理の杉浦重剛の教育は、良子女王には強い印象を与えた。後年、そのことを皇后の立場で述懐してもいる。次のようなエピソードが、『牧野伸顕日記』の大正十年八月十七日には記述されている。牧野は、「杉浦重剛入来。皇太子殿下御学問中の事を語る。談中殿下の作文を示す。其文左の如し」と書いて、皇太子の作文の全文を書きうつしている。その全文に続いて、良子女王に書かせた作文も収めている。当時、皇太子は二十歳、良子女王は十八歳である。……

一方、良子女王は、「中江藤樹」と題する作文で、歴代のなかにも「我が敬慕し奉るべき」天皇、皇后は多いし、「臣下に於ても敬慕すべき人共あまたあれど」といって、「去れど藤樹先生の至誠純孝、躬行実践、民衆を感化したる平素の徳行」を賛え、「実に世界の聖人として敬慕すべき人格を表はせるものと云ふべし。これ我が最も敬愛欽慕する所以なり」とある。「実に藤樹は我国に於ける陽明学の開祖にして能く其抜本塞源の主旨を貫徹し、又能く我国体の真髄を発揮したる者として、人の尊崇措かざる所なり」とも書いている。末尾の文章は、「藤樹の誕生は三月七日にして我が誕生日の翌日なれば、彼と我と因縁浅からざるやの感あり。其学藤樹の如くなり得ずとも其の徳は彼の如く進むべく、孜々として勉むべき事を期す」というのである。徳を積むという教えを着実に学んでいきたいということになるだろう。杉浦重剛や牧野伸顕、それに貞明皇后が、この次の代を担う皇太子とそのお妃に、全幅の信頼を置いたということが理解できる内容だ。

（『皇后四代』中公新書ラクレ、二〇〇二）

杉浦重剛の尽力は、ただにお作文のご下附にとどまらず、大正九年（一九二〇）十二月ににわかに惹起した、明治政府内の薩摩と長州との閥族抗争に起因するともいわれた「宮中某重大事件」について、生命を賭してその解決のために奔走されたことも、このころのできごとであった。

〈注1〉久邇宮家については次のとおり。「伏見宮邦家親王の第四応じ朝彦親王を祖とする宮家。（中略）公武合体運動に加わったため、一八六八年（明治元）八月広島藩に幽閉された。その後許され、七五年（明治八）四月明治天皇の特旨で一代宮として同年五月八日仁孝天皇の養子に復し、同月二〇日久邇宮と称した。二代邦彦王は陸軍士官学校・陸軍大学校卒。近衛師団長・軍事参議官などを歴任、のちに陸軍大将。その第一女王良子は昭和天皇の皇后。一九四七年（昭和二二）三代朝融王のとき皇籍を離脱して久邇家となった」（『日本史広辞典』）

〈注2〉杉浦重剛の経歴は次のとおり。「大学南校にまなび、イギリスに留学。明治15年東京大学予備門長。18年東京英語学校を設立。21年三宅雪嶺らと政教社を結成、国粋主義をとなえた。年衆議院議員。大正3年東宮御学問所御用掛となる」(『講談社日本人名大辞典』)

七　宝物殿の建設計画

昭和七年(一九三二)九月二十五日の例祭日にあわせて、藤樹神社鎮座十周年記念祭が執行せられた。このときの様子について、香川県女子師範学校長の磯野清がつづった「参拝記」をいちべつしてみると、

……社務所側で参詣人の受付がありましたので、私は藤樹頌徳会を代表して参詣したる旨を申し述べ、本会からの神饌料を奉献致しました。間もなく神社創立記念碑除幕式が挙行されました。……例祭が終了してから引き続いて、鎮座十周年祭は開始され、私は会の名に於いて玉串を奉献致しました。祭祀は一絲乱れず神厳に執行されました。……式後、社務所で宝物拝観を許されました。それは　皇后陛下が嘗て「我等の尊敬する偉人」の文題に対して御執筆あらせられました「中江藤樹」の一文でありまして、先生に対する御敬慕の御至情が濃かに綴られてあります。私は写本によつて之を拝読致しましたが、先生も必ずや泉下に感泣されて居ること丶思ひました。……午前中引き続いた式中、ほとんど絶間なく参拝者を見受けました。小学校児童、中等学校生徒、青年団員、処女会員何れも鳥居前に慇懃に拝礼します。特に眼につくのは、遠い田舎から態々参拝した者らしく見える老翁が、社前に跪座して恭しく礼拝する態度を見ては、先生の徳化を偲ぶ逸話として伝へれて居る、あの未知の旅人を衣類を更めて、先生の墓に案内した村人のおもかげが偲ばれて、ゆかしく思はれました。

(『藤樹研究』第一号、藤樹頌徳会、一九三三)

とあり、おおぜいの参拝者でにぎわった例祭の様子が手にとるようにうかがえるわけであるが、このなかで注目すべきは「神社創立記念碑除幕式の挙行」である。かかる記念碑は、神社の「外苑」、参道をはさんでちょうど社務所と対面するような位置に建てられた。現在の状況からいうと、昭和六十三年(一九八八)三月に開館した安曇川町近江聖人中江藤樹記念館(現高島市施設)の玄関付近にあたる。

記念碑(高さ二・二七m×幅〇・九三m)は、正確に

いうと《藤樹神社鎮座十周年記念碑》と称されており、漢字・カタカナまじりの五六〇字からなる本文には、祭神中江藤樹の事績および藤樹神社の創立由来のことが刻まれている。そして、その文末は、「昭和七年三月／京都帝国大学名誉教授文学博士高瀬武次郎／題額並撰文」とあるので、おそらく高瀬武次郎（一八六九―一九五〇）は、小川喜代蔵社司と相談のうえ、寄進せられたものと思われる。

高瀬は、つとに陽明学者として名を馳せ、昭和三年（一九二八）一月二十日、昭和天皇に漢書の御進講をつとめられた。その講題は「大学の三綱領」についてであったが、後半では王陽明と中江藤樹の学説にもおよび、その藤樹が、今は藤樹神社として広く世人に感化をあたえているとまで、講述するほどの学者なるがゆえに、記念碑の寄進は、高瀬の至誠からなされたものと、容易に推測できるのである。

なお、ほんらいは昭和七年（一九三二）五月二十一日が鎮座十周年にあたるわけであるが、なんらかの事情によって、四か月延期の例祭日ということになったのであろう。このころ、小川喜代蔵社司が病床にあったことが、いちばんの要因だったかも知れない。

それはともかく、次の鎮座二十周年記念事業となると、前記十周年の開催日から計算すれば、昭和十七年（一九四二）五月二十一日ということになる。しかしながら、『謹記』『重要記録』はじめ、その他の藤樹神社所蔵書類のなかに、そのことについて書きつづった編冊も見あたらないので、したがって鎮座二十周年記念事業の計画それ自体が、なかったとも考えられる。

ところが、『社務日誌』における断片的ともいうべき記事をひろい集めてみると、ある事業計画を発見したのである。それは《宝物殿》の建設であり、最終的に二回の延期をしたのち、昭和二十年（一九四五）八月十五日の終戦に遭遇し、社会の構造や価値観がおおきく変化したために、いつの間にか立ち消えとなったのであるが、『社務日誌』によるかぎり、昭和十四年（一九三九）二月にはすでに寄附話がでている。エポック的な経過内容だけを掲げると、

◎昭和一四・一〇・二八　宝物殿建設に関し、大阪の吉川又平の土蔵移築の寄附話をことわる。京都の藤井善助に宝物殿の設計を依頼する。

◎昭和一五・六・一三　藤井善助、安井楢次郎（京都の設計士）、佐野真次郎、安原善太郎、渕田伝四郎、

小川社司にて宝物殿の設計に関する協議をおこなう。
◎同・七・一四　佐野真次郎より書信あり。近藤知事に面会の結果、時局柄宝物殿建設は不許可と。
◎昭和一六・六　小川社司、宝物殿建設に関し藤井善助、上原海老四郎、前田節、井花伊左衛門に面会する。
◎同・七・四　滋賀県より宝物殿建設の許可が下りる（一日付）。
◎同・七・一〇　藤井善助に宝物殿建設のため一万円寄附の依頼状を出す。
◎同・七・一三　藤井善助より宝物殿建設について絶縁する旨の書信を受ける。
◎同・八・四　佐野真次郎より宝物殿建設一時中止について賛成するとの書信あり。
◎同・九・九　宝物殿設計費金一八八円五〇銭を藤井善助に送金。
◎同・九・一九　滋賀県より宝物殿建設二か年の延期許可が出る（一八日付）。
◎昭和一八・八・二九　宝物殿工事延期願（二年）を滋賀県知事あてに提出する。
ということになり、宝物殿建設は滋賀県知事の認可を必要とし、その事業計画書が藤樹神社から提出されたものの、諸般の事情で昭和十六年（一九四一）九月と昭和十八年（一九四三）九月の二度にわたり、それぞれ二か年の《延期願》という結果をまねいた。

この要因について二点だけ指摘できよう。一点目は、近藤壌太郎知事の発言にあるように、非常の時局柄、つまり当時の時代背景である。日中戦争からさらに太平洋戦争へと戦局が拡大し、ついに寺院の梵鐘や個人所蔵の刀剣類まで金属供出をしなければならず、藤樹神社もまた、社宝の《孟母聖像》と大鳥居の銅板製《扁額》が、供出台帳に載せられた。しかし、《扁額》だけは、佐野の奔走によってなんとかまぬかれたのである。

二点目は、宝物殿の建設費は、藤樹神社創立がそうであったように、その財源をすべて寄附金でまかなうものであって、結局はごく一部の敬虔な篤志者に頼らざるを得なかったが、ここにふたつの誤算が生じた。そのひとつは、これまでいちばんの高額篤志者であった大阪の吉川又平が、金銭でなく既存の土蔵を移築しての寄附申し出であったこと、もうひとつは、五個荘出身の実業家藤井善助（一八七三―一九四三）に多額の寄附を依頼したが、藤井にはさいしょからその意思がまったくなく、けっきょく高額寄附者は、ほぼ皆無となって頓挫したわけである。

また、べつの視点からみるならば、創立にかかわった篤志者が、いずれも高齢化して実業界の第一線からしりぞいたことも、指摘できるかも知れない。そうして、戦後における藤樹神社は、県社という社格も撤廃され、社会の風潮や価値観もおおきく様変わりしたことから、財務基盤が慢性的にきびしい状態となったために、宝物殿の建設など計画することすらできなくなった。

いずれにせよ、小川社司の立場からすれば、宝物殿の建設は鎮座周年記念事業とは関係なく、久邇宮良子女王自筆の御作文をはじめとする宝物類の安全管理と、防犯防災上の問題、またひろく参拝者のための常設展示施設という観点から、喫緊の重要課題であったことはいうまでもない。とにかく、さきの太平洋戦争の各地での都市空襲のごとき、神社建物と宝物類の焼失の災厄に遭遇しなかったことは、せめてものの幸運といえるであろう。

〈注〉参考までに藤井善助の経歴は、次のとおり。「大阪金巾製織、江商（のち兼松江商）、山陽紡績などの創立にくわわり役員をつとめる。この間、明治37年に生地滋賀県北五個荘村の村長となり、神崎郡立実業学校を創立。41年衆議院議員（当選3回、国民党）。中国古美術収集家としても知られ、コレクションは藤井有鄰館（京都市）に展示されている」（『講談社日本人名大辞典』）

八　高松宮両殿下のご参拝

米英および中国を相手国とした太平洋戦争まっ只中の藤樹神社は、青柳村のわかき出征兵士の無事をいのるための神事（出征祈願祭）で多忙をきわめた。そのような戦時一色に染められた昭和十八年（一九四三）に、高松宮宣仁親王、喜久子妃両殿下が、滋賀県にお成りになり、その視察先のひとつとして、県社藤樹神社をご参拝せられて御初穂料をご下附なされたのである。

このことについて、滋賀県所蔵の公文書によると、九月十三日と十四日の両日、滋賀県にお成りになり、その視察の箇所は、①長浜市内、②伊香郡生糸、③竹生島、④海津井花宅、⑤高島郡川上村稲脱穀調整共同作業、⑥県社藤樹神社、⑦高島町早場米刈取現場、⑧堅田、⑨近江神宮、というようになっている。このうち、④海津井花宅は、おそらくその住宅の規模やりっぱな門構え、また琵琶湖が一望できることからして、逗留施設にあて

られたのではないかと思われる。ところが、『社務日誌』によると、

九月十三日（月）　晴

高松宮宣仁親王殿下同妃殿下、午後三時、菊池知事以下を従へされ御参拝遊はさる。先導は小川社司、手水は郷社日吉神社福原社司奉仕、本殿階下に御拝あらせり。御初穂料を御下附遊ばさる。参拝者は北川米造、藤沢佐一郎、清水米造、奥津七之丞、山本作蔵の五氏なり。

ということになっており、当初の計画していた日時よりもなにかの事情によって、一日はやく実施せられたのである。このときの参拝者は、その氏名からして、藤樹神社周辺の町村長もしくはその代理者、および青柳国民学校長ということがわかると同時に、非常時ということもあってか、地域住民らのお出迎えは、いっさいなかったものと思われる。

そうじて、皇室と県社藤樹神社とのつながりは、

（1）大正十一年（一九二二）十一月十三日、貞明皇后が大正天皇のご病気平癒祈願のため、伊勢神宮ならびに各地の官幣大社や御陵に参拝され、そのさい藤樹神社には、特別にお使として皇后宮御用掛吉田鞆子をさしむけ、御幣を奉納せられたこと。

（2）同年十二月九日、久邇宮家において良子女王殿下自筆のお作文「吾が敬慕する人物　中江藤樹」のご下附があり、佐野真次郎が藤樹神社創立協賛会を代表して東上し、拝戴したのち藤樹神社に奉納せられたこと。

（3）昭和十八年（一九四三）九月十三日の高松宮宣仁親王、喜久子妃両殿下がご参拝され、御初穂料を奉納せられたこと。

ということであるが、戦後においてはまったく途絶えたことになる。

〈注〉高松宮両殿下の滋賀県お成りの行程文書は、第回県政史料室企画展「皇室と滋賀県」（会期＝令和元・五・七～七・二五）にてガラスケースに展示していたのを筆者が実見したものである。

九　結びにかえて

県社藤樹神社は、極論していうならば、ことごとく高島郡長佐野真次郎の陣頭指揮と、その終始かわらぬ熱意によって創立せられた、といっても過言ではない。その佐野が、のちに第二十四代滋賀県会議長（任期＝昭和一

〇・一〇・一四〜一三・一一・一一）に就任したとき、こんどは大津市の近江神宮の創立にも関与することになったのは、佐野にとって、まことに不思議なめぐりあわせといわざるを得ない。

議長となった佐野は、すぐさま前年と同様の滋賀県会議長佐野真次郎名による「天智天皇奉祀神宮造営促進ニ関スル意見書」を、昭和十年（一九三五）十一月二十五日に内務大臣後藤文夫および滋賀県知事村地信夫あてに提出した。その意見書の内容は、ふたつの骨子からなっている。まずひとつは、

天智天皇ノ神霊ヲ其ノ御因縁最モ深キ近江大津ノ地ニ鎮メ奉ラントスルハ、滋賀県民ノ多年熱願シテ熄マサル所ナリ。（『滋賀県議会史』第四巻、一九七六）

ということで、近江神宮の造営は、県民にとって長年の願いであったことを明かにしていること。もうひとつは意見書の結論として、

政府ニ於テモ驪テ皇紀二千六百年ヲ迎ヘントスル機宜ニ鑑ミラレ、且敬神尊皇ノ本義ヲ発揮セントスル趣旨ニ顧ミラレ、此ノ国家的事業ノ達成ニ絶大ナル援助ヲ与ヘラレンコトヲ切望ス。　（前掲書）

とあり、五年後の昭和十五年（一九四〇）二月十一日の《皇紀二千六百年》を目標にして、近江神宮の造営を計画しているということである。

さらに、昭和十二年（一九三七）十二月十四日、滋賀県会議長佐野真次郎の名で「近江神宮神苑地域整備ニ関スル意見書」を、滋賀県知事平敏孝あてに提出した。要するに、県費をもって神苑整備をお願いするという要望にほかならない。この年の七月、盧溝橋事件に端をはっした日中全面戦争がはじまり、わが国は戦時の時代へと突入したのであるが、佐野は、しかるべき目標にむかって着実に推進していくための布石のひとつとして、それはまた県会の総意として、かかる意見書をとりまとめたのであろう。

いうまでもなく、藤樹神社と近江神宮とは、その事業規模や社格においておおきく異なるけれども、神社の創建にかんする進め方については、基本的になんら変わるところはないので、佐野の藤樹神社におけるきちょうな経験が、こんどの近江神宮造営事業のなかでも生かされる場面がいくつもあったものと思われる。

基本参考文献

『高島郡誌』（高島郡教育会、一九二七）
『藤樹先生全集』第五冊（岩波書店、一九四〇）
『滋賀県議会史』第三巻（同編さん委員会、一九七四）
『滋賀県議会史』第四巻（同編さん委員会、一九七六）
『近代日本総合年表第二版』（岩波書店、一九八四）
『日本史広辞典』（山川出版社、一九九七）
『岩波日本史辞典』（岩波書店、一九九九）
『講談社日本人名大辞典』（講談社、二〇〇一）

第一部　佐野真次郎著『藤樹神社御造営謹記』

凡例

一、本書は、藤樹神社創立協賛会理事長であった佐野真次郎が昭和十五年（一九四〇）に、後世に伝えるために執筆した墨書の浄書本（縦二七・二㎝、横一九・〇㎝）である。

一、全部で七十葉からなるが、そのうち、巻首の一葉は堀田義次郎の「竭誠尽敬」と大書された題辞であり、また巻尾の三葉は加藤盛一の謹直な細字による跋文で構成する。

一、装丁は、神社奉納と本書の永年保存を深慮してか、大和綴じによる豪華な絹張りの厚表紙仕立てにしている。

一、翻刻するにあたって、旧字体の漢字はすべて新字体に変更したが、送り仮名は原本のままの歴史的仮名遣いとした。欠字もまた、原本のままとし、句読点については読者の便宜を考慮して書き加えておいた。「本殿棟札写」は原本どおり白文のままとした。

一、原本の判読困難な字には、□□記号を使用した。

一、本書は、かつて月刊誌『藤樹研究』（昭和十七年末廃刊）に掲載せられたが、割愛された箇所もあるので、今回はその全文を原本どおり忠実に掲載することにした。ただし、目次の項目にかぎって、便宜上（一）から（二一）までの通し番号をふしたことを明かにしておく。

（表紙）

藤樹神社御造営謹記

自　序

藤樹神社の創立は元本県知事森正隆氏の発意なり。始め知事より其の命を受けたる時、予は頗る其の責任の重大なるを痛感すると共に、無上の栄誉に感激し、必ず其の目的を貫徹して知事の負託に背かざらんことを心に誓ひたりき。爾来三年有余、東奔西走、種々の難関を経て漸く其の目的を遂達するを得たり。是れ全く先生の御遺徳の然らしむる処なるは勿論なりと雖、亦以て本事業を援助せられたる大方の篤志家に負ふ処、少なからざるを思はずんばあるべからず。則ち茲に神社創立の発端より鎮座祭執行の後に至る迄、順次採録して永く之れを後昆に伝へんとす。

昭和十五年十月

佐野真次郎

目　次

藤樹神社御造営謹記

元藤樹神社創立協賛会理事長
佐野真次郎

（一）発　端

贈正四位中江藤樹先生の篤学至誠、実践躬行、以て民衆を徳化せられたる功績の偉大なるは、素より言を須たざる所なり。然るに追慕景仰の誠を致すの点に至ては、単に高島郡青柳村藤樹書院に於ける年一回の儒祭に過ぎず。全郡痛く之を遺憾とせり。会々大正七年五月、敬神家の森正隆氏滋賀県知事に任ぜられ、先づ高島郡を巡視して親しく聖人の跡を訪ひ、神霊を公祀の班に列せしめ、遺徳を千歳に崇ふし、民徳の磨礪、文教の興隆に資する為め、藤樹神社の創建を決意せらる。当時、予乏を愛知郡長に承けて其の任に在りしが、森氏の推挽に依り高島郡長に転任を命ぜられ、爾来其の機の熟するを待てり。

後、幾何もなくして森氏去り、堀田義次郎氏本県知事に任ぜられ森氏の志を継ぎ、愈々藤樹神社の造営を企劃し、旨を予に授く。是れ則ち藤樹神社創立の発端なり。

（二）出　願

大正八年十二月、予は堀田知事の旨を承けて地元有志と謀り、渕田竹次郎外十六名（高島郡各町村長）を崇敬者総代となし、同月二十日、神社創立願を提出し、知事は翌大正九年一月四日、政事始に之を内務大臣に進達せられ、同年六月十日、許可を得たり。願書並指令の全文、左の如し。

神社創立願

私共儀

贈正四位中江藤樹先生の純孝至誠にして能く我が国体の真髄を発揮し、躬行実践、夙に近江聖人の盛名あり。百代の師表と仰ぎ教育道徳の神として追慕措く能はざるところなるも、当地に於て未だ曽て神社として奉祀することなきを以て、甚だ遺憾とするところなり。惜哉、現在祀堂の設けありと云へども儒式にして日本的にあらざること、是れ国民教育上、人心統一上、実に忽諸に附すべからずと信ず。依て今般相謀り、高島郡青柳村大字上小川字中道の地を卜し、神社を創立して藤樹神社と称し、境内地を寄附し、社殿及附属建物を建揃へ、永続維持方法を講じ、永久に中江藤樹先生を奉祭致度候間、特別の御詮議を以て中江藤樹先生の神社を当地に創立の義、御許可被成下度懇願の至に不堪候。依て爰に附属書類相添へ、此段奉願候也。

大正八年十二月二十日

崇敬者総代

高島郡青柳村大字上小川第六十一番屋敷
淵田竹次郎

同　郡大溝町大字永田第五百四番地
大友謙治郎

同　郡安曇村大字田中第二百二十二番地
早藤貞一郎

同　郡西庄村大字寺久保第五百三十五番地
西川文三郎

同　郡水尾村大字武曽横山第二千百十五番地
万木嘉治松

同　郡朽木村大字村井第九百六十三番地
玉垣鉄蔵

同　郡剣熊村大字浦第四十八番屋敷
前河捨次郎

同　郡高島村大字鹿ヶ瀬第三十二番屋敷
大塚善吉

同　郡百瀬村大字知内第五百十四番地
鳥居五三郎

同　郡広瀬村大字長尾第七百三十三番地
稲垣治司

同　郡川上村大字浜分第六十八番屋敷
岩佐定一

同　郡新儀村大字藁園第百三十六番屋敷
清水金治郎

同　郡本庄村大字北船木第四十二番屋敷
保木寅之助

同　郡三谷村大字角川第七十六番屋敷
角川米吉

同　郡今津町大字下弘部第四十九番屋敷
安達仙太郎

同　郡海津村大字海津第二百四十六番屋敷
井花伊右衛門

同　郡饗庭村大字針江第五百八十一番地
美濃部捨次郎

内務大臣床次竹二郎殿

（附属書類）

調　書

一、祭　神　贈正四位中江与右衛門命

一、社　名　藤樹神社

二、由　緒

贈正四位中江藤樹先生ハ近江国高島郡ノ人、元和二年、祖父吉長ニ従ツテ伯耆国米子ニ往キ、三年伊予国大洲ニ徙リ、十一歳始メテ大学ヲ読ミテ聖人タラントノ志ヲ立テ、十二歳一日食ニ丁リ君父ノ恩ヲ思ヒ箸ヲ投シテ三嘆ス、ソレヨリ独学自修、日夜聖賢ノ書ヲ翻キ励精止マス、大洲ニ在ルコト十八年、斯文ノ興起ヲ以テ己レノ任トナシ、終ニ大洲ノ地ヲシテ文教ニ浴セシメタリ、先生十四歳ニシテ祖母ヲ失ヒ、十五歳ニシテ祖父ノ喪ニ遇ヒ、次イテ十八歳ニシテ父ノ訃ニ接スルヤ、母ヲ大洲ニ迎ヘ養ハント欲スルモ母従ハス、終ニ已ムナク志ヲ仕途ニ絶チ、故郷小川村（今ノ青柳村大字上小川）ニ帰リテ慈母ニ孝事シ、専ラ後進ヲ誘掖シテ循々トシテ倦マス、熊沢蕃山、中川謙叔等ノ如キ英才ヲ教育シテ、其ノ学術ヲ実地ニ応用セシメタリ、惟フニ当時、藩中治績ヲ以テ聞ユルモノ備前藩ノ右ニ出ツルモノナシ、是レ熊沢蕃山以下、先生ノ教ニ浴シタルモノ其ノ麾下ニ集リタルノミナラス、少将光政公マタ先生ノ指導ヲ仰カレシ結果ニ外ナラサルナリ、寛永十七年夏、竹生島ニ参詣シ、艮上一陽従坎出卦神本是大明神浮屠誤做弁才号天運循還必復真、トノ詩ヲ賦シテ神仏混合ノ非ヲ看破シ、以テ復古神道ノ先駆ヲナセリ、翌十八年、伊勢太廟ニ参拝ス、詩アリ、曰ク、

光華孝徳続無窮　正与犧皇業亦同
黙祷聖人神道教　照臨六合
　太神宮

而シテ先生以為ク、太神宮ハ我カ国開闢ノ元祖ナリ、苟モ生ヲ此ノ土ニ享クルモノ、一タビ参拝セサルヘカラスト、此ノ思想ヤ蕃山ニ至リテ愈々鮮明トナレリ、是ニ於テ先生ノ学ハ我カ神道ノ精神ト合一融和シテ、実ニ日本的ニ醇化セラレタリ、先生又曰ク、我レ学ヲ講スルトコロ国土ノ為メニ永久ノ万寿ヲ祈ルカ如シト、是レ嘗テ浅見絅斎ガ近思録ヲ講シ、「為万世開大平」ノ章ニ至リ、我レ今日諸氏ノ為メニ此ノ書ヲ講スルモ亦万世ノ為メニ太平ヲ開クモノナリ、ト云ヘルト同一轍ノ思想ニシテ、其ノ本領ノアルトコロ以テ察スルニ余アリ、晩年良知ノ学ヲ唱導シ、日本陽明学ノ開祖

トナレリ、幕末内外ノ時ニ際シ、其ノ思想ヲ汲メルモノ続々トシテ輩出シ、以テ維新ノ大業ヲ翼賛セルモノ多シ、今ヤ先生ノ遺徳ハ郡内ニ徧ク、三尺ノ童子トイエトモ其ノ墓側ヲ通過シ、其ノ遺跡ヲ過キルモノ襟ヲ正シテ脱帽ノ礼ヲ行ハサルモノナク、毎年九月二十五日、例祭ヲ行ヘル時ノ如キ児童青年ノ参拝スルモノ四五千ノ多キニ達シ、日々参拝スルモノ東西両京ヲ始メトシ、北海道ヨリ台湾ニ至リ、コ、マタ外人ノ参拝スルモノアリ

三、社殿

本殿　桁行　二間
　　　梁間　三間

中門　桁行　一間半
　　　梁行　二尺八寸

透塀　延長　四十一間

拝殿　桁行　五間
　　　梁間　三間

鳥居　高サ　五間
　　　巾　四間

水屋　桁行　一間半
　　　梁間　一間

社務所　桁行　五間
　　　梁間　三間

四、鎮座地　滋賀県高島郡青柳村大字上小川字中道

境内地　四千百八拾九坪

但、寄附ニ依ル

五、建設費

総額　金六万四百円

一、本殿　金壱万弐千円
一、中門　金壱千参百円
一、透塀　金参千円
一、拝殿　金六千円
一、鳥居　金弐千円
一、水屋　金八百円
一、社務所　金参千円
一、神饌所　金壱千五百円
一、制札所　金弐百円
一、石垣石橋等　金五千六百円
一、地形費　金弐万五千円

処弁方法

右建設費ハ主トシテ本県内ニ於テ寄附金ヲ募集シテ之ニ充ツルモノトス

六、維持方法
　基本財産　　金壱万円
　右基本財産造成ノ方法ハ主トシテ本県内ニ於テ
　寄附金ヲ募集シテ之ヲ造ル

許可書

内務省滋社第三号
滋賀県高島郡青柳村大字上小川
淵田竹次郎　外十六名
大正八年十二月廿日願藤樹神社創立ノ件許可ス
大正九年六月十日
内務大臣床次竹二郎 ㊞

(三) 協賛会の設立

大正九年三月十一日、今津町慶成館に於て崇敬者惣代会を開き、神社創立協賛会の設立を協議し会則を制定せり。全文左の如し。

藤樹神社創立協賛会々則

第一条　本会ハ藤樹神社創立協賛会ト称シ、事務所ヲ滋賀県高島郡役所内ニ置ク。

第二条　本会ハ藤樹先生誕生ノ地タル滋賀県高島郡青柳村大字上小川ニ地ヲ相シ、藤樹神社ヲ創立シ、之ニ付帯スル事業ヲ経営シ、其ノ維持方法ノ確定ヲ図ルヲ以テ目的トス。

第三条　本会ノ経営スル事業左ノ如シ。
　第一期
一、藤樹神社創立
　第二期
一、徳本堂建築
一、藤樹文庫建設
一、藤樹全集出版
一、基本財産造成

第四条　本会々員ヲ左ノ三種トス。
一、名誉会員
　金壱千円以上ノ出金者又ハ本会ノ為ノ功労顕著ナリト認メ、評議員会ノ議決ニ依リ推薦シタル者。
二、特別会員
　金百円以上ノ出金者又ハ本会ノ為メ功労アリト認メ評議員会ノ議決ニ依リ推薦シタル者。
三、通常会員
　金拾円以上ノ出金者。

第五条　金拾円未満ノ出金者ハ之ヲ賛助員トス。

第六条　特別ノ建造物及木石等ヲ寄附セントスルモノアルトキハ審査ノ上之ヲ受領ス。

第七条　第四条第五条ノ出金者及第六条ノ寄附者ハ藤樹神社崇敬者トシテ其ノ芳名録ハ永ク社務所ニ保存ス。

第八条　本会ニ顧問ヲ置キ碩徳ノ大家ヲ推薦ス。

第九条　本会ニ会長副会長理事長各一名、理事評議員世話係書記各若干名ヲ置ク。

会長ハ滋賀県知事ニ、副会長ハ滋賀県内務部長ニ、理事長ハ滋賀県高島郡長ニ依嘱ス。

理事ハ会長之ヲ嘱託ス。

評議員ハ滋賀県高島郡内各町村長ニ依嘱ス。

世話係ハ理事長之ヲ嘱託ス。

書記ハ理事長之ヲ命免ス。

第十条　会長ハ会務ヲ総理ス。副会長ハ会長ヲ補佐シ会長事故アルトキ之ヲ代理ス。

理事長ハ会長ノ指揮ヲ受ケ会務ヲ処理シ外部ニ対シ本会ヲ代表ス。

理事ハ理事長を補佐シ会務ヲ分掌ス。

評議員ハ本会ノ諮問ニ応シ重要ノ事項ヲ審議ス。

世話係ハ本会ノ依嘱ヲ受ケ会員募集其ノ他会務ヲ処弁ス。

書記ハ理事長ノ命ヲ受ケ庶務会計ヲ掌ル。

第十一条　本県内各郡市（高島郡ヲ除ク）ニ支部ヲ置ク。

支部長ハ郡市長ニ依嘱ス。

支部長ハ其ノ郡市ニ於ケル会務ヲ処理ス。

第十二条　本会ハ藤樹神社ノ創立及付帯事業ノ経営ヲ完了シ之ヲ神社及関係当事者ニ引継キタル上ニ於テ解散スルモノトス。


同年四月二十六日、町村長会を開き協賛会々員募集方法を左の通協定し、併せて大正八年二月、京都電灯株式会社より高島郡有志に申受たる寄附金壱万円の内、金弐千円を神社創立に要する費用として、協賛会に寄附するの決議をなし、尚同月二十九日、小学校長会を開き協賛会々員募集に協力方を要望せり。

藤樹神社創立協賛会々員募集ノ件

曩ニ設立シタル藤樹神社創立協賛会ニ於テハ、今回愈々其ノ第一期事業タル藤樹神社創立費ノ募集ニ着手セントス、而シテ該神社創立費ハ金拾万円ノ予算ニシテ、内金五万円ハ堀田知事ノ配慮ニ依リ県下各郡市ヨリ募集シ、金五万円ハ本郡内ニ於テ左記方法ニ依リ募集セントス、就テハ本件ハ実ニ本郡ニ於ケル一大事業タルノミナラス、思想善導ノ上ニ於テモ、是非共速ニ完成セシメサルベカラサルヲ以テ、各位ハ宜シク此意ヲ諒トセラレ会員募集上、格別ノ尽力アランコトヲ懇望ス

募集方法

1、金五万円ヲ左ノ割合ニテ募集セントス

い、安曇・水尾・本庄・新儀ノ各村ハ一戸平均六円以上

ろ、其他ノ各町村ハ一戸平均五円以上

は、青柳村ハ敷地一町歩提供ニ付、地均工事ニ対シ青年団員其他ヨリ幾分労力ノ寄付ヲナス外、金員ノ寄付ハ随意トス

2、前項募集ノ方法ハ神社創立協賛会ノ会員募集トナシ左ノ区別ニ依ル

い、名誉会員　金千円以上出金者

ろ、特別会員　金百円以上出金者

は、通常会員　金拾円以上出金者

に、賛助会員　金拾円未満出金者

3、前項ニ依リ募集シタル会員ノ承諾セラレタル出金額ハ大正九年及大正十年ノ二ヶ年間ニ出金ヲ請フモノトス、但シ可成一時出金ヲ希望ス

4、会則第九条ニ依リ各町村長諸氏ノ外、各部落ニ一名乃至数名ノ世話係ヲ嘱託シ、前項募集事務ヲ担当セシメタシ、而シテ各部落ノ該世話係ハ成ルヘク青年団員其他、篤志家ニ依嘱シタキニ依リ、適任者選定ノ上、本月二十日迄ニ報告セラレンコトヲ望ム

5、世話係ニハ募集事務費ノ実費弁償トシテ取纏金額ノ百分ノ五以内ヲ交付ス

(四) 創立費募集

大正九年六月十日付を以て愈々藤樹神社創立の義、内務大臣より許可せらるゝや七月一日、協賛会設立趣意書並事業計画書を発表し、汎く江湖の賛同を求めたり。趣意書並事業計画書、左の如し。

藤樹神社創立協賛会趣意書

贈正四位中江藤樹先生ノ篤学至誠実践躬行、以テ民衆ヲ徳化シタル功績ノ偉大ナル、素ヨリ言ヲ須タサルトコロナリ、然ルニ追慕景仰ノ誠ヲ致スノ点ニ至テハ、単ニ高島郡青柳村藤樹書院ニ於ル年一回ノ儒祭ニ過キス、全郡痛ク之ヲ遺憾トシ、胥謀リ先生ニ縁故最モ深キ同村大字上小川ニ適当ノ地ヲトシ、先生ヲ祭神トシテ藤樹神社ヲ創建シ、先生ノ霊ヲシテ公祀ノ班ニ列セシメ、以テ先生ノ遺徳ヲ千載ニ崇ウシ、民徳ノ磨礪、文教ノ興隆ニ資セ

ンコトヲ期シ、客年十二月、旨ヲ具シテ其筋ニ申請シ、已ニ其許可ヲ受ケタリ、然レトモ其経営ニ要スル資金ハ、郷党の力ノ能ク独リ任スル所ニアラス、於茲カ協賛会ヲ創設シ、汎ク江湖ノ賛同ヲ得テ其志望ヲ貫達セシメントス、事業ノ項目其他別記ノ如シ、庶冀クハ大方ノ有志諸彦、奮テ協賛賛助センコトヲト云爾

大正九年七月

藤樹神社創立協賛会

発　起　人

事業計画書

○第一期

一、金拾万円　藤樹神社創立費

○第二期

一、金参万円　徳本堂建築費

一、金壱万円　藤樹文庫建設費

一、金四万円　神社基本財産造成費

一、金弐万円　藤樹全集出版費

計　金拾万円

合計　金弐拾万円

協賛会々則第三条に掲ぐる第一期第二期事業の経費資金弐拾万円の半額、金拾万円は県内募集とし、其内金五万円は堀田知事の配慮に依り、県下各郡市より募集し、金五万円は高島郡内に於て募集することとし、其の方法に付ては前項に述ぶるが如し。而して資金の半額金拾万円の募集に付ては、少なからさる苦心を要したり。先つ第一に祭神が文教の神なるを以て、全国の中等学校、小学校約五万に対し檄を飛はして賛同を求め、且つ同年十一月以降、大正十一年五月迄、十回に渉りて東京、大阪、京都、愛媛、岡山等の各府県に出張して、篤志者及崇拝者を遊説し資金の募集に努めたり。其成績、左の如し。

藤樹神社創立協賛会々員寄附金調

大正十一年十月末現在

地方名	金額	地方名	金額
東京府	一二、三八二円六二〇	長崎県	一七四円七八〇
大阪府	一二、七二一円〇六〇	新潟県	一一二円一〇〇
京都府	二、三六二円四一〇	埼玉県	九二円二五〇
神奈川県	一六五円四一〇	群馬県	五一円三四〇
兵庫県	三三四円六九〇	千葉県	一六六円九八〇
茨城県	一四一円六九〇	宮城県	一三〇円二九〇
栃木県	一一八円六二〇	福島県	一一四円一八〇
奈良県	一三九円八一〇	岩手県	二二円〇四〇

三重県	六二円三八〇	青森県	一六三円九〇〇
愛知県	二五八円三五〇	山形県	一七九円九六〇
静岡県	八四円一二〇	秋田県	五九円〇七〇
山梨県	七八円八〇〇	福井県	四〇二円一七〇
滋賀県	七八、五六七円五一〇	石川県	一九四円六三〇
岐阜県	三〇五円〇八〇	富山県	一二八円六五〇
長野県	七七円一三〇	鳥取県	八二円七三〇
島根県	七六円一三五	大分県	四八円二四〇
岡山県	二四一円二一〇	佐賀県	九〇円三三〇
広島県	一〇八円八〇〇	熊本県	一四〇円四三〇
山口県	六〇円九二〇	宮崎県	——
和歌山県	一四九円八二〇	鹿児島県	三〇円六〇〇
徳島県	三六円七五〇	沖縄県	二一円七〇〇
香川県	一〇九円〇三〇	北海道	一四四円二二〇
愛媛県	七三〇円四四〇	台湾	九八円七〇〇
高知県	五三円三八〇	朝鮮	九五円九〇〇
福岡県	九六円五八〇	関東州	一六円〇〇〇
浦潮	六六〇円一二〇	支那	二七円〇〇〇

合計　金拾壱万弐千九百拾壱円〇五銭五厘

以上の内、個人にて金壱千円以上を寄附せられたる篤志者の氏名、左の如し。

金弐千円	男爵	三井八郎右衛門
金弐千円	同	岩崎小弥太
金壱千五百円	同	古川虎之助
金壱千五百円	同	住友吉左衛門
金壱千円	子爵	渋沢栄一
金壱千円	男爵	大倉喜八郎
金壱千円	男爵	森村開作
金壱千円		森下　博
金壱千円		大谷仁兵衛
金壱千円		下郷伝平
金壱千円		中川末吉
金壱千円		中　弥兵衛

以上

資金募集に付て特に銘記すべきは渋沢子爵の厚意なり。子爵は大に本事業に賛意を表せられ、進んで金壱千円を寄附せられたるのみならず、三井、岩崎、大倉等其他多数の諸大家に対し添書を付せられ、資金募集を容易ならしめられたる厚志は、深く感銘に堪へさるところなり。茲に特記して永遠に之れを伝へんとす。

(五) 境内地の設定

大正十年一月二十六日、境内地設定工事を坂田郡長浜町斉藤浜吉に請負を命し、同年二月一日着手、五月三十一日竣功せしむ。工費総額並に設定地の面積等、左の如し。

一、金壱万六千七百六拾七円九銭　　工事費総額

一、坪数　参千七百拾参坪壱合五勺

　　境内地設定地元地目　田、畑、山林、宅地ノ総面積

一、坪数　参千六百九拾四坪弐合

　　実測敷地仕上面積

大正十年十一月一日、境内地設定の申請をなし、同年十二月二十一日、知事の許可を得たり。

(六)　社殿及工作物の建築

境内地設定工事の進捗に伴ひ社殿及工作物の建築に着手せんとし、本殿、拝殿、中門、透塀は大正十年三月三十日、社務所、水嗽舎は同年十月二十三日、神饌所、制札場及倉庫等は同十一年三月二日、何れも斉藤浜吉に工事の請負を命じたち。而して前記建物の請負工事は本県工事請負準則を準用し、指名入札を以て価格低廉にして且つ確実を認むるものを選定す。

前記の諸建造物は何れも大正十一年五月十日迄に竣功せり。

各建造物の工費、左の如し。

一、本　殿　　金七千七百四円参拾銭

一、中門透塀　金壱万四千壱百六拾四円八拾四銭

一、拝　殿　　金壱万弐百七拾七円四拾四銭

一、神饌所　　金六千壱百八拾参円五拾四銭

一、社務所　　金壱万八百八円四拾銭

一、水嗽舎　　金弐千六拾八円六拾壱銭

一、制札場　　金壱百円　請負人斉藤浜吉寄附

一、石　橋　作人神田辰吉　境内地設定工事費中に含存す

左記建物及付属工作物は、夫々現物の寄附を受く。

一、大鳥居　　　　　　　　　一基

　　価格金弐千五百円也　作人　滋賀郡小松村　神田辰吉

　　右は高島郡各小学校教職員より寄附

一、鳥　居　　　　　　　　　一基

　　価格金五百円也　作人　前同上

　　右は高島郡役所並に郡農会吏員職員一同より寄附

一、高麗狗　　　　　　　　　一対

　　価格金壱千円　作人　前同上

　　右は高島郡各小学校児童一同より寄附

一、大燈籠　　　　　　　　　一対

価格金弐千参百円也　作人　前同上
右は高島郡青年団員一同より寄附
一、社　標　　一基
価格金五百円也　作人　前同上
右は今津中学校職員生徒一同より寄附
社標の揮毫者は杉浦重剛先生なり
各建造物の仕上寸尺及坪数等、左の如し

一、本　殿　桁行　一間三尺九寸
建坪　四坪壱合弐勺五分
梁行　二間三尺
一、中　門　桁行　一間二尺　同　壱坪四合六勺
梁行　一間六寸
一、透　塀　延長　四十二間二尺
一、拝　殿　桁行　四間　建坪　拾弐坪
梁行　三間
一、神饌所　桁行　三間一尺九寸
同　七坪四勺壱分四厘
梁行　二間一尺
一、社務所　桁行　六間三尺
同　参拾壱坪四合四勺
梁行　四間一尺
一、水嗽舎　桁行　一間四尺
同　壱坪六合六勺
梁行　一間
一、鳥　居　高サ　二丈二尺三寸　石材（小松産）
柱真々一丈八尺
一、制札場　高サ　六尺三寸
巾　四尺五寸
一、石　橋　長サ　一間二尺　高欄付
巾　三間四尺
一、鳥　居　高サ　一丈四尺七寸　石材（小松産）
柱真々一丈八寸二分
一、高麗狗　高サ　七尺四寸　同　（北木産）
一、社　標　高サ　一丈二尺七寸　石材（北木産）
一、燈　籠　同　一丈三尺四寸　同　（同上）
一、神　庫　桁行　四間　建坪　拾坪
梁行　二間三尺

備　考

本殿、中門、透塀、拝殿、神饌所、社務所、水嗽舎は京都帝国大学教授工学博士天沼俊一氏に設計を依嘱し室町式に依る。工事監督は同博士の斡旋に依り上久保九市

氏を担当す。

高麗狗一対は奈良東大寺山門の高麗狗を模し、斯道の大家京都帝国大学教授武田五一博士の厳密なる指導の下に富山県工芸学校教諭松村秀太郎氏の石膏を以て謹製せる原型に拠れるものなり。

水嗽舎一棟は大阪市太田繁栄会員武田義三、本城源之助、井口博道三氏の発起に依り集纒せられたる寄附金を以て建築す。

神庫は大正十一年十月竣成ス（工費金弐千四百円也）

（七）御霊代の鋳造

御霊代は関東の金人香取秀真氏の謹鋳しなりしところなり、始め神社造営工事の着々進捗するや、会々国宝調査の為め来県（大正十年十月三日来郡）せられたる文部技師中川忠順氏に諮り、之を依嘱したるに中川氏は神社の御霊代は神鏡なり最も相応しければ之れが謹鋳に付ては適当の金人を斡旋すべしとて、帰京の後曽て明治神宮の神鏡を鋳造し奉れる新進斯道の大家香取氏に交渉し、其承諾を求められたり。香取氏は数ヶ月間心神を籠めて之れが謹製に従事し、遂に会心の作を得らる。予は中川氏よりの報に依り大正十一年五月十二日上京し、十三日文部省に出頭し中川氏より之れを拝受す。翌十四日香取氏の私宅を訪問し慇懃に礼を述ぶ。香取氏曰く、神鏡は二面鋳造しなれり。依て其良好なるものを御霊代に選定し、他の一面は神宝として寄進し尚記念の為め社名を刻せる銅印一顆を寄進すと。予は前日既に中川氏の取次に依り何れも之れを文部省にて拝受せしことゝて、厚く氏の厚志を感謝して退出し、越へて十五日東京出発、十七日捧持して帰郡したり。当時中川氏よりの消息数通は「藤樹神社御霊代鋳造謹記」に掲出して、別に神社に奉献しあれば茲には之れを省略す。

（八）社格設定の申請

神社造営工事進捗し鎮座祭執行の期日切迫せるを以て大正十一年四月三十日社格設定の申請をなし、同年五月四日内務大臣より県社に加列を受く。申請書及指令全文、左の如し。

藤樹神社々格御詮議御願

滋賀県高島郡青柳村渕田竹次郎外十六名ヨリ出願致候藤樹神社創立ノ件、大正九年六月十日付内務省滋社第三号ヲ以テ御許可相成候ニ付客年十二月二十一日境内地設定ノ件、本年一月三十一日建物建設ノ件、何レモ本県知事ノ許可を得、爾来着々工事ヲ進メ居候処、今般本殿中門透塀拝殿鳥居石橋等竣功致シ、其他ノ建造物ハ来ル五月十日迄ニ全部竣功可致、依テ来ル五月中旬ヲ以テ鎮座祭挙行致度候間、何卒至急社格ノ御詮議賜ハリ度左記書類添付此段奉願上候也

大正十一年四月十三日

滋賀県高島郡青柳村大字上小川

藤樹神社崇敬者惣代

佐野真次郎

小島伝七

渕田竹次郎

内務大臣床次竹二郎殿

記

一、境内ノ風致造成ニ関スル計画書

別記ノ通

二、建物設計書

仕様書及図面等（省略ス）

三、崇敬者中経費負担戸数調

別記ノ通

四、基本財産

現金壱万円

右ハ株式会社高島銀行へ預入ニ付、不日確実ナル有価証券購入ノ上、登録申請可致候

銀行預リ証書別紙ノ通（省略ス）

五、本殿、中門、透塀、拝殿、鳥居、神橋

写真別葉ノ通（省略ス）

神饌所、社務所、水噘舎、制札場等ハ目下建築中ニ付、後ヨリ境内外写真ト共ニ提出可致候（省略ス）

（別　記）

境内風致造成ニ関スル計画書

一、境内地ハ総坪数参千六百九拾四坪弐合ニシテ、元沮洳ノ地ナリシカ、鴨川（境内地ヲ隔ツル八丁余）ノ白砂ヲ以テ盛土ヲ為セリ、内百六十八坪ハ元無格社日吉神社ノ境内地跡ナリ、而シテ其境内地跡ニハ目通一丈五尺ニ余レル「ダモ」ノ老樹ヲ主トシ、目通五尺乃至八尺の松、杉、扁柏、併セテ十八本アリ（別紙図面ノ通）自然ニ風致備ハレルモ猶一層神社ノ森厳ヲ保タシムル為メ、境内ノ周囲ニ別紙図面ノ通常緑樹タル杉、扁柏、及松合計一千本ヲ大体四尺目位ニ布置混植シテ、之ヲ培養シ成長ニ従ツテ適当ニ手入間伐ヲ行ヒ、幾年ノ後ニハ鬱蒼タル林相ヲ作リ森厳無比ノ境内タラシメントス

藤樹神社崇敬者中経費負担戸数調

町村名	経費負担戸数	町村名	経費負担戸数
海津村	三八一	広瀬村	四九一
剣熊村	三九五	安曇村	七六四
西庄村	四〇五	高島村	三三一
百瀬村	五〇六	大溝町	五三六
川上村	六四〇	水尾村	四九〇
今津町	八八八	青柳村	三七八
三谷村	三二七	本庄村	六八七
朽木村	八三一	新儀村	八〇一
饗庭村	八三六	合　計	九、六七八

藤樹神社崇敬者九千八百戸中、神社創立後必要ナル経費ヲ確実ニ負担スル見込ノモノ戸数ハ前記ノ通ニ付、別紙町村長証明書添付致候

（証明書写）

一、滋賀県高島郡何町村ニ於ケル藤樹神社崇敬者　何戸

右ハ藤樹神社創立後必要ナル経費ヲ確実ニ負担スルモノナルコトヲ証明候也

大正十一年四月十三日

県　郡　町村長　氏　名　㊞

指　令

内務省滋社第六号

藤樹神社　滋賀県高島郡青柳村大字上小川鎮座

右県社ニ列ス

大正十一年五月四日

内務大臣　床次竹二郎　㊞

（九）神社の設備完成

大正十年二月境内地設定工事に着手せしより約一年三ヶ月余の日子を費し、本殿、拝殿、其他の建造物等就り茲に神社の設備全く完成す。建造物に用いたる桧材は全部帝室林野管理局名古屋支所熱田野木場にて木曽御料林より伐り出されたる用材（伊勢神宮御造営用材の候補木中不用になりたるもの）の御払下を受けたるものなれば、木の香特に新らしく大に人目を惹けり。本殿の棟札、左の如し。

本殿棟札写

県社藤樹神社者所祀贈正四位中江先生之祠也先生之学以致良知帰純孝為其要学行并立子弟進道郷党化風今也従先生逝徂七十有余年于茲其徳炳々弥顕豈不復盛哉余思惟若先生当是祀于祠者矣乃授旨高島郡長佐野真次郎前之郷

党亦既有此志於此翕然呼応立胥謀請瓶建其祠青柳村小川之地于官官允准特列県社遠邇聞之斉相競寄資輔力乃鳩工経営今茲四月告竣望之鳥革翬飛厳々翼々象設亦備森々粛々爰完得享祀之所也延攬其四方東則胆岳聳湖外南則鴨川横大地西則泰野連明霞北則竹生島浮烟波而琵琶湖則滉洋澶漫乎其環囲之中此数者皆固万古不易即足于以配先生洪徳之無窮也乎希冀英霊照鑑得民庶益孝友敦睦各楽其業共謳歌聖世云爾

大正十一壬戊五月吉旦

藤樹神社創立協賛会長

滋賀県知事従四位勲三等堀田義次郎

（一〇）新殿祭・鎮座祭並奉祝祭

大正十一年五月二十一日新殿祭鎮座祭、同二十二日奉祝祭を執行す。是れより先五月十五日小川喜代蔵氏社掌に補せられ万端の設備を担当す。新殿祭、鎮座祭及奉祝祭に於ける斎主は滋賀県神職会高島郡支部長鳥居清憲氏に依嘱し、副斎主は小川社掌之れに当る。

五月二十一日快晴、午前十時新殿の装飾、上棟式の準備等全く相整ふ。午前十一時、号報と共に斎主鳥居清憲氏は工匠長斉藤浜吉以下十数名の工匠を引具して境内の広場にしつらへたる高楼に上り、型の如く上棟の式を行ふ。午後一時半、劉喨たる奏楽と共に斎主以下十七名の神職並藤樹神社創立協賛会役員其の他諸員、参列の下に新殿祭を厳修し了りて直ちに鎮座祭に移る。其の次第は左の如し。

新殿祭鎮座祭次第

五月二十一日

早旦　社殿ヲ装飾シ祭具ヲ弁備ス

○新殿祭

午後一時　斎主以下諸員所定ノ座ニ就ク、是ヨリ先手水ノ儀アリ　此間奏楽

次　祓ノ儀

次　斎主本殿ニ進ミ御富貴玉ヲ四隅ニ掛ク

次　米酒切木綿ヲ散ス　此間奏楽

次　斎主本殿ニ進ミ祝詞ヲ奏ス

○鎮座祭

次　御扉ヲ開ク

次　諸員所定ノ席ニ列立、御霊代ノ着御ヲ待ツ

御霊代通御ノ間敬礼

次　御霊代着御　此間奏楽

斎主御先導、地方長官御霊代ヲ奉シ参進

次　　御霊代唐櫃ヲ案上ニ置ク
（祭員副従）
供奉ノ諸員所定ノ座ニ就ク
次　　祭員御霊代ノ唐櫃ヲ開ク
次　　斎主御霊代ヲ奉シテ本殿ノ御座ニ安ク
（副斎主副従）
此間奏楽　一同敬礼
次　　斎主御奉霊ノ祭文を奏ス　此間一同敬礼
次　　神饌ヲ供ス　　此間奏楽
次　　斎主祝詞ヲ奏ス　　此間一同敬礼
次　　地方長官奉告文ヲ奏シ玉串ヲ奉リテ拝礼
次　　斎主玉串ヲ奉リテ拝礼　祭員一同列拝
次　　副会長玉串ヲ奉リテ拝礼
次　　理事長　同
次　　工匠長　同
次　　参列員総代　同
次　　神饌ヲ撤ス　　此間奏楽
次　　御扉ヲ閉ツ　　此間奏楽警蹕一同敬礼
次　　諸員退下
直　会

鎮座祭を終りて諸員退下し、つゞいて神苑の一部にしつらへたる大天幕張の中にて直会の饗宴あり。了りて堀田会長、島内副会長、佐野理事長、小島渕田両理事、斎藤工匠長等は高台に上り撤餅を行ふ。本日の参拝者は無量二万人に上り空前の盛況を呈したり。

五月二十二日　快晴朝来奉祝の煙火は間断なく打揚けられ、社頭の装飾は更に新装を凝らされたり。前日にも劣らぬ参拝者の群衆は正午頃早くも全境内を塡む。

午後一時、祭典の準備全く整ふ。当日は青柳村より稚児十名を□して神饌の伝供に関からしめたり。

午後一時三十分、島内副会長以下協賛会役員及参列員一同、所定の座に就き奉祝祭は執行せられたり。其の次第は鎮座祭に準す。当日新に京都より招聘せる東遊の舞楽師十一名は婉雅端麗なる衣冠束帯にて拝殿を参進し、優美なる雅楽を奏せられたる光景は本日の祭典に一段の光彩を放ちたり。祭典を了りて後前日の如く直会の饗応あり。午後五時、奉祝祭を終る。

（一一）例祭日の選定

大正十一年五月十九日、神社例祭日を九月二十五日に選定の申請をなし、同年六月一日知事の認可を得たり。申請書に添付したる例祭日選定理由書、左の如し。

例祭日選定理由書

県社藤樹神社中江与右衛門（藤樹先生）ハ慶安元年八月二十五日卯ノ刻病ノ為メニ四十一歳ヲ一期トシテ逝去セラル、爾来祭神ノ鴻徳ヲ敬慕スルモノ遠近ヲ問ハス相寄リ、祭神ガ吾国陽明学ノ開祖ナルヲ以テ、即チ毎年新暦九月二十五日ヲ以テ儒式ノ祭典ヲ挙行セン関係上、同日ハ世人ニ最モ記憶深キトコロナルニヨリ、同神社ノ例祭日トシテ適当ナルヲ認メ選定セリ

（一二）神社明細帳の届出

神社の設備完成し鎮座祭を執行せしを以て大正十一年六月十七日神社明細帳の届出をなせり。明細帳の全文、左の如し。

神社明細帳

滋賀県高島郡青柳村大字上小川字中道鎮座

県社　藤　樹　神　社

一、祭　神　　中江与右衛門

一、由　緒

祭神ハ純孝至誠ノ人近江国高島郡小川村ニ生ル、幼ニシテ祖父ニ従フテ伯耆国ニ往キ後伊予国大洲ニ従ル、十一歳始メテ大学ヲ読ミテ聖人タラントノ志ヲ立テ、独学自修日夜聖賢ノ書ヲ翻キ励精止マス、大洲ニ在ルコト十八年、斯文ノ興起ヲ以テ己レノ任トナシ、終ニ大洲ノ地ヲシテ文教ニ浴セシム、後父ノ訃ニ接スルヤ志ヲ仕途ニ絶チ故郷ニ帰リテ慈母ニ孝事シ、専ラ後進ヲ誘掖シテ循々トシテ倦マス、晩年良知ノ学ヲ唱導シ能ク我カ国体ノ真髄ヲ発揮シ躬行実践、遂ニ近江聖人ノ名ヲ得テ百代ノ師表ト仰カル、年四十一病ヲ得テ歿ス

寛政九年　光格天皇畏クモ勅シテ其ノ講堂ニ徳本堂ノ号ヲ降シ給ヒ、明治四十年十月朝廷特旨ヲ以テ正四位ヲ追贈セラル

大正九年六月十日藤樹神社創立ノ義、内務大臣ノ許可ヲ受ケ同十年三月工事ニ着手、同十一年五月竣功、同月四日県社ニ列セラル

一、社　殿

本　殿　　桁行　壱間三尺九寸

　　　　　梁行　弐間参尺

中　門　　桁行　壱間弐尺

　　　　　梁行　壱間六寸

透　塀　　延長　四十弐間弐尺

拝　殿　　桁行　四間

神饌所　梁行　参間
神饌所　桁行　参間壱尺九寸
　　　　梁行　弐間壱尺
社務所　桁行　六間参尺
　　　　梁行　四間壱尺
水嗽舎　桁行　壱間四尺
　　　　梁行　壱間
鳥　居　高サ　弐丈弐尺参寸
　　　　柱真々一丈八尺
制札場　高サ　六尺参寸
　　　　巾　　四尺五寸
石　橋　長サ　壱間弐尺
　　　　巾　　参間四尺

一、境　内
　参千六百九拾四坪弐合

一、崇敬者
　九千八百戸

（一三）神饌幣帛料供進指定

基本財産として金壱万円の積立をなし神社の維持方法確立し、且つ境内建物の設備完成せしを以て大正十一年七月十六日神饌幣帛料供進指定の申請をなし、同年九月六日県告示第三三〇号を以て供進の指定を受く。

（一四）良子女王殿下御作文御下賜の事

大正十年二月十二日発行の大阪毎日新聞に「尊とき御婦徳」と題し　久邇宮良子女王殿下御自作の「中江藤樹」と題せられたる御作文の一部を掲記し奉れるを拝見せり。当時藤樹神社御造営の工事中なりしが幸に御完成の暁に、此の　殿下の御作文を神社に御下賜を蒙るを得ば無上の光栄なりと思惟し、本会顧問杉浦重剛先生を経て久邇宮家に対し奉り之を請願し、尚杉浦先生の御指図に従ひ大正十年二月二十三日、同年四月九日の二回　久邇宮家に参向し、宮家附宮内属分部資吉氏（元大溝藩主分部子爵の分家）を経て御願申出たるに、幸に御聴届に相成神社完成の暁に寄附すべき旨御沙汰を蒙れり。越えて大正十一年五月藤樹神社造営工事成り、同月二十一日鎮座祭を執行せり。依て直ちに此旨宮家に報告す。同年十一月二日杉浦先生より　殿下の御作文愈々御下賜可相成旨内報あり。依て予は十二月八日上京、同九日午前九時　久邇宮家に参向し宮務監督宮内事務官野村礼譲氏より御伝達を受け、謹て拝戴し宮務監督を経て厚く御礼を言上して退下す。当時杉浦重剛先生よりの来翰は前に巻軸に収めて之を神社に奉納せり。

附　言

大正十年春の頃「某重大事件」として新聞紙上に報導せられ一時天下の耳目を聳動せし問題に付、杉浦重剛先生は死を賭して之れを論争せられ遂に其事なきを得たり。当時帝室林野管理局名古屋支局長たりし塩沢健氏は憂国慨世の士なり。予は同年六月十日、木曽御料林御伐出しの用材払下出願の為め名古屋支局に出頭し塩沢氏に面会せし際、会々其の事件に及ふや塩沢氏は杉浦先生を激賞し一詩を賦して先生に贈られ、先生よりは次韻を寄せられたりとて共に之れを示さる。予感激措く能はす。後上京の際、先生を訪問し其真相を伺いたるも先生黙して語らず。依て其詩の揮毫を懇請したるに幸に恵贈せらる。此の詩は先生当時の心境を述へられしものにして、事件は　久邇宮家に御関係あらせられしやに拝聞せるを以て、予は之れを装釘して神社に奉納せり。塩沢氏より先生に贈られたる詩及先生の次韻、左の如し。

原作　　塩沢梨斎

高聳孤標黛色奇　歳寒凛見後凋姿
為梁為棟又為柱　大廈将顛一木支

次塩沢学士韻　松言志

天台道士

磥砢儼然節自奇　棟梁器表大夫姿
愧吾病懶負知己　倚汝多年鶴骨支

次に神社に奉納せる「良子女王殿下御作文御下賜謹記」の巻尾に収録したる杉浦先生の書翰は女王殿下御入内の当日（大正十三年一月二十六日）病中認められしものなり。而して同年二月十三日遂に長逝せらる。実に此の書翰こそ先生の絶筆とも称すべきものか。

次に御作文中「遺教を奉して遠く海外に信を博せしものあるに至る」の御文言あり。之れに付て杉浦先生より謹話を拝聴せり。

先生の友人某（会津の人）前年亜米利加に旅行し日本人が経営せるホテルに宿し其の主人の来歴を聞くに、主人は曽て船のボーイとなり亜米利加に航して、遂に其の地に止まり亜米利加人経営の此のホテルにボーイとして雇傭せられたり。間もなきに或時一人の旅客ベッドの下に大金を置き忘れて立去りしを後仕末の際発見し、直ちに之を主人に渡せり。後忘れ主忽惶帰り来りて其の由を告く。主人は早速取出しよく中を改めて受取られよとて之を返還せり。忘れ主大に喜ひ之を検するに何の異状もなかりしに依り、日本人ボーイに対し其何程かの金子を与へんとするもボーイは受取らす。「幸に金子が元の主に帰りたるこそ仕合せなれ。謝礼など受くる理由なし」と強て勧むれども肯んせす。怪みて其故を問ふ。「昔吾が郷里近くに藤樹先生と云ふ人ありき。仁義道徳を説きて人を感化し、目に一丁字なき馬子も其の感化を受けて遠く旅客の後を追ひ、置き忘れられたる金子を返還せしてふ昔話しは今猶有名なり。吾等の郷里のものは皆其に先生の徳を慕ひ風を偲ひて偸ることなし」と。主人之れを聞きて痛く感動し、後子なきが故にボーイを養子となし家財を譲渡したるものなりと。会津の某氏は帰朝後之を先生に告く。先生も亦大に感動せられ当時　女王殿下御学問所御用掛として御出仕の際、倫理の御進講中に言上せられたるを　殿下は克く御記憶あらせられ、斯くも御文章中に御書き加へ遊はされたるものなり。予は之の先生の謹話を拝聴し恐懼感激措く能はす。帰郡後、郡内出身者に就て取調ふるも遂に其ボーイの身元を発見する能はざりしは千秋の恨事とするところなり。

（一五）皇后陛下御使御差遣の御事

大正十一年十一月　皇后陛下三重県下幷に京都府下へ行啓あらせられ、神宮幷に各地の官幣社御陵等へ御参拝あらせられしが吾が藤樹神社へは同月十三日、御使として皇后宮御用掛吉田鞆子女史を特に御差遣あらせらる。誠に恐懼感激の極みなりき。其当時の光景は小川前社司の筆録に係る「皇后陛下御使御差遣謹記」に詳記せられたれは、今は之を略すと雖も御使吉田鞆子の方のものせられし「伊勢桃山行啓供奉の記」中より一部分を拝借し、以て当時の御模様を偲びたてまつらんとす。

伊勢桃山行啓供奉之記

大正十一年十一月

十二日　曇

（前略）この日吉田見掌侍は官幣大社多賀神社へ御使を承る。之は寿命長久を守らせ給ふ神の由、已れは午前七時より近江聖人を祀れる近江国高島郡小川村なる藤樹神社に御使として詣つ。植皇后宮属、多女嬬と大津まて自動車にて到り、こゝにて県蚕糸課長及県属の出迎へあり。美しくしつらへたる小汽船にて八時十分、琵琶の湖平らかに漕き出つ。

（中略）

白髭神社の朱塗の鳥居岸近く立ち、松の緑に薄く濃く染め出でゝ紅葉美しき山の麓に御社の鎮まりませるいと清らかに。塵の世の外なるながめにて、げに寿命長久の神と仰かるゝとよく其処を得たる心地せられぬ。大溝も近き程に昼餉を船中にてすます。十一時五十分大溝に着す。高島郡長佐野真次郎氏船内に迎へ挨拶あり。桟橋に出つれは郡の有志等出迎へたり。渡り終りし処には又学校生徒、在郷軍人其他、多数の人整列して出迎へたり。其所より人力車にて行く事一時間、途々各戸に国旗を掲け出迎への人多し。大溝小学校前にも生徒整列して出迎へたり。村を越へ野路を過き野路をゆき村に至り続く間、路上には青年団員何れもかいく〳〵しき姿して道路の整理をなしつゝ謹みて迎へらる。又折柄収穫時とて田の面に働ける老若男女遥かなるものも、手拭をとり襷を外して丁寧に敬礼をなせる。又道の辺近く迎ふる老翁老媼たちは跪きて合掌する者等もあり。凡ていと純朴なる様の表はれていと尊くなつかしく、かつは何の天爵何の人爵もなき身の今日このおほけなき御使を承り、純朴無垢なる大君の尊き赤子より厚く迎へられ、合掌せらるゝ至誠に重き務をよそなして、私情より考ふる時はいとく畏れ多く真に汗顔に堪へざりし。西南には比良の山々高く聳へ稲田豊かに広く開け、迎ふる人の顔老も若きものびやかにさえざえと見渡さるゝもこの聖地に生ひ立ちて、邪なき心の表はれたるものとうれしく思はれぬ。漸く到りつけば何物も目を遮る物なき野中に、清素なる様に新たに立てられり。さすがに広き境内も学校生徒在郷軍人其他一般の人にて埋められ、鳥居の入口より社殿及ひ社務所に至る間には美しく敷砂の箒目正しく、社務所の玄関より休憩室まで白布もて蔽はれたり。鳥居の前にて下車して行けば、号令の下に一同敬礼の中を社務所に入り暫く休憩す。後方の床には致良知の聖人の直筆を掲けたり。郡長より神社の沿革の大要を語らる。又目下先生の子孫はと尋ねけるに、一人は国学院大学、一人は早稲田大学に学生として居らるゝ由などかたられぬ。神官の先導にて正面の拝殿を右に廻りて霊殿御門下にて神職の進むる清手水をつかい祓の事あり。幣を受けて石段を昇り少しゆくに左側に神官一人侍す。次に霊殿の階段を昇り御幣を奉り、恭しく祈念礼拝して元の社務所に帰る。

日に月にすさひゆくなる人の道

天かけりつゝ守りませ神

拝殿に向て左側に鯨幕をはりて五六人の楽人控へたり。今日は盛大なる臨時大祭を行ひ神前にはすでに海山の供へ物美しく供へられたり。参拝終りて後ち紀念樹をと乞はれければ、

人の道ふみたがへすにいつか又
　　末の栄えを見むよしもかな

暫し休息して一時二十分、社務所を出て車にて行く事四五丁、玉林寺なる先生の墓に詣つ。母君と子息常省先生と三人の墓あり。石の玉垣を廻らし清らかに清掃せられたり。それより又行く事二町余り先生の家敷の跡あり。大なる藤樹其昔を語るか如し。

　たくひなきひしりのあとを末長く
　　しのへと咲くか藤波のはな

下車して門を入れば玄関には徳本堂の額かゝぐ。之ぞ先生が道を講せし古き跡にて転ろに衿もたゞされぬ。こゝにも敷砂白布等清々しくしつらへたり。小さき四間位より成り入り口には先生の着用されし服及び酒甕等をはじめ、古今の名士の先生の徳を頌せし軸或は額等あまた飾られたり。其の向て左側に小室あり。右側に内縁あり。正面奥の間に仏壇を設け先生の位牌を安置す。光格天皇より賜はりし徳本堂の額及其の筆者一条公の裏書等も見えたり。其左側に六畳計りの小さき床の間付きたる室にも亦、杉浦重剛氏三島氏始め近代名士の書かれたる先生の頌句を掲けられたり。こゝにて暫し休憩して出てたつ。此堂はもと宏大なりしも明治十三年九月火災にかゝりて今は仮に其のあとを残したるのみなるべし。

　はる〳〵と聖のあとを尋ねきて
　　昔をしのふ今日そうれしき

　おのか身のつとめそ重きおほけなく
　　かゝるひちりのあとをたつねて

元来し道を又車にて帰る。沿道にも埠頭場にも何れも来し折と同しく人々謹みて送らる。船に乗り郡長に別れを述へ二時二十分出立つ。桟橋の上に人々整列して遥かに見送られたり。雨少し降り出つ。雨に煙れる比良の山々、或は島の姿など又一入興深し。

（下略）

雑　録

（一六）遺徳の宣伝

藤樹神社創立協賛会設立の趣旨を普及せしめ神社御造営に要する資金の募集を容易ならしむるには、先つ以て先生の御遺徳を大に天下に宣伝するの必要あり。其の宣伝の方法として或は文章を以てし、或は印刷物を配付し、又は言論機関の援助に俟つところ多かりしも、現代の碩徳大家に之れが宣揚を請ふことの最も有効適切なるものあるを認め、大正十一年四月十日東京帝国大学文学部講堂に於て同大学教授井上哲次郎、服部宇之吉、宇野哲人の三博士及陽明学者東敬治先生を聘して一大講演会を開き、更に同年五月二日大阪市中ノ島公会堂に於て京都帝国大学総長荒木寅三郎、同大学教授内藤虎次郎、同高瀬武次郎ノ三博士、大阪懐徳堂教授松山直蔵、京都心学明倫舎主柴田虎三郎ノ両先生及洗心洞幹事石崎酉之允氏等を聘して盛大なる講演会を開催し、大に先生の遺徳宣伝に力めたり。両会場共何れも千有余名の参聴者を得、極めて盛会を極む。予は両会場に於て開会の辞に併せて神社創立協賛会設立の趣旨を演述して江湖の賛同を求めたり。

（一七）諸大家の歴訪

藤樹神社創立協賛会の事業を行ふ上に要する資金を集むるには有力なる諸大家の賛襄を得て、其の後援の下に篤志家の寄与に待つ外なきを以て、先つ第一に湖国の生める偉大な人格者

杉浦重剛先生

の賛襄を請ふへく上京し、大正九年十二月五日角筈の邸を訪問し先生を協賛会顧問に推戴し、適当なる指導を与へられんことを懇請す。先生は快く之を承諾せられ、神社造営に関し種々適切なる注意を与へらる。以来先生在世中屡々訪問して何角に付け指導を仰ぎ、幸に神社造営に関し大なる遺笄なきを得たるは全く先生の賜ものなり。猶先生には神社々標の揮毫を依頼し其の承諾を得たり。

東郷元帥

大正十年一月二十日、杉浦重剛先生より元帥副官子爵小笠原長生氏を通しての御紹介に依り、元帥を麹町区上六番町の邸を訪問す。応接室に通せられて暫く相待つ内、元帥は羽織袴を着用せられ極めて謹厳なる態度にて予を引見せらる。予は曽て大日本帝国の運命を双肩に荷いし此の大偉人に始めて面謁の光栄に浴し、一層敬虔の念を深む。予は謹て神社造営計画の大要を報告し、元帥を名誉会員に推戴し其賛襄を求め、且つ神社大鳥居に掲揚すべき扁額に神号の揮毫方を懇請す。元帥は何れも之れを快諾せられ神号は追々揮毫の上送達すへき旨を約せらる。予は厚く礼を述へて退出せり。後大正十年六月八日、杉浦先生の手を経て神号の揮毫を寄附せられたり。

大隈侯爵

大正九年十二月七日、東京商業会議所書記長清水文太郎氏（滋賀県出身者）の紹介に依り大隈侯爵を早稲田の邸に訪問す。侯爵家の応接室は約三十畳敷位の大さなり

し様記憶す。既に先客十名計りあり。侯爵は室の稍一方に偏したる位置の安楽椅子（予はかゝる大なる安楽椅子を見たることなし）に凭りて順次客を引見せらる。順番となり予は侯爵の前面に立つて一礼の上協賛会設立の趣旨を述へ、特に名誉会員に推戴し神社造営に付ての後援方を懇請す。侯爵を之れを快諾せられ、予に椅子を与へられて種々の質問あり。予は一々之れに答ふ。始め侯爵の会談は一人約五分内外の由聞及べるに、侯爵は予に対し約二十分余も会談を許され、而も談論風発藤樹先生を西哲と比較して滔々として述へられし卓見は、流石に当代随一の大政事家たるに背かさるものありと敬服せしめられたり。

渋沢子爵

神社創立協賛会事業資金弐拾万円の内、県外に於て約十万円を募集せんとするゝは東京方面に於て其の半額金五万円は募集せさるべからす。之の方法に付て予は大正十年一月十七日上京、内務省地方局に今井兼寛君（元本県勧業課長）を訪問して之れを諮る。今井君「這は洵に結構なる事柄なるも吾国経済界は欧州大戦後、急転直下悲境に沈淪せる際とて中々容易の業にあらす。而し態々上京せられたることなれは何とか成功せしめたし。就ては従来東京方面に於て金を集むるには大隈侯爵の添書が最も有効なりしも、現今にては渋沢子爵の紹介があれば相当集め得べく、子爵の賛襄を求むるには労使協調会理事添田敬一郎氏（元本県内務部長）の紹介に依ることが最も宜しからん」と。依て予は早速添田氏を労使協調会事務所に訪問し此事を依頼す。添田氏諾して直ちに子爵に添書を付せらる。予は携へて同月十九日子爵を訪問せしも他出中にて面会を得す。同夜旅館昌平館より電話にて子爵の御都合を聞合せしに、明二十日午前七時迄に来邸あれとのことなり。依て二十日、鶏鳴蹶起、朝餉を取る暇もなく午前六時過旅館（神田橋畔）を出て、二里余を隔つる飛鳥山子爵邸に赴く。電車の乗換数回にして漸く達したる頃は既に七時を過くる二十分余、既に来客数名ありて中々順番が来らす。午前十一時四十分頃に至りて漸く子爵に面謁するを得たり。子爵は長時間待たせしことを大に気の毒からる。予は協賛会事業計画の大要を説明して子爵の賛同を求め、猶子爵を顧問に推戴し特別の後援を懇請す。子爵は逐一予の説明を聞き大に賛同の意を表せられ、神社造営費の内へ金壱千円を寄附すべき旨を告けらる。予は実に欣喜に堪へす幾度も御礼を申述ふ。子爵は更に語を次いて、今後東京に於て如何にして募集せんとするかを問はる。予は子爵の甚大なる御後援を御願ひし、先以て三井、岩崎の両富豪を始め子爵の平素懇意にせらるゝ諸大家を歴訪して、応分の援助を依頼したければ何卒子爵より夫々添書を頂戴したき旨を懇請す。子爵は直ちに快諾せられ明日兜町の事務所迄来れとの事に漸く胸撫下し、翌朝兜町の事務所を訪つれて十数通の添書を得たり。其の添書には「国民道徳の権化たる藤樹先生を神社に崇祀することは、目今の如き思想界の混沌たる折柄極めて適切なる事柄なりと思考し、少額なから自分は金壱千円を寄付せしを以て、貴殿に於かせられても応分の御寄付を成し遣はされたし」と書き加へられたり。予は之の添書を携へて数回上京し、三井、岩崎、大倉、古川、森村、服部、大橋、原、小倉の各富豪を始め多数の有力者を歴訪し、幸に多額の浄財を集め得るに至つたのは全く子爵の賜ものなり。

附言

予が歴訪せし諸家は何れも多忙なる人士のみなれは、容易に面会の機会を得す。少くとも三四回、中には十回余も訪問して漸く其の目的を達したるものもあり。数回訪問せしも遂に其の目的を達するに至らさりしものもありたりき。

○各地篤志者

付たり　資金募集を援助せられたる官民諸士

大阪市　に於ける資金募集に付ては知事池松時和氏、市長池上四郎氏及東、西、南、北四区長の後援に依り各方面より多大の賛襄を得たり。殊に市社会教育課長兼田嘉蔵氏は本県高島郡出身者たる関係上、種々斡旋尽力せられたるは感謝に堪へさるところなり。大阪市に於ける主なる寄附進納者は住友吉左衛門氏（一、五〇〇円）、本山彦一氏（五〇〇円）、村山龍平氏（五〇〇円）、鴻池善右衛門氏（三〇〇円）等なり。

兵庫県　在住の森下博氏（仁丹本舗主）は夙に藤樹先生を崇拝せられ神社創立以前より数回藤樹書院へは洗心洞同人と共に参拝されしことある篤信家なるが、神社創立に当りて金壱千円を寄付せられたるのみならず、藤樹先生の遺徳宣伝に付ては常に意を用い仁丹広告中に先生の金言を挿入する等、篤行少なからす。殊に大阪市に於ける講演会開催に付ては朝日、毎日両新聞に一頁大の広告を登載さるゝ等、格別の後援を与へられたり。

堺市　の生島嘉久次郎氏は彦根町出身の敬神家なり。同市林松之助氏と共に堺市に於て会員募集に尽力せらる。待賓館は其の寄付金に依つて建築せられたるものなり。

東京市中川末吉氏（広瀬）、大谷仁兵衛氏（三谷）、沢井半六氏（高島）、大阪市中弥兵衛氏（饗庭）、武田義三氏（新儀）等は何れも高島郡出身者なるが、夫々多額の寄付金を進納せられたり。

東京市東敬治先生は吾国陽明学の大家なり。創立協賛会の第二期事業たる藤樹先生全集編纂顧問として全集編纂に寄与せられたる外、神社造営に付ても種々適切なる注意を与へられ、精神的に後援せられたるところ少なからさるは感謝に堪へさるところなり。

○高島郡の寄附額に付て

高島郡内よりは青柳村の敷地一町歩の寄附を始め、各町村長夫々相当の寄附進納を得たるが高島郡として郡林売却代金の内より金弐万七千円の寄付を受納したり。

○境内地植樹に関する事

境内地中央の元不動堂跡には「だも」の老樹を始め松、杉、桧等三四十年を経過したる樹木十数本散在せるも、社殿の後方及周囲は全く無立木なり。依て社殿の後方には青年団員の奉仕に依り数十本の若松を植栽し、周囲の築地及神苑には剣熊青年団及ひ今津町平尾留吉氏の寄付に係る松、杉、桧の三年生苗木合せて壱千参百八拾本を剣熊青年団員約三十名の奉仕に依り之を植栽したり。

○不動堂移転に関する事

藤樹神社造営の為め設定せんとする境内地の内には不動堂の敷地百六拾参坪五合あり。而して之の不動堂は上小川区民の尊崇するところにして、之れを他へ移転せしむるときは火に出ふる恐れありとて区民の間に頗る難色ありしが、漸くにして之れを神社境内地の南方道路側に移転する事の了解を得、工事費金九百拾六円六銭を以て之れを移転移築したり。

了

以上は神社御造営に関する梗概の一端を記録したるに過ぎす。後に見んもの請ふ之れを諒せられよ。

跋

能く業を創むる者あり、能く業を終ふる者なし。能く業を終ふる者あり、能く其の業をして神聖崇貴ならしめし者、る者なし。能く創め能く終り更に神聖崇貴ならしむ蓋し藤樹神社創立協賛会の事業の如き其の尤なるものならん。然り而して其の功を成したるもの固より藤樹先生の高徳に因ると雖、抑亦職として理事長佐野真次郎氏終始一誠意の尽力に由らずんばあらず。同氏が先生を崇敬すること篤き他に匹儔を見ざる所、而して此の誠哀は発して其の熱意となり、永年に互って拮据画策夢寐にも忘れず、遂に有終の美を済したり。しかも此の如き鋸資を要する事業は誠意のみにては到底完遂すべくもあらず。同氏の闊達なる性格と威あって猛しからざる風丰と明快歯切れの良き言談等、凡そ他人観感の際喜んで浄財を義捐せしめしもの大に与つて力ありしと共に、事を処すること極めて厳正にして亦俊敏なるものあるも、亦其の重要なる一因たらずんばあらず。

想起す大正九年三月、今津町慶成館楼上に於て同氏が仏教護国団々長として始めて神社造営の議を発表せし時、仏徒の間には未だ藤樹先生の真実を知解せず、神として公祀の班に列することの却って聖徳を傷くるものあるべきを挙げて強硬なる反対論を試みたるものありし際、氏は猛然起って懸河の弁を揮ひ以て論敵をして憪然辞なからしめしが如き厳恪当る可からざる烈日の威ありき。

又大正十年一月共に昌平館に同宿したる時の如き、深夜褥に就きて晨に蹶起して立処に数通の書信を認め以て郷国当事者との聯絡を謀り、或は早暁立って帝都の名士を歴訪する等、席暖るに遑なき有様なり。

其の他同年二月十二日発行の大阪毎日新聞紙上に見えたる　良子女王殿下の御作文を拝し、後、之を神社々宝として御下賜の栄を得たるが如き洵に氏の事に当って俊敏なるの発露と謂ふ可し。

かくて多年に亘る苦心は終に酬いられて神社造営の大事は完了せり。然れども是はさきの所謂業を創めしに過ぎず。氏は是にて事終わりとして晏如たるものに非ず。昭和九年空前の風害突発したる際の如き、先頭に立って社殿修覆の議に参画し其の他事ある毎に遠く馳せ参じて神威の発揚に力め、或は創立以来十数年後の今日に至るまで路難を物ともせず、例祭には必ず参拝する等一日として崇敬の念を絶たず。特に御造営謹記の作製に至っては斉しく人をして敬服措く能はざらしむるものあり。記事の正確は勿論、凡そ事を行って必ず終末を告ぐる当初よりの用意牢乎抜く可からざるを想察すべし。其の健筆は啻に明快の筆致を喜ばしむるのみならず、例へば遺徳の海外にまで及びし実話を永世ならしむるを得るが如きは、此の記事以外之を伝ふるものなく、実に望外の多幸にして以て遺徳の宣揚に資するところ尠しとせず。此の如きはさきの所謂能く業を終ふるものに非ずして何ぞや。

更に神威をして弥高からしめん為先生の遺著を編輯して全集として公刊すべき事業を企て、数多の顧問を請じ委員を委嘱し、資金の調達にも格別の工夫を凝らしつゝ遂に聖業を大成せしめしが如き、又這回再刊本の発行に際しても始終激励後援の労を吝まず、必要に応じては進んで京洛の地にまで出援せんことを申し入れられしが如きことあり。此の如きは有形の神社造営と並んで、曩の所謂能く斯の業をして神聖崇貴ならしめたりとする所以なり。之を要するに義卿堀田大人の題辞「竭誠尽敬」の一句は斯業大成の源頭を顕彰せるものにして、斯人にして斯業成れりと謂ふ可く、斯道の為讃嘆慶賀に堪へざる所なり。

最後に一言同氏に望む所あり。昭和四年夏八月、滋賀県知事は全集完成祝賀の意を兼ね、京都帝国大学総長以下十数名の教授を神社に招待したることありき。時に君山狩野博士は、神社に先生の御両親を奉祀する摂社なきは如何、是にて果して先生の霊は安んじて鎮座したまふべきかと指示せられたる事ありき。冀くば其の形は小なりとも可なり、必ず博士高示の誠意に副はるゝ所あらんことを。

昭和十五年臘月下澣

藤樹先生全集編纂主任　加藤盛一 ㊞

敬記

附記

狩野君山先生の御注意、老生も常に念願を難去候へ共何分年々の経常臨時費すら充分賄ひ兼候。神社経済の現状に付今少しく時期を見候上、且つは時局の見透し相つき候上は何とか尽力致度存居候云々

（一月一日附佐野氏来信の一節）

第二部　小川喜代蔵稿『重要書類』

凡　例

一、本書は、「附言」にあるように佐野真次郎が藤樹神社前社司であった小川喜代蔵（昭和十一年歿）手筆の墨書原稿を、和綴じの一冊に仮製本したものである。

一、本書は、「附言」に「昭和十五年十月」とあるので、『藤樹神社御造営謹記』と相前後して、それまで佐野の手元に保有していたのを『重要記録』と題して作られたことが分かる。

一、原本の用紙は、版心の下部に「県社藤樹神社社務所」と活版印刷せられた半葉十行の罫紙である。

一、目次の通し番号は、編者のほうで便宜上ふしたもので、原本はすべて「（一）」と表記する。このうち「（六）藤樹神社縁由記・沿革史」は、まったく（一）藤樹神社鎮座祭の記、（二）藤樹神社編年史の草稿であるので、本書ではすべて削除した。ただし、（二）は昭和二年までの記録であるが、（六）には昭和三年と昭和四年の途中までの記録があるので、〔以下未定稿〕として掲載した。△記号もまた、原本のままである。

一、印行するにあたって、旧字体の漢字はすべて新字体に変更したが、送り仮名は原本のまま歴史的仮名遣いとした。欠字もまた、原本のままとした。句読点については、読者の便宜を考慮して書き加えておいた。

附　言

本記録ハ前社司小川喜代蔵ガ輯録セラレタルモノニシテ極メテ重要ナルモノナレバ大切ニ取扱ヒ永久ニ之ヲ保存スヘキモノナリ

昭和十五年十月

元藤樹神社創立協賛会理事長
佐野真次郎　謹記

目　次

（一）藤樹神社鎮座祭の記

大正十一年五月二十一日、快晴早旦より煙火は打揚げられ人気をそゝり立つ。午前十時、新殿の装飾上棟式の準備等全く相整ひ、犇々と詰かけらる参拝者の群衆は早くも境内に充満したり。午前十一時、煙火の号報と共に斎主鳥居清憲氏は工匠長斉藤浜吉以下十数名の工匠を引具して、境内の広場にしつらへたる高楼に上り型の如く上棟の式を行ふ。午後一時半、劉喨たる奏楽と共に斎主以下十七名の神職並藤樹神社創立協賛会役員その他参列諸員、所定の座に就き新殿祭は厳修せられたり。祓の儀ありて鳥居斎主は御富貴玉を本殿の四隅に掛け、神職三名は米酒切木綿を散じ斎主祝詞を奏上して新殿祭を終り、直ちに御鎮座祭に移る。諸員所定の座に列立して御霊代の通御を俟つ。御霊代は唐櫃に納められて河毛中村の二神職恭しく奉舁し、小川副斎主神剣を奉じて之に随従し、福原神職先導の下に藤樹神社創立協賛会長（滋賀県知事）堀田義次郎、鳥居斎主以下之に随ひ粛々と参進す。軈がて御唐櫃は本殿浜床の素薦の上に置かる。かくて副斎主は蔽ひを撤し蓋を開けば斎主は恭しく御霊代を奉じて昇殿し、内陣御張台の御座所に奉安せり。此の間奏楽あり。

諸員一同最敬礼の中に斎主御神霊遷祭の詞を奏し、次いで献饌、次いで斎主祝詞を奏上す。次いで堀田協賛会々長は奉告文を奏上し、玉串を奉りて拝礼、次いで斎主、島内副会長、佐野理事長、斎藤工匠長、藤樹先生後裔中江清寿、参列員総代文学博士高瀬武次郎、崇敬者総代淵田竹次郎の諸氏順次玉串を奉り了つて撤饌閉扉、こゝに御鎮座祭を終つて諸員退化す。つゞいて神苑の一部にしつらへたる大天幕張の中にて直会の饗宴あり。了りて堀田会長、島内副会長、佐野理事長、小島淵田両理事、斎藤工匠長等は高台に上りて撤餅を行へり。本日の参拝者は約二万を以て算すべく、空前の盛況を呈せり。かくて堀田知事は地方長官会議に参列東上の為即日辞去せられ、島内副会長以下参列の重なるものは、何れも青柳、安曇、大溝の三町村に分宿して翌日の奉祝祭を待たれたり。

二十二日、快晴朝来奉祝の煙火は間断なく打揚げられ社頭の装飾は更に新装を凝らされたり。前日にも劣らぬ参拝者の群衆は、正午頃早く全境内を塡めたり。京阪及大津方面よりの来賓には、前日同様大溝汽船乗場より上小川まで俥を以て逓送せられたり。午後一時、祭典の準備は全く整ひ当日神饌の伝供に関からしむべく青柳村より出したる十名の稚児は天人の如き装ひを為して鳥居斎主、小川副斎主以下神職十五名の後より粛々と繰出したり。(此間奏楽)午後一時三十分、島内副会長以下協賛会役員及参列員一同、劉喨たる奏楽の裡に何れも所定の座に就くや軈がて奉祝祭は開始せらる。先づ修祓の儀ありて斎主参進昇殿して警蹕の声と共に恭しく御扉を開き(此の間奏楽)次いで献饌(奏楽)了つて斎主の祝詞奏上あり。次いで斎主、島内副会長、佐野理事長、県高等官惣代関屋教育課長、各郡市長惣代平塚犬上郡長、一般参列者総代岡田県会議長、御祭神後裔中江勝、崇敬者総代小島伝七の順序にて玉串奉奠せり。此の時神霊を慰むる為め、特に京都より招聘せる東遊の舞楽師十一名は婉雅端麗なる衣冠束帯にて二名の助手に和琴を擁せしめて社務所より静々と練出して拝殿の前に参進せり。その光景は昔の殿上人もかくやとばかり偲ばれ、優美なる雅楽は音律もさはやかに妙なる歌詞につれて奏でられ、木の香新らしき拝殿の上にて舞人のそよ吹く風に翻る有様は謂はん方なし。東遊の舞楽終れば神饌を撤し(此間奏楽)一同敬礼の下に斎主は警蹕の声と共に御扉を閉ぢて祭典を終り諸員退化せり。後前日の如く直会の饗応あり。午後五時頃極めて盛況裡に奉祝祭を終了せり。

（二）藤樹神社編年史

大正十一年

五月廿一日　御鎮座祭、翌廿二日、奉祝祭を執行す。
五月廿六日　京都精華高等女学校職員生徒弐百弐名、正式参拝を為す。学生団体の正式参拝こゝに始る。
六月一日　神社例祭日を毎年九月二十五日と定むるの件、認可せらる。この日京都市某神饌料を献す。御鎮座後、神饌料を献ずるもの之を以て嚆矢と為す。またこの日始めて月次祭を奉仕す。爾後毎月一日、七日、十五日、二十一日、二十五日の五回と為し永く恒例と為す。
六月七日　青柳尋常高等小学校職員児童一同参拝して境内の掃除を行ふ。同校児童の境内奉仕こゝに始る。
六月九日　高島郡役所内に於て開催せる町村長会に於て各町村長は各々その町村の崇敬者を代表して崇敬者総代の選挙を行ひ、且つその選出に関する申合をなしたり。
六月十七日　神社明細帳を届出づ。
神符の方式を定めて之を謹製し、六月廿一日頒布祭を執行す。この日若狭国木戸いと外一名、神符の授与を請ふ。神符の授与こゝに始る。
六月二十三日　敦賀歩兵第十九連隊、第七中隊七十七名参拝す。軍隊の参拝こゝに始る。
六月廿九日　敦賀歩兵第十九連隊一年志願兵十名参拝す。希望に依り藤樹先生に関する講話を為す。社頭講演之を以て嚆矢と為す。
六月三十日　午後五時始めて大祓式を行ふ。この日午後三時崇敬者総代会を開き大正十一年度予算ニ付、審議す。
八月廿九日　神庫一棟建築の為め地鎮祭を執行す。
八月三十一日　始めて天長節祭を奉仕す。
九月六日告示第三三号を以て神饌幣帛供進の指定を受く。
九月七日　大溝町大字勝野野呂周一、社司に補せられ赴任す。翌八日、拝命奉告を為す。
九月廿三日　新儀村藁園神社々掌八田繁太郎氏は伝説藤樹先生遺品甕壱個を寄進せらる。
九月廿四日　秋季皇霊祭ニ付、始めて遥拝式を行ふ。
九月廿五日　始めて例祭を奉仕す。滋賀県内務部長島内三郎、幣帛供進使として参向せり。余興として相撲の催あり。また神庫の落成式を執行す。この日、郡内小中学校職員児童生徒参拝する者約五千名、賽銭若干を献す。永く恒例と為す。
毎年神符を謹製して郡内崇敬者約九千八百戸ニ頒与することを定め、十月十九日謹製を着手し数回に分ちて頒布祭を執行し、その配布方並初穂料の収集は青柳村を除く外はすべて各町村長に委嘱することゝなしたり。永く恒例となす。

十月廿六日　神域の植樹ニ着手し、爾後約十日間に亙り大溝町大字勝野原田知近氏、青柳村大字青柳江阪秀雄氏、同大字下小川小島伝七氏外十二名より献納に係る松、槙、樫、楓、桜、木刻、モチ、榊、月桂樹、青桐、梅等約三十本を移植す。

十一月十二日　畏くも　皇后陛下御使御差遣あらせらる。委細は「皇后陛下御使御差遣記」に譲る。

十一月廿五日　新嘗祭を執行す。高島郡長佐野真次郎、幣帛供進使として参向せり。

十二月一日　真宗木辺派管長男爵木辺孝慈師参拝、恭しく神饌を献す。随行数名。

十二月九日　佐野理事長は　久邇宮家へ参候し野村宮務監督より　久邇宮良子女王殿下御作文を拝戴し、同宮務監督を経て厚く御礼を言上して退化せり。

十二月十一日　堺市宿院生島嘉久次郎、同寺地町四丁目林松之助ノ両氏参拝、佐野理事長案内せり。右参拝ニより後日待賓館壱棟を寄進せらるゝことゝなれり。

地元青柳村各戸へは神職自ら神符を配布して初穂料を収集することに決定し、十二月十八日小川社掌は大字上小川へ出張したるを初とし、爾後数日を費して各字を巡歴せり。永く恒例と為す。

十二月三十一日　午後五時大祓式を執行す。

大正十二年

一月元旦　午前八時歳旦式を執行す。

一月三日　午後二時元始祭を執行す。

一月十五日　どんとを行ひ門松七五三縄等を焚く。

一月二十五日　月次祭を兼ね郡内初穂料献納奉告祭を執行す。

二月十一日　午後一時紀元節祭を執行す。

二月廿四日　佐野理事長は高島郡長退官の為、御暇乞として参拝し昨臘御下附相成りたる　久邇宮良子女王殿下の「敬慕スル人物中江藤樹」と題せらるゝ御作文表装函入相成り恭しく捧持せり。また元帥東郷平八郎閣下筆御神号をも携帯せり。

二月二十五日　午前十時半祈年祭を執行す。高島郡長松山藤太郎、幣帛供進使として参向せり。

三月七日　午前十時御誕生祭並　久邇宮良子女王殿下御作文御下附奉告祭を執行す。高島郡長松山藤太郎、京都別格官幣社護王神社宮司田村晴胤等参拝。
三月廿二日　午前十時春季皇霊祭遥拝式執行。
四月三日　神武天皇遥拝式執行。
四月十一日　県立今津中学校長中村長太郎外二教員、新入学生八十名を引率し奉告の為参拝す。逐年例となす。
五月廿一日　午前十時御鎮座記念祭を執行す。恒例と為す。爾後中祭以下特別の場合の外、恒例の神事一々之を記さず。
新に神饌田を設置し六月二日御田植祭を挙行す。逐年例となす。
七月十六日　高島郡教員会より松弐拾本を献す。
八月廿日　東京陽明学会主幹東敬治参拝、近著困記一部を神前に献す。
九月廿五日　例祭午後一時祭典挙行、幣帛供進使滋賀県技師西崎辰之助参向、随員県属油小路永三郎。余興として青年団奉納角力あり。
十一月廿五日　午後二時新嘗祭執行す。高島郡長松山藤太郎、幣帛供進使として参向せり。
摂政宮殿下御成婚記念として郡内各町村青年団より献木の企あり。之に由りて十二月四日青柳村青年団青柳支部員約五十名出役して、右植樹に要する土持を為したるを初とし上小川、下小川、横江の各支部員出役して、之に従事し献木を為せり。
十二月三十一日　社司野呂周一、願ニ依り本官を免ぜらる。

大正十三年

一月十日　社掌小川喜代蔵、社司に補せらる。
一月二十六日　午後三時　皇太子殿下御成婚ニ付、奉告祭執行。
二月廿六日　午前十時祈年祭執行、幣帛供進使高島郡長松山藤太郎参向、随員木田郡書記。
三月六日　大字青柳鎮座村社日吉神社々掌中村儀之助、兼務社掌ニ補セラル。
三月廿四日　青柳尋常高等小学校卒業生の為に奉告祭を執行す。永く恒例と為す。
四月十二日　県立今津中学校新入学生七十六名、奉告ノ為正式参拝ヲ為ス。永ク恒例ト為ス。
四月十四日　待賓館一棟建築のため地鎮祭を挙行す。
四月廿三日　末松滋賀県知事夫人千代子、正式参拝を為す。婦人の正式参拝之を以て嚆矢と為す。
許可を受け社殿南側枯損木桧三本並拝殿東側杉一本を伐採す。蓋し境内地築造の為、土砂を運搬堆積して地形に変化を生じたるに依る。恨事と為す。
四月廿九日　伐採せる桧の傍に蜿蜒たる古藤あり。新に藤棚を造る。
五月四日　対馬国鶏知村住嫡流中江清寿翁は長男勝結婚の為、来着参拝せり。同四日、中江勝藤樹書院に於て神前結婚を行ひ、式後夫妻打揃ひ神前ニ参拝す。
五月廿四日　京都市富岡鉄斎翁、王陽明文辞の画一紙を奉納す。時に翁寿八十九。
六月一日　石川県金沢市泉寺町天台宗真盛派西方寺田畑智妙、徒弟田畑智円尼夢ノ御告ありたりとて参拝し、神前に於て読経を為す。爾後数日間日参を為す。
六月七日　待賓館一棟建築し了る。
七月　米国に於て排日移民法実施の為、国威宣揚祈願祭を執行す。
九月一日　関東大震災当日ニ付、祈願祭を執行す。
九月廿三日　彦根町大橋文岱画伯参拝、神功皇后図一紙を奉納す。水尾村大字武曽内田為次郎表装を寄附す。
九月廿五日　午後一時例祭を執行す。幣帛供進使高島郡長松山藤太郎参向、随員吉川郡書記。助成神職七名。郡内中小学校職員児童参拝、例の如し。余興として仕舞狂言の奉納あり。
十一月三日　福山市外吉津村出身野田静子といへる老媼あり。多年本庄村に住す。郷里に於て零砕の寄附金を集め、金弐拾弐円六拾九銭を得て之を奉納せり。燭壱台並青銅獅子置物壱個を購入し社務所の備品と為す。
十一月廿三日　新嘗祭を執行す。幣帛供進使高島郡長松山藤太郎参向。
十二月廿三日　掲示物を建築す。

皇太子殿下御成婚記念献木一覧表
（郡内青年団）

町村	大字	樹種	本数	月日	備考
剣熊		楓	二	二月廿二日	
西庄		不明	七	三月九日	
百瀬		松	七	三月廿日	
川上		不明	一三	四月五日	
今津		松	一二	一月十八日	
三谷		杉桜	各一	四月廿日	
高島		松	六	一月三十一日	
水尾	野田	桧	一	四月廿三日	
〃	武曽	松 槙	一 二	十二月廿四日	
〃	横山	榊	二	未詳	
大溝		楓	六	二月十九日	

青柳　上小川　モチ　一　十一月廿三日
〃　青柳　槙　一　十二月十六日
〃　下小川　松　一　四月十日
〃　横江　桜　一　四月十二日
本庄　松　六　二月廿一日
新儀　未詳　榊　一　十二月十一日
〃　太田　杉　一　一月十五日
〃　藁園　桧　一　一月廿六日
饗庭　杉桧　各一　三月廿一日

大正十四年

一月十五日　午前十一時藤樹先生十一歳ニシテ大学ヲ読ミ立志セラレタルニ因ミ、青柳小学校十一歳児童ノ為ニ始メテ立志祭を執行ス。永ク恒例ト為ス。
二月十九日　午後一時祈年祭ヲ執行ス。幣帛供進使高島郡長松山藤太郎参向ス。
三月五日　大阪市外石切住吉川又平氏ノ奉納ニ係ル神額成ル。大鳥居ニ奉掲ス。同七日、御誕生祭ト併セテ奉告祭ヲ執行ス。此ノ日、青柳青年団上小川支部団員打揃ウテ参拝ス。同団員ノ参拝コ、ニ始マル。永ク恒例ト為ス。
三月十八日　佐野真次郎氏ハ故杉浦重剛先生ノ書壱幅ヲ奉納セラル。
三月廿五日　郡内初穂料献納奉告祭ヲ執行ス。
五月十日　聖上皇后両陛下大婚二十五年御式典ニ付、奉告祭ヲ執行ス。同日、兵庫県武庫郡精道村大字芦屋大音新吉氏参拝、故杉浦重剛先生筆「祭藤樹先生文」壱幅ヲ奉納セラル。
六月十六日　京都市小西福年画伯、当社衝立ニ松ヲ画キテ奉納ス。
六月廿八日　伊予国大洲ニ於テ藤樹先生銅像改鋳除幕式挙行ニ付、社司小川喜代蔵列席ス。
七月十五日　京都市小野青翠「藤」ヲ画キテ奉納ス。
九月十二日　膳所町日長俊治郎ニ嘱シテ境内図ヲ作製セシム。十月ニ至リテ完成ス。
九月廿二日　崇敬者総代淵田竹次郎、高島郡長ヨリ表彰セラル。
九月廿四日　大溝町大字勝野別所文蔵氏、祖先伝来ノ具足壱領ヲ寄進ス。
九月廿五日　午後一時例祭執行、幣帛供進使トシテ高島郡長松山藤太郎参向ス。余興トシテ松井女史ノ筑前琵琶新作近江聖人（佐野真次郎氏作）外数番アリ。盛況ナリシ。
十一月廿五日　午後一時新嘗祭執行、幣帛供進使トシテ高島郡長松山藤太郎参向ス。
十二月六日　皇孫内親王殿下御降誕ニ付、八日正午奉祝祭ヲ執行ス。

大正十五年（昭和元年）

三月　昨年九月認可を得たる参道の築造完成す。京都市桜井吉太郎、同鈴木佐吉、大阪府下豊能郡箕面村長井明見、兵庫県精道村森下博、大阪市大音新吉、大津市中井定次の六氏より寄進。
二月廿五日　午後二時祈年祭を執行す。幣帛供進使高島郡長松山藤太郎参向、随員藤戸郡書記。
三月五日　正午県立今津中学校第二回卒業生は校長以下職員に引率せられて奉告の為、正式参拝を為す。永く恒例と為す。
三月八日　安曇村大字田中村山彦左衛門氏より梅古木周囲六尺三寸壱本を、本庄村大字南船木早藤敬蔵氏より石三百八十貫壱個を奉納せり。以て待賓館の庭園を作る。
五月　愈々郡役所廃止せられんとするや、高島郡長松山藤太郎氏は当神社の将来を慮り町村会に諮り、初穂料として各町村一戸当り金拾銭とし永久に献納すべきことを申合せ、同じく小学校長会に諮り例祭当日賽銭として毎年児童一人ニ付、金参銭づゝを献納すべきことを決議せり。
五月廿一日　鎮座記念祭を兼ね参道完成奉告祭を執行せり。
六月二日　吉川又平氏より明治神宮々司陸軍大将一戸兵衛閣下の書一幅を奉納せり。
六月廿二日　高島郡長松山藤太郎氏は郡廃ニ付、御暇乞として参拝せり。
七月十四日　佐野真次郎氏は藤樹先生ラジオ放送の為、得たる報酬金弐拾円を寄附せり。依て拝殿の仮垣を作り冬季祭典の用に供す。
七月十六日　郡廃の為、大正元年七月三十一日附賞勲局より下賜せられたる金杯壱個を今津町外十六ヶ町村より寄進せり。
七月廿八日　藤樹先生全集編纂主任加藤盛一氏参拝、全集巻之七論語郷党翼伝稿本略々成る。乃ち神前に供し御親閲を請へり。
八月二日　吉川又平氏より明治神宮々司陸軍大将一戸兵衛閣下筆額面一枚を奉納せり。表装して待賓館に掲ぐ。
九月廿五日　例祭を執行す。幣帛供進使県属油小路永三

郎参向、余興として松井女史外三名の筑前琵琶あり。郡役所廃止ニ付、郡内初穂料献納上、不便少なからず。且つ趣旨徹底の必要あり。依て社司小川喜代蔵は郡内各町村各大字を一巡し、各区長を訪問するを可とし、併せて郡内各神職を訪問し意思疎通を図ることゝし、九月廿八日本庄村を歴訪せるを初とし、十一月廿一日に至りて完了せり。

十月三十一日　午前十一時長慶天皇皇代御登列ニ付、奉告祭を執行す。

十一月廿五日　午後一時新嘗祭を執行す。幣帛供進使として青柳村長川越森之助参向。

十一月三十日　午後十時御本殿屋根、貂の為被害破損五ヶ所ニ及びたるを以て奉告祭を執行し修繕を為す。

十二月五日　広瀬村大字下古賀徳村昇の為、神前結婚式を行ふ。当社に於て神前結婚式を行ふこと之を以て嚆矢と為す。

十二月十七日　午後十一時　聖上陛下御平癒祈願祭を執行す。参拝者約四百名。

十二月廿五日　天皇陛下午前一時二十分崩御あらせらる。昭和と改元あり。廿六日、午前十時青柳小学校に於て奉悼式あり。廿九日、午後青柳村役場より県学務部よりの大喪中ニ於ける神社祭典ニ関する件、移牒し来る。

昭和二年

元旦　御諒闇中特に第一期ニ属するを以て社司一人にて歳旦祭を奉仕す。

二月十五日　午前十一時青柳尋常高等小学校十一歳児童ノ為ニ立志祭ヲ執行ス。

二月廿五日　祈年祭を執行す。御大喪中なるを以て幣帛供進使の参向なし。例祭、新嘗の両祭また同じ。

三月五日　青柳村大字下小川字出福梅村半次郎氏、榊一本寄進ニ付中門内左方に移植す。同日、午後〇時半県立今津中学校第三回卒業生二十余名、中村校長引率ノ下ニ正式参拝し奉告を為す。

三月七日　吉川又平氏亡妻勢ん子、深く藤樹先生を景仰せるを以て遺志により金壱千円也永代祭祀資金として奉納せり。

五月十五日　吉川又平氏は元帥東郷平八郎閣下筆「至誠」の壱幅奉納の為参拝ニ付、併せて永代祭祀資金奉納奉告祭を執行す。

五月廿二日　大溝町上原茂一氏外六名、神前に於て謡曲の奉納をなす。謡曲の奉納こゝに始まる。
九月十日　午前四時四十二分第二内親王殿下御降誕ニ付、翌十一日午前十一時奉告祭を執行す。
九月廿五日　例祭を執行す。余興として喜劇の奉納あり。
十月四日　吉川又平氏は伯父贈正五位城多董翁追遠の為にとて藤樹先生真蹟横巻一幅（二重函入）を奉納す。該真蹟は古来伊予国大洲地方に伝来せるものにして、委細は同氏の奉納書に明記せり。
十一月三日　始めて明治節祭を執行す。
十一月六日　正午藤樹先生真蹟奉納奉告祭を執行す。吉川又平氏一行七名参拝せり。
十一月十五日　大阪市東区南久宝寺町鳥居久吉氏夫妻参拝し、銀婚式記念として皇国擁護基金五分利公債額面壱百円を寄進す。
十一月廿五日　午後一時新嘗祭を執行す。
十二月八日　愛知県丹羽郡青年団幹部十六名参拝、待賓館にて一泊す。小川社司一場の講話を為す。翌朝、皇后陛下御作文その他を拝観せしむ。
〔以下未定稿〕

昭和三年

一月五日　青柳村大字青柳中江寅吉氏ハ佐藤一斎八十四歳筆屏風半双並朽木藩伝来長船長光ノ刀壱振ヲ奉納セリ。三月七日、奉告祭ヲ執行ス。
一月二十日　京都帝国大学文科大学教授文学博士高瀬武次郎　勅命ニ依リ御講書始ニ於テ大学三綱領ヲ御進講申上ゲ、引例トシテ藤樹先生事蹟ヲ言上セリ。三月十三日、進講録一冊ヲ贈呈シ来ル。
△二月一日　呉鎮守府司令長官海軍中将谷口尚真参拝。
三月二日　中央融和事業協会事務理事滝本豊之輔参拝。
三月七日　悠紀田祈願祭ヲ執行ス。
三月十九日　嘗テ出願中ノ滋賀県下ニ於テ小学校教授用藤樹先生頌徳唱歌地図六八号ヲ以テ文部省ノ認可ヲ得タリ。同唱歌ハ元官幣大社稲荷神社宮司岡部譲氏ノ作歌ニシテ〔以下記載なし〕
四月八日　安曇村大字田中長谷秀雄ナルモノ姉某ニ伴ハレ本月五日小学校ニ入学シタルヲ以テ、進学冥助ノ御祈祷ヲ乞ヘリ。当神社ニ於テ個人ノ為メニ御祈祷ヲ為スコト、之ヲ以テ嚆矢ト為ス。
四月十九日　京都高瀬惺軒博士ヨリ王陽明先生画像写真壱葉寄進セラル。
九月一日　滋賀県知事堀田鼎参拝。

九月十五日　吉川又平氏、孟母銅像壱基寄進セリ。直チニ奉告祭ヲ為ス。該銅像ハモト支那山東省即墨県林哥庄ナル聖廟ニ安置セルモノナリ。藤樹書院ニ保管ヲ托ス。

十月九日　小川社司、藤樹神社創立協賛会（県庁）へ出頭シ大勲位元帥閑院宮載仁親王殿下御染筆ヲ拝受シテ帰社ス。該御染筆ハ藤樹先生全集巻頭ニ奉掲スルノ目的ヲ以テ特ニ拝戴シタルモノナリ。

十月十三日　奉告祭ヲ執行ス。

十月十七日　午後一時悠紀田斎米納入奉告祭並遥拝式ヲ執行ス。

十一月六日　御大典記念トシテ榊約五十本ヲ移植ス。マタ県神職会ヨリ月桂樹壱本配布アリ。青柳小学校長山下久次、同月桂樹壱本寄進、小川社司ハ欅　本ヲ寄進セリ。

十一月七日　天皇皇后両陛下、神器ヲ奉ジテ県下御通過、京都へ御入洛アラセラル。

十一月十日　午後四時御即位礼祭ヲ執行ス。

十一月十四日　午後二時三十分大嘗祭ヲ執行ス。幣帛供供進使県属田部義一参拝。

十一月十七日　青柳小学校職員児童一同奉祝ノタメ旗行列ヲナシテ参拝ス。

十一月十九日　吉川又平氏ヨリ子爵渋沢栄一氏揮毫一幅寄進。

△十一月二十二日　天皇皇后両陛下、伊勢ヨリ京都へ還幸啓アラセラル。

△十一月廿六日　天皇皇后両陛下、東京還幸啓アラセラル。

十一月廿七日　吉川又平氏ヨリ頭山満筆一幅寄進。

△十二月四日　県立大洲中学校長和田宣一郎参拝。

△十二月八日　日本赤十字社々長平山成信男参拝。

十二月廿八日　東京希望者ヨリ全国社員ノ手ニ成レル雑巾ヲ奉納ス。

昭和四年

一月元旦　午前十一時歳旦祭ヲ奉仕ス。

一月三日　午前十一時元始祭ヲ奉仕ス。

二月廿五日　祈念祭を奉仕す。幣帛供進使県属油小路永三郎、随員村書記沢村友左衛門。

三月七日　御誕生祭を奉仕す。上小川青年団員二十二名参拝。

三月九日　小川社司は藤樹先生全集校正の為上京ニ付、留守中中村兼務社掌奉仕す。

三月二十一日　春季皇霊祭ニ付、遥拝式奉仕ス。
三月廿九日　小川社司、京都より帰社す。
四月三日　神武天皇祭ニ付、遥拝式を奉仕す。
四月五日　小川社司、全集校正の為上京。
四月八日　県立今津中学校新入生五十一名、入学奉告として教諭引率参拝。
四月廿六日　小川社司、京都より帰社。
四月廿九日　天長節祭を奉仕す。
四月三十日　全集校正の為、上洛。
五月十日　小川社司、京都より帰社す。
五月廿一日　吉川又平氏、伯父耐軒城多董翁門外不出ノ遺品、有栖川宮熾仁親王並三条実美公御書翰壱幅奉納ノタメ参拝。鎮座記念祭ヲ兼ネ奉告祭ヲ執行ス。
六月四日　聖上陛下大阪へ行幸。青年団、処女会等御親謁アラセラル、ニ付、光栄ノ参加者十五名ノ為メニ修祓ヲ行フ。
六月五日　聖上陛下御親謁ニ付、祈願祭ヲ執行ス。
六月廿四日　斎田用記念物ヲ県ヨリ受領ス。
△六月廿九日　京都禅苑間宮英宗参拝。
七月四日　第二十二連隊（福知山）四百一名参拝ニ付、小川社司社頭講演を為す。
八月三日　渾沌社求道会開催、主トシテ藤樹先生ニ関スル講習ヲナセリ。午前七時半開会祭ヲ執行ス。講師広島文理科大学教授文学博士西晋一郎、同文学士福島政雄、藤樹先生全集編纂主任文学士加藤盛一ノ諸氏ニシテ、小川社司モマタ藤樹先生事蹟並臨地講演ヲ分担セリ。会員ノ集レルモノ三都ヲ始メ埼玉、群馬、愛知、岐阜、福島、長野、富山、三重、奈良、兵庫、鳥取、岡山、広島、山口、福岡、熊本、鹿児島、愛媛、滋賀ノ十九県及ビ天津ニシテ県外百三十名、県内七十名アリ。何レモ求道ノ精神ニ燃エ、真剣味ヲ帯ビテ研鑽セリ。マタ払暁神前ニ於テ孝経ヲ浄写シ斉唱セリ。七日、終了奉告祭ヲ執行ス。
九月二日　午前十時半頃、京都帝国大学前総長荒木寅三郎、同現総長新城新蔵、文学博士狩〔以下稿本欠落〕

（三）皇后陛下御使御差遣謹記

一、はしがき

畏くも　皇后陛下に於かせられては大正十一年十一月三日を以て宮城御発輿あらせ給ひ、三重県下並に京都府下へ行啓あらせらるべき旨仰せ出されたり。折しも高島郡神職会に在ては十月廿五、六の両日に亙り別格官幣社豊国神社宮司青山重鑑氏を聘して、今津町慶成館に於て祭式講習会開催中なりしが、廿六日午後三時頃、郡長佐野真次郎氏来り襟を正して語らるゝやう。恐れ多くも皇后陛下に於かせられては県社藤樹神社へ御使御差遣あらせらるべき旨洩れ承るとのこと、今日の新聞紙に見えたるを以て直ちに電話を以て県へ照会したるに、未だ確報を得ずとの事に此の思ひ掛けなき快報に接し、列座の人々いづれもその光栄を祝し異口同音に事実ならんことを翹望したり。

かくて数日を経るほどに多分事実なるべしとの風聞あり。十一月二日、佐野郡長は当社へ参拝して神職並に崇敬者総代の人々と設備万端につき凝議せる折しも、嘗て上京中なりし滋賀県知事堀田義次郎氏の謹話なりとて語りけるは、「県社へ御使を差遣はせらるといふことは殆ど異例であつて、剰へ宮内大臣や皇后宮太夫などより御内申まうし上げたといふにあらず、全く陛下自らの御発意で仰せ出されたのであると洩れ承る」との事にいづれも感涙に咽びたり。是に於て夜以て日に継ぎ準備怠るところなかりしが、十日に至り愈々来十二日を以て、皇后宮御使御差遣あらせらるべき旨県よりの通知あり。次いでまたその翌十一日、左の確報に接したり。

御使　皇后宮御用掛　吉田鞆子
随行　女官　一名
事務官　一名

而して県よりは蚕糸課長川人兵次郎、県属古賀友次御随行申上ぐとの事にて、京都御所より大津までは自動車にて、大津よりは汽船にて大溝御上陸、同地よりは腕車にて御案内申上ぐとの事にて、都合により大溝より西近江路を直行、鴨、西万木を経て二ツ矢に至り仮定県道を経て青柳に入らるゝことに予定せられたり。

二、皇后宮行啓御日取

大正十一年十一月三日
午前七時五十五分御発輿、八時十分東京駅御発車、午後四時二十五分名古屋駅御着、離宮御一泊。
同　四日
午前十時五十分名古屋駅御発車、午後二時山田駅御着車、同二時四十分御駐輦神宮司庁御着。
同　五日
午前九時御出門、午前十時外宮御参拝、同十一時還御、午後一時四十分御出門、同二時三十分皇大神宮御参拝。
同　六日

御滞在、山室神社へ御使御差遣。

同　七日

同　八日

午前九時御出門、伏見桃山陵、伏見桃山東陵、後月輪東陵、後月輪東北陵、後月輪陵へ御参拝。

同　九日

午前九時三十分御出門、山科陵へ御参拝。

同　十日

午前九時御出門、官幣大社稲荷神社へ御参拝。

同　十一日

御滞在。

同　十二日

午前八時御出門、官幣大社日吉神社、同建部神社へ御参拝。官幣大社多賀神社並県社藤樹神社へ御使御差遣。

同　十三日

午前九時御出門、官幣大社松尾神社並官幣中社梅宮神社へ御参拝。

同　十四日

午前九時三十分御出門、洛西大原神社へ御参拝。楊谷及長岡天満宮へ御使御差遣。

同　十五日

御滞在。

同十六日

御滞在。

同　十七日

御滞在。

同　十八日

午前　四十分御出門、午後六時四十分東京へ還御。

三、準　備

イ、祭儀並奉送迎について

祭儀は研究の結果、左の如く決定したり。

皇后陛下御使御差遣ニ付臨時大祭次第

一、早旦社殿装飾

一、修祓

一、神職以下所定の座に着く

一、開扉　此の間奏楽

一、献饌　此の間奏楽

一、祝詞奏上

一、副斎主、伺候の座に着き斎主以下奉迎の為退下

一、御使、御着奉迎　鳥居外にて北面稽折

一、斎主、御先導社務所へ御案内

神職所定の座に着く（大麻所役、塩湯所役は祓所に）
一、斎主、御使の前に出で丶敬礼（深揖）
一、斎主、御幣物を拝受し参進
此の時大麻所役、塩湯所役は自席のま丶修祓
一、斎主、御幣物を神前に供す。　此の間奏楽
一、御使以下参進　斎主御先導
一、御使、御手水　此の時修祓
一、斎主、中門外にて玉串を随行の女官に渡す。
一、御使、御参拝　浜床にて玉串を捧げて御拝礼
一、御使、御退下
斎主御先導御休憩所にて御少憩
一、斎主以下奉送
一、斎主は副斎主と代りて伺候の座に就く。
一、斎主、玉串を奉りて拝礼
一、副斎主、拝礼
一、崇敬者総代、玉串を捧げて拝礼
一、青柳尋常高等小学校長、玉串を捧げて拝礼
一、御幣物を撤す。此の間奏楽（倍膳と膳部と二人に奉仕）
一、神饌を撤す。此の間奏楽
一、閉扉　此の間奏楽
一、退出

以上

右は主として官幣大社日吉神社臨時大祭次第に拠る。

神饌物調達　十一台

御饌	和稲・荒稲	金弐拾銭也
神酒	壱升	別途より支出
鏡餅	二升一重	金壱円弐拾銭也
海魚	鯛	金壱円也
川魚	鯉	金壱円五拾銭也
水鳥	ひる	金壱円五拾銭也
野鳥	鶏（五百匁）	金壱円九拾銭也
海菜	昆布・海苔	金七拾五銭也
野菜	大根・芋	金拾銭也
菓子		金五拾銭也
塩水		金五銭也

計　金九円也

祭員
斎主（正服）　社司野呂周一
副斎主（斎服）　小川喜代蔵
助勢（狩衣）
日吉神社々掌　中村儀之助
国狭槌神社々掌　川越庄左衛門
日吉神社々掌（西万木）　岸　鯛造

本玉串ノ製作並注意

別格官幣社豊国神社宮司青山重鑑氏に問合せて製作せり。その返翰左の如し。

拝復　過日は失礼致候。扨て玉串之義ニ付御尋ね候処、数日前より帰省致居、本日帰廟尊墨披見拝承致候様之次第ニて甚だ延引或は御間ニ合はずやとも存候へ共不取敢御答申上候。

一、榊ハ（枝ニアラズ幹ヲ用フルコト）凡ソ三四尺位ノモノ。

一、帛ハ紅白ノ絹、凡ソ三四尺ヲ真榊ノ絹ノ如ク縦四ツニ折リ、更ニ之ヲ中央ヨリ左右ニ折リ垂ル。（麻ハ添フルニ及バズ、絹ノミニテヨシ）

一、玉串台ハ木製ニテ箱形ノ如キモノヲ造リ之ニサシ込ムヤウニス。

一、渡ス時ハ普通ノ玉串ノ如ク仮案上ニ置クコト。

（授受ノ持方ハ普通ノ場合ニ同ジ）

一、玉串台ハ玉串本案上ニ据エ置キ、奉奠ノ時之ニサシ込ムヤウニス。

右ノ通リニ候。然シ代拝ニ候ハヾ普通ノ神社祭式制定ノ玉串ニテモ差支ナキカト存候モ、丁寧ニスレバ前記可然カト存候。　匆々

十一月九日　　　　　　　　　　　　青山重鑑

野呂周一殿

御玉串案は浜床に設備すること。本玉串案は台を設けてその上に立つるものなるを以て、顛倒せぬ様に深甚の注意を払ふべきこと。

其他　浜床には新らしき砂利を入れること。社殿の装飾は例祭に準ず。幄舎は拝殿の左側のみに設く。伶人の位置は幄舎の上部と為す。

ロ、御休息所の整備

御休息所は社務所とす。社務所の玄関より客間二室に白金巾を敷詰め、八畳の間を御使の室に充て、次の四畳の間を随員の控室とす。二室とも各テーブル一脚を据え、その上に白布を覆ひ満開の菊の鉢を置く。床の間に藤樹先生御真筆致良知一幅を掲ぐ。

ハ、警衛並沿道の修繕整備

当日　国母陛下は畏くも官幣大社日吉神社並官幣大社建部神社へ御参拝あらせ給ふに付、警察官は全部その方面へ召集せられたるを以て、特に警察の命を以て青柳村消防夫を沿道その他に配置して、その任に膺らしむることゝなりたり。また沿道の修繕整備については県土木課より吏員出張して、夫々手を尽し万遺漏なきを期すべく

努力せり。

献上品

1　藤樹神社創立ノ沿革　壱冊
2　藤樹先生画像　摺物　壱枚
3　藤樹先生真筆致良知　摺物　壱枚
4　「藤樹先生」　壱冊
5　「御国の光近江聖人」　壱冊
6　写真　神社本殿拝殿　同全景　遺愛藤樹　墓所　遺物
五葉
7　藤樹神社創立記念写真帖　壱冊
8　絵葉書　参組

以　上

四、皇后陛下御使御差遣当日の状況

十一月十二日日曜曇、払暁より社殿の装飾ニ取掛かる。間もなく崇敬者総代諸氏は更より岡書記長を始め高島郡役所書記数名、県土木係、青柳村青年団、消防夫並助勢三神職等来りて準備に忙し。かくて佐野理事長来車あり。本日御差遣の御使以下の氏名漸く判明せり。即ち左の如し。

御使　皇后宮御用掛　吉田鞆子
随行　権女嬬　多　輝子
皇后宮属　植　万吉

次いで青柳小学校を始め、県立今津中学校、郡内小学校等の代表者並拝観の為参拝せる群集は列を正して境内第二神橋以外に充満せり。午前十時十分、祭典を挙行し虔んで開扉、献饌の後斎主は謹みて　皇后陛下御使御差遣あらせらるべき旨を奏上し、終つて副斎主代つて伺候の座につき、斎主以下奉迎の為退下し鳥居外に位置して御到着を待てり。

是より先佐野、小島、淵田の三氏は御出迎の為大溝に到り御上陸を俟つ。佐野理事長御先導申上げ小島、淵田の二氏並県高等官等腕車を聯ねて随行す。午前十一時四十分当社御到着、直ちに御休息所の上社司以下恭しく御挨拶申上げ、名刺に代へて左の如く奉書に認めて差出せり。

かくて社司は御幣物を拝受して神前に供す。暫くありて御使御参拝あり。（此時随行の植事務官、県高等官、佐野理事長等第二鳥居の側（左）に佇立す。）恭しく玉串を捧げて中門を入り浜床ニ御奉奠、約三分間許御黙禱ありて御退下。次いで松並月桂樹各一本を恭しく神前に供へ、御使の御承認を得て記念樹として移植す。佐野理事長は掛幅の藤樹先生御真筆致良知並表装　光格天皇御張台の古切菊と鳳凰の纐纈について御説明申上げたり。

かくて午後一時御退出。藤樹先生墳墓並藤樹書院へ御参拝ニ付、社司以下御奉送申上げ佐野理事長等は随行御案内申上げたり。御使御退出あるや、斎主は副斎主と代りて伺候の座につき続いて祭典を奉仕す。祭典の終了も近づきし頃、恰も奏楽裡に御使御一行の腕車は神社前の道路を北に御帰途に就かるを拝し、奉拝の人々は恭しく御奉送申上げたり。時に午後一時半過なりし。

本日御奉奠の幣饌料は檀紙に「幣饌料」と記され、水引を掛け中は封筒に「一金弐拾五円也」と記さる。三方は折畳式なり。

佐野理事長以下大溝まで御見立て申上げ、御乗船を見届け厚く御礼を申上げて帰社せり。夕景より社務所に於て直会式あり。関係者はいづれも御坤徳の辱きに感泣し、御神徳の至大なるをむせびて此の千載一遇の盛典に浴したるを喜びたり。

本日拝観の為、参拝せるもの大凡左の如し。

・青柳尋常高等小学校　職員、児童全部
・本庄尋常高等小学校　職員、児童尋五以上
・安曇尋常高等小学校　同
・水尾尋常高等小学校　同
・新儀尋常高等小学校　同
・高島尋常高等小学校　校長、児童三人
・黒谷尋常小学校　校長、児童二人
・今津尋常高等小学校　校長、首席児童二人
・饗庭尋常高等小学校　校長、児童六人
・川上尋常高等小学校　校長、児童四人
・三谷尋常高等小学校　校長、児童三人
・県立今津中学校　職員二人、生徒二人
・青柳村青年団並在郷軍人会
・安曇村在郷軍人会
・水尾村在郷軍人会
・川上村青年会代表、同ジク在郷軍人会代表

一般拝観者ハ境内約三百名ニシテ沿道ハ無慮堵ヲ為セリ。

因みに大溝尋常高等小学校職員児童は校庭に整列して奉送迎を為せり。また境内第二鳥居以内は、御使御到着三十分神職の外一切入らしめず。御参拝に際し随行その他一二、特に一隅に立入ることを許されしのみ。

五、御礼言上

十一月十四日、野呂社司は御礼言上の為上京、翌十五日午前九時、京都御所へ参内し植事務官について御礼を

言上して退出。午後七時頃、帰社して委曲報告、その光栄に浴したるを喜べり。
　尚当日の状況は御使吉田鞆子女史の著「伊勢桃山行啓供奉之記」に詳なり。就いて見るべし。

補遺

　当日斎主の奏上したる祝詞は左の如し

掛巻母畏伎県社藤樹神社乃大前尓社司野呂周一恐美恐美母白左久八十日日波有礼杼母今日乃吉日乎生日乃足日刀撰定米給比氏
　皇后陛下乃御使皇后宮職御用掛吉田鞆子乎差遣波左恵氏大幣帛乎令奉捧給布賀故尓謹美敬比御祭仕奉里御饌御酒乎始米海川山野乃種種乃物乎高机尓置足波志氏今日乃御饗止大前尓献良久乎平介久安介久聞食氏千代田乃大宮尓座氏明御神刀大八洲国知食須皇御孫尊乃大御世乎弥遠尓弥長尓厳御世乃足御世尓守里給比幸倍給比氏天津日嗣乃大御光乎天地乃限里照里輝加志米仰賀志米給倍刀恐美恐美白須

（四）良子女王殿下御作文御下附謹記

文題

吾が敬慕する人物

　　良子女王

　　以上　美濃紙壱枚

本文　中江藤樹と題せられ、一行十九字十行詰にして美濃紙四枚に認めさせらる。

右、冊子に表装し桐二重函入なり。表面に

　良子女王殿下

　　御自筆御作文　　とあり。

御添書

久邇宮良子女王殿下御文章

　我が敬慕する人物　　壱部

右今般特ニ御染筆被遊
藤樹神社へ御下附相成候間、
御伝達申上候。

　大正十一年十二月

　　久邇宮附宮内事務官野村礼譲

藤樹神社創立協賛会

　理事長佐野真次郎殿

左に元藤樹神社創立協賛会理事長佐野真次郎氏献納

の良子女王殿下御作文御下賜謹記を録して、本御作文御下附の由来を明かにす。

大正十年二月二十一日発行ノ大阪毎日新聞ニ「尊とき御婦徳」ト題シ　久邇宮良子女王殿下御自作ノ「中江藤樹」ト題セル御作文ノ一部を掲記シ奉リタルヲ拝見セリ。当時藤樹神社御造営ノ工事中ナリシガ、幸ニ御完成ノ暁ニハ此ノ　殿下ノ御作文ヲ神社ニ御下賜ヲ蒙ルヲ得バ無上ノ光栄ナリト思惟シ、本会顧問杉浦重剛先生ヲ経テ　久邇宮家ニ対シ奉リ之ヲ請願シ、杉浦先生ノ御差図ニ従ヒ大正十年二月二十三日、同年四月九日ノ二回　久邇宮家ニ参候シ、宮家附宮内属分部資吉氏（元大溝藩主分部子爵ノ分家）ヲ経テ御願申上タルニ、幸ニ御聴届ニ相成、神社完成ノ暁ニ寄附スヘキ旨ノ御沙汰ヲ蒙リタリ。越ヘテ大正十一年五月藤樹神社造営工事成リ、同月二十一日鎮座祭ヲ執行セリ。依テ直チニ此旨宮家ニ報告ス。同年十一月二日、杉浦先生ヨリ殿下ノ御作文愈々御下賜可相成旨内報アリ。依テ余ハ十二月八日上京、同九日午前九時　久邇宮家ニ参候シ、野村宮務監督ヨリ御伝達ヲ受ケ謹テ拝戴シ、宮務監督ヲ経テ厚ク御礼ヲ言上シテ退下セリ。

昭和四年九月二十五日

元藤樹神社創立協賛会
理事長　佐野真次郎　謹記

附　言

本巻軸ニ収メタル二通ノ書翰ハ　殿下御作文御下賜ニ関シ、杉浦重剛先生ヨリ寄セラレタルモノナリ。而シテ巻尾ノ一通ハ　女王殿下御入内ノ当日（大正十三年一月二十六日）認メラレタルモノニシテ　殿下ノ御作文ノ御取扱方ニ関シ、先生ノ御意見ヲ伺出タルニ対シ、絶対ニ秘蔵スベキ旨堅ク戒メラレタリ。以テ後日取扱者ノ参考トス。

追加

久邇宮家附宮内属分部資吉氏返翰

拝復時下兎角不順ニ候処、愈御健勝奉賀候。偖而御尋問之件、内容御発表なり単に先生ニ対する御作文之御下賜云々丈けなれば、差して不都合と申訳ニも無之候へ、其の御積りニて作文御下賜も御記し可然と存候。先ハ御返事申上度如此ニ御座候。

早々敬具

六月十四日

分部資吉

小川喜代蔵殿

（五）崇敬者総代選挙申合附名簿

崇敬者総代

大正十一年六月九日、高島郡役所内ニ於テ開設シタル町村長会ニ於テ各町村長ハ其町村ノ崇敬者ヲ代表シ、崇敬者総代ノ選挙ヲ行ヒ猶左ノ申合ヲナシタリ。

一、崇敬者総代ハ左ノ官職ニ在ルモノヲ選任ス。

1　高島郡長

2　青柳村長

3　青柳村長以外ノ郡内各町村長中ヨリ二名、但シ成ルベク隣村長ヲ以テ之ニ充ツ

4　青柳村長大字上小川区長、若クハ其他ノ有力者中ヨリ一名

二、満期改選ノ際モ総テ本申合ニ準拠スルモノトス。

以上

大正十五年十一月二十三日、崇敬者総代会ニ於テ「大正十一年六月九日町村長会ニ於テ協定セル当社崇敬者総代選出ニ関スル内規」ヲ左ノ如ク修正シ、町村長会ノ承認ヲ経タリ。

崇敬者総代選任規定

一、崇敬者総代ハ左ノ各項ニ当ルモノヲ選任ス

1　創立当時ノ功労者三名

2　青柳村長

3　青柳村長以外ノ郡内各町村長中ヨリ二名
但シ成ルベク隣村長ヲ以テ充ツ

4　青柳村大字上小川区長、若クハ其他ノ有力者中ヨリ一名

二、満期改選ノ際モ総テ本申合ニ準拠スルモノトス。

以上

崇敬者総代名簿

在職中死亡ノ場合ハ退職年月日攬ニ書スベシ

選任年月日	選任理由	氏名	住所	退職年月日
一一・六・九	高島郡長	佐野真次郎	東浅井郡	
同	青柳村長	小島伝七	下小川	
同	安曇村長	早藤貞一郎	西万木	一一・六・九
同	本庄村長	梅村善九郎	四津川	一二・三・三一
同	青柳村長	淵田竹次郎	上小川	
一二・四・一六	本庄村長	中田友益	川島	一二・四・一六
一二・八・三一	安曇村長	地村寅蔵	西万木	四・一・二九
一二・二・一五	高島郡長	松山藤太郎		一五・六・三一
一三・三・七	青柳村長	山野栄蔵	青柳	一五・
一五・九・二	青柳村長	川越森之助	下小川	五・九・一

二・三・一五	本庄村長	伊香権右衛門	北船木	
一五・四・一	上小川区長	淵田岩次郎	上小川	三・三・三一
三・四・一	上小川区長	堀田儀左衛門	上小川	五・三・三一
四・一・三〇	安曇村長	伊藤梅次郎		八・二・二〇
五・四・一	上小川区長	淵田伝右衛門	上小川	七・三・三一
五・九・二	青柳村長	志村清太郎	上小川	九・九・
七・四・一	上小川区長	松田巧	上小川	九・三・三一
八・二・二〇	安曇村長	山本平一		
九・四・一	上小川区長	淵田与惣吉	上小川	
九・	青柳村長	西川伴三郎	青柳	

第三部　小川秀和筆『社務日誌』

凡　例

一、歴代の社司（戦後は宮司）の記録した『社務日誌』は、全部で二十二冊現存している。

一、本書においては、そのうちの昭和十六年（一九四一）から昭和二十六年（一九五一）までの十一年分、すなわち戦中・戦後のわが国未曽有の歴史の激動期にしぼって、印行することにした。前述二十二冊のうちの四冊分に相当する。

一、昭和二十二年から二十六年までの記述はすこぶる少ないが、これも原本に依拠したものである。

一、印行するにあたって、旧字体の漢字はすべて新字体に変更したが、送り仮名は原本のままの歴史的仮名遣いとした。ただ、その送り仮名は、ひらがな・カタカナ両方が混濁しての使用であるが、これも原本のままにしたがった。

一、原本の判読困難な字には□□記号を、また同日記述のなかで内容の異なる場合には、その冒頭に丸印（○）をふした。

一、明らかに誤字と思われる氏名等の固有名詞については、編者のほうで適宜訂正したが、完全を期したとはいえないことを断っておく。

一、曜日の不記載箇所は、（　）として空欄とした。天候も同様。

昭和十六年（一九四一）

一月一日（水）　晴
歳旦祭。午後二時。藤井助役、藤沢校長、中村為蔵、北川宗次郎参列。
一月三日（金）　晴
元始祭。午後二時。藤沢校長、中村為蔵、渕田伝四郎、北川宗次郎。
一月八日（水）　晴
藤井信太郎出征（海軍）。
一月九日（木）　晴
立志祭。午後一時。児童四十五名。
一月十七日（金）　晴
西川伴三郎氏（崇敬者総代）、退職ニ付記念品ヲ持参、挨拶ニ趣ク。
二月十一日（火）　晴
紀元節祭。午後二時半。参拝者、藤井助役、比叡谷訓導、中村為蔵、渕田伝四郎、北川宗次郎。
二月二十五日（火）　曇
午後一時。祈年祭。供進使藤井村長。今回ヨリ青柳小学校児童尋五女、浦安ノ舞ヲ奉納セリ。好評ナリキ。
二月二十八日（金）　雨
杉浦一男出征。
三月七日（金）　雨
御誕生祭。午前十時。参列者、藤井村長、藤沢校長、中村為蔵、渕田伝四郎、上小川青年。
三月十五日（土）　晴
満蒙少年義勇軍壮行祈願祭。三十一名。（郡教育会主催）
三月十八日（火）　雨のち曇
田中末男、満蒙義勇軍出発、祈願祭。御守謹製。
三月十九日（水）　雨のち晴
藤樹女学校卒業祭。
四月七日（月）　雨、雪
月並祭。〇図司半次郎、徴用祈願祭。午後三時。
四月九日（水）　曇のち雨
藤樹女学校、午前十一時、今津中学校、午後零時半、入学祭。
四月二十日（日）　晴
成年祭。成年式。午前八時。〇学務部長案内ニテ文部大臣橋田邦彦氏参拝。午前十時。揮毫サル。
四月二十三日（水）　晴
藤樹神社御造営謹記、清書。藤樹研究掲載。〇宝物殿建設ノ件ニ関し藤井善助氏ニ書信ヲ出ス。
四月二十九日（火）　曇、雨
天長節祭。午後二時半。参拝者、藤井村長、藤沢校長、中村為蔵、松田彦一郎、渕田伝四郎。
五月三日（土）　雨
小川社司、県社寺課に出張。宝物殿ノ件につき懇談。
〇大阪方面の出張。
五月十四日（水）　晴
苗村源吾、松田六左衛門出征。
五月十五日（木）　晴
京都市へ。宝物殿建設ノ件ニ付出張。
五月二十一日（水）　晴
鎮座記念祭。午前十時。参列者、藤井村長、日置訓導、松田彦一郎、中村為蔵、渕田伝四郎。
六月七日（土）　曇時々小雨
藤樹女学校職員生徒、境内清掃奉仕。
六月十二日（木）　雨のち曇
社寺課日名子元雄技師、境内設備ノ件に関し来社。1、境内中ノ清キ部分ト人手ノ入ラザル部分トヲ区別スルコト。2、公園式ナラザルコト。
六月十七日（火）　晴
宝物館ノ件に関し藤井善助氏、上原海老四郎氏に面会。
六月二十一日（土）
宝物殿建設に関し前田節氏、井花伊左衛門氏に面会。
六月二十八日（土）　大雨
宝物殿建設ニ関し琵琶湖ホテルニテ会合。午後三時。来会者、小川社司、藤井村長、佐野真次郎、上原海老四郎。会議要件、建設費ノ募集ニツイテ、然シテ結果ハ佐野氏ヨリ藤井善助氏ニ面談、幾許ノ出資セラル、ヤノ意向ヲキクコト。
七月三日（木）　晴
午前九時、興亜青年勤労報国隊帰還奉告祭。青年、金田直松、山本正桂、前川宗次郎。小学校長、安曇石田、今津鳥居、大溝牧野、新儀日野、青柳藤沢。助役、今津前川、大溝川越外二名。
七月四日（金）　曇
宝物殿建設、許可サル。（七月一日付）
七月七日（月）　時々雨
支那事変四周年祭。村主催。午前七時。村長外各種団体長、国民学校参列。
七月八日（火）　晴
佐野真次郎氏より書信有之。宝物殿建築費は多人数の奉賽によるを可とし、随つて近日中具体案につき協議致たき由、来る十五日は如何との事なり。随つて藤井善助氏等に日時問合することゝなり。

七月十日（木）　曇、少雨

北川亀吉氏等、本村九名召集トナリタル由。但シ極秘ノ模様ナリ。世界又、動乱起ルカモ。○藤井氏ノ宝物殿建設ニ関スル熱意少ナキト見タルニ付、藤井氏ニ書信ヲ出シ一万円寄附ヲ依頼ス。佐野氏ヘハ会合当分延期トセリ。……通知ス。

七月十三日（日）　晴

藤井善助氏より宝物殿建設については絶縁する旨書信あり。余りの怒りにむしろ驚く。

七月二十三日（水）　晴

大阪海洋少年団四百名、例年の通り参拝。小川社司、講演の後、良子女王殿下御作文を拝観せしむ。

七月二十六日（土）　雨のち晴

午前九時半、前大蔵大臣河田烈閣下参拝。付添、県学務部長、大阪造幣局長、専売局長、財務局長等多数。社務所ニ於テ休憩。書院、墓等ニテ参拝後、亦社務所ニテ休憩。正午前、琵琶湖ホテルヘ向ハル。

七月三十日（水）　曇、小雨

大津ニ於テ佐野真次郎氏ニ面会。宝物殿建設ノ件ニ関し協議。次ニ上原海老四郎氏ニ面会協議ス。上原氏曰く、時局□現時ハ遠慮し適当ナル時機ニナスヲ可トス。勉メテソノ頃ニハ大イニ尽力スルトノコト。

八月三日（日）　晴

佐野真次郎氏ヨリ宝物殿建設一時中止ニ付キ賛成スルトノ書信来ル。

八月四日（月）　晴

藤井善助氏に宝物殿建設中止の書信を出す。

八月十二日（火）　晴

大阪朝日新聞社より海洋少年団に関し講演等の世話になつた為、挨拶に来社。

八月二十日（水）　曇、晴

藤樹神社御守二〇〇体謹製。

八月二十二日（金）　晴

文部省教学局長吉田孝一氏参拝。

八月二十三日（土）　晴

小川社司、宝物殿建設延期の件に付、上原海老四郎氏に面会後、登庁。西川属に面会、懇談の後、延期届を提出に決定。直ちに上京、藤井善助氏宅に参上、設計費取換ノ件につき懇談。

八月三十一日（日）　雨
藤井善助氏より宝物殿ニ関スル設計費等一八八・五〇円請求シ来ル。
九月九日（火）　晴のち曇
宝物殿設計費金壱百八拾八円五十銭也、藤井善助氏に送金す。その旨、上原海老四郎氏、佐野真次郎氏に通知す。
九月十九日（金）　晴
宝物殿建設、二ヶ年間延期許可トナル。十八日付。
九月二十五日（木）　雨のち曇
午前中ハ雨、祭典ノ始ムルに至リテ止ム。例祭十一時、供進使ハ県川合属ナリ。来賓ハ佐野真次郎氏、森下博氏等、又郡市教育会長代理全部参拝アリ。午後、雨モ止ミテ郡内国民学校児童奉納角力等アリ。末裔中江勝氏、本年初メテノ参拝ナリ。森下氏ハ先生父母、祖父母摂社費ニ千円、宝物殿費千円寄附トノコト。
十月十日（金）　快晴
藤樹先生先考四柱境内社設計ヲ西川忠左衛門氏ニ依頼ス。
十月十四日（火）　曇
青柳校ト合同、国威宣揚祈願祭執行。
十月十七日（金）　晴
新嘗祭遥拝式。午前九時。参列者、藤井村長、藤沢校長、中村為蔵氏、松田巧氏（区長代理）。
十月十八日（土）　雨
田刈祭。午前十時半。本日ハ雨天なりしを以て本校に於て田刈祭を執行せり。参列者、藤沢校長、松田巧氏、武村教諭。〇松山藤太郎氏、彦根市長に就任せられたりを以て挨拶状を送る。
十月二十八日（火）　晴
藤樹先生考祖四柱ヲ奉斎スル霊社設計ヲ青柳、西川忠左衛門氏依頼シタル所、本日出来上リタルヲ以テ東浅井郡、佐野真次郎氏ニ送付セリ。
十月三十日（木）　晴時々曇
県下学童賽銭ノ件ニ付、安曇校ニ石田教育会長ヲ訪問ス。未納ノ分ハ大津市ニシテ、半納ハ栗太、稍々不足ハ坂田、犬上両郡ナリトス。
十一月三日（月）　晴
明治節祭。午後二時半。参列者、村長藤井新次、校長藤沢佐一郎、書院中村為蔵、区長松田彦一郎。
十一月十二日（水）　晴
佐野真次郎氏より、藤樹先生先考四柱霊社許可は目下県に依頼中ノコト通知シ来ル。

十一月二十二日（土）　晴
大阪府中等学校修身部会員四十名参拝。引率者、大阪府立女子師範学校長仁科粱三氏。
十一月二十五日（火）　曇のち晴
午後一時より新嘗祭を執行す。供進使ハ藤井村長代理す。来賓は堤今津中学校長、日置町長（安曇）。神職ハ助勢として饗庭喜代蔵氏、伊藤範勝氏、矢島晋作氏なり。尚青柳国民学校初六女四名、浦安ノ舞奉納ありたり。
十一月二十六日（水）　晴
京都出身上原海老四郎氏案内にて日本銀行二見貴知雄氏参拝す。○県立彦根高等女学校五年全部参拝す。
十一月三十日（日）　晴
堅田東洋紡績青年学校職員生徒二十名参拝。小川社司、講話す。
十二月一日（火）　晴
近藤知事ノ案内ニテ、文部省教学局長、東大文学部教授平泉博士参拝さる。
十二月十日（水）　晴
時局対処大祓顕修会出席届提出。○滋賀県神祇会より時局突破祈願祭執行せよとの通知あり。○中江伊喜知氏、境内ニ倒レタル松ノ整理ヲナス。
十二月十三日（土）　晴
大津、上原海老四郎氏に面会す。同氏、宝物殿建設費として貯蓄債権十五円券五十枚寄附せる事、今日受取。郵便局ニ保存す。
十二月十五日（月）　曇
午後一時より村主催にて、宣戦奉告祭、詔書奉読式、武運長久祈願祭を執行せり。
十二月二十一日（日）　曇のち雨
午前十時。宣戦奉告祭。供進使、人事課属芝田末次郎、随員同雇岡本一雄。神職、饗庭喜代蔵、伊藤範勝、矢島晋作。来賓、堤今中校長、中江藤女校長、日置安曇町長外多数。
十二月二十五日（木）　晴のち曇
大正天皇祭。午前九時。参拝者、藤井村長、藤沢校長、松田区長、渕田日吉神社総代、中村為蔵、藤樹書院主事。

昭和十七年（一九四二）

一月一日（木）　晴
歳旦祭。午後二時。参拝者、藤井村長、藤沢校長、中村為蔵氏、渕田伝次郎氏（上小川日吉神社総代）。

一月三日（土）　曇時々晴
元始祭。午後二時半。参拝者、中村為蔵、渕田伝次郎、松田巧。
一月八日（木）　晴
午前十一時半、出征祈願祭。青柳村出身壮丁八名出発す。祭典中、馬場金右衛門酒によい暴行を行ふ。依つて社務所にて浅井巡査と共に誡訓せり。
一月九日（金）　晴
立志祭執行。四十三名。午前十一時。
一月十三日（火）　晴
八田武文、出征祈願祭。午前八時。
一月十八日（日）　雪
本年に入りての大雪にして終日降りつゞく。本日は南部神職会の開催する筈なりしも、来るもの中村重雄君のみ。依つて流会となす。
一月十九日（月）　雪
昨夜来、大雪にて主慮三尺。近年になき大雪なり。〇本日より青柳国民学校職員児童、小川寮にて合宿訓練をなす。予定一週間。〇終日、新聞来らず。
一月二十日（火）　雪
益々雪降る。近年にない大雪なり。

一月二十一日（水）　晴
中江伊喜知、小島平次を雇ひ屋根の雪落しをなす。
一月二十三日（金）　晴
藤樹研究原稿、松本主筆へ送附。
二月六日（金）　晴
滋賀県知事並川義隆氏参拝。午後一時。
二月八日（日）　雪
出征軍人祈願祭。午前十時。図司□太郎、白井留一。
二月九日（月）　雪
今津中学校より卒業記念植樹の件につき通知あり。〇江州日日新聞の依頼により藤樹先生に付ての原稿ヲ送附す。
二月二十六日（木）　曇
苗村伝造、中西伝造。午前八時半。出征祈願祭。
二月二十七日（金）　晴
粂井政次郎。午前十時。出征祈願祭。
三月八日（日）　晴
中江伊喜知氏を雇ひて吉川又平氏寄附のけやき（五本）、はぜ（十五本）を植栽。尚午後は倒木の整理をなす。
三月九日（月）　曇のち雨
今津中学校卒業参拝。午後一時半。記念樹植付（榊）。

三月十日（火）　曇のち晴
青少年義勇軍壮行祈願祭。午後一時半。郡教育会主催。後、青柳国民学校に於て壮行会。
三月十一日（水）　晴
藤樹高等女学校卒業祭。午前八時。中江校長外生徒参拝。
三月十二日（木）　晴
午前九時、蘭印陥落奉告祭。村主催。〇午前十時、青少年義勇軍出発祈願祭。下小川北川留蔵。
三月二十日（金）　快晴
青柳国民学校卒業祭。午前十一時。
三月二十五日（水）　晴
樟樹植栽十五本。二六〇〇年記念。
四月六日（月）　晴
青柳国民学校勧学祭。午前十一時。〇青柳青年学校生徒、杉苗三百本植樹奉仕。〇国民学校第一学年ニハ例ニヨリ神符入リノ神棚ヲ授与セリ（計九体）。
四月七日（火）　晴
月並祭。〇藤樹高等女学校、今津中学校入学祭。
四月九日（木）　晴
出征祈願祭。午前九時。中江寿美蔵、渕田政一、川越光治、中村芳定。

四月十三日（月）　晴のち雨
高島郡教育会長大洞定治氏、新任報告参拝。
四月十五日（水）　晴
月並祭執行。〇致良知扇ノ件、藤樹書院主事中村為蔵氏ニ依頼ス。〇小川社司、午後青柳村新役場落成奉告祭ニ出張ス。因ニ新役場ハ旧青柳小学校講堂ヲ改造シタルヲ謂フ。
四月二十四日（金）　晴
貴族院議員江口定条氏、河井弥八氏土木出張所ノ案内ニ依リ参拝ス。時ニ午前九時。因テ正式参拝ヲ為ス。
四月二十五日（土）　晴
靖国神社臨時大祭仰出、月並祭ヲ執行ス。〇祭典用酒五月分三升ヲ酒類配給会社ニ申請ス。
四月三十日（木）　晴
海軍志願兵中江了三、中村義治、白井石太郎ノ入団祈願祭ヲ挙行ス。時ニ午前十一時。
五月五日（火）　晴
正午、京都府女子師範学校職員生徒百二十名参拝ス。正式参拝ヲ為ス。
五月八日（金）　小雨
滋賀県彦根盲学校職員生徒約三十名参拝ス。需ニ応シテ講話ヲ為シ、書院等ヲ案内ス。
五月九日（土）
県ヨリ通知有リ。四月二十八日附ヲ以テ吉川又平氏ニ対シ紺綬褒章ヲ御下賜ス。五月三日附ヲ以テ官報ニ発表ス。
五月十日（日）　晴
午前十時、京都川崎信託会社々員五十名参拝ス。例ニ因テ案内ス。湯茶ノ接待ヲ為ス。
五月十一日（月）　晴
小川社司、藤樹高等女学校ニ出張シ校旗ノ修祓ヲ為ス。
五月二十二日（金）　晴
京都崇仁国民学校百二十名、正午ニ参拝ス。
五月二十四日（日）　晴のち曇
午後二時、近江信託株式会社々員十余名参拝ス。
五月二十七日（水）　曇のち晴
正午、県立彦根高等女学校長笠賢誠氏外職員生徒一千名参拝ス。湯茶ノ接待ヲ為ス。
五月二十八日（木）　晴
大洲同人、藤樹先生真蹟所持者井関良三氏参拝ス。
六月二日（火）　晴
郡内中堅教員錬成会。十九名。
六月七日（日）　雨
月並祭。○大日本雄弁講談社星野修己氏宛ニ「中江藤樹先生」五十冊分ノ譲方ヲ依頼ス。
六月八日（月）　曇のち晴
大阪府国民学校長百五十名、海洋指導部下参拝ス。例ニ因テ講話ヲ為ス。
六月十二日（金）　晴
大阪府国民学校長百五十名、例ニ因テ参拝ス。○井保寿太郎宛ニ扇子百本ヲ注文ス。
六月二十九日（月）　晴
兵主青年学校二百名参拝。○国訳孝経発刊ノ件、松本義懿氏ニ諒解方通知ス。
七月一日（水）　曇、霧雨
月並祭。○下小川ノ桶屋ヲ傭ヒ風呂ノ修繕ヲ為ス。
七月六日（月）　晴
金属回収（扁額ノ拠出）ニ関シテ佐野真次郎氏ニ問合ス。
七月七日（火）　晴
月並祭。○京都内外出版印刷株式会社宛ニ「藤樹先生一夕話」一千冊印刷見積書ヲ請求ス。
七月九日（木）　晴
佐野真次郎氏ヨリ扁額拠出ニ関スル返書有リ。

七月十六日（木）　晴のち曇
一燈園ノ村田甚太郎氏、笹原仁太郎氏参拝セリ。
七月二十二日（水）　晴
午前十時、海洋少年団参拝。〇午後三時、滋賀県師範学校、水泳服略装ヲ以テ参拝ス。
七月三十日（木）　晴
午前十時、西川清和、沢井一夫、徴用出発祈願祭ヲ執行セリ。
八月三日（月）　晴
午前九時ヨリ小川寮ニ於テ高島郡部会、滋賀県、大政翼賛会合同主催ノ禊錬成会ヲ開催ス。講師ハ近江神宮天野主典ナリ。神職二十四名。
八月二十五日（火）　晴
月並祭。〇藤樹高等女学校参拝、青柳国民学校参拝、境内清掃ス。藤樹撮影所主ヲシテ境内撮影ヲ為ス。此ノ意ハ記念扇ヲ印刷スルノ意図ナリ。
八月二十七日（木）　雨
例祭案内ノ件ニ関シテ大洞教育会長ニ面会ス。〇二十年祭記念扇ニ関スル神社境内写真原版二枚ヲ井保扇店主ニ渡ス。
八月二十八日（金）　雨
午前八時、北川幸七、渕田武夫、徴用出発祈願祭ヲ執行セリ。
九月三十日（水）
佐々木善数、出征。
十月十九日（月）　晴
午後一時、神饌田々刈祭ヲ執行セリ。参列者ハ藤井新次、藤沢佐一郎、松田巧諸氏ナリ。
十月二十八日（水）　晴
午後二時、八田清一徴用祈願祭。
十月三十日（金）　晴
午前七時、教育勅語奉戴記念祭ヲ執行セリ。参列者ハ青柳国民学校職員児童及村長及名誉職多数ナリ。〇午後、青柳国民学校高等科女子ハ神符謹製ニ奉仕ス。
十一月四日（水）　曇
午前十一時ヨリ午後三時迄。大阪市松下電器青年学校職員参拝ス。一場ノ講話ヲ為ス。
十一月六日（金）　曇
小川社司、今津ニ出張シ町村長会石田与太郎ニ面会ス。初穂料ニ関スル懇談ニシテ、結果本年ヨリ扇子ノ進呈ヲ廃止ス。
十一月十四日（土）　雨

午前八時、岡田栄三郎、渕田芳太郎出征祈願祭ヲ執行セリ。
十一月二十五日（水）　雨
午前十時、新嘗祭。供進使、本郡地方事務所長野村治夫。助勢神職、饗庭喜代蔵、伊藤範勝、矢島晋作。主ナル参拝者、今津中学校長土永国男、藤樹高等女学校長中江勝、本村関係者其他。
十二月五日（土）　晴
滋賀県内政部長ヨリ神社祭式行事作法ニ関スル件通牒。○滋賀県知事宛金属回収除外届提出。
十二月八日（火）　晴
小川社司、金属供出奉告祭の為青柳国民学校々庭へ。
十二月九日（水）　初雪二寸
午前八時、霜降栄三郎、杉本善助、出征祈願祭。
十二月十四日（月）　曇
小川社司、青柳国民学校講堂に於ける徴兵制度七十年並大東亜戦争一周年記念慰霊祭（神式）に斎主として出席。
十二月十六日（水）　晴
午前九時半、渕田新右衛門、中西善吉の内原訓練所入所祈願祭を執行せり。○鳥居の額及孟母聖像の金属供出除外許可、本村役場宛通知ありたり。○滋賀県内政部長より神明奉仕者に関する依命通牒ありたり。
十二月二十一日（月）　晴
天皇陛下、伊勢神宮御参拝遊はされしにつき今回全国神社に於て大東亜戦争完遂祈願祭執行方、勅令を以て公布ありたり。
十二月二十二日（火）　晴
郡青年学校参拝武運長久祈願祭を執行す。大洞総裁以下無慮五百名参列。時に午前十時。
十二月二十四日（木）　晴後雨
午前九時半より大祓並大東亜戦争完遂祈願祭を執行す。参列者は藤井村長、藤沢校長、中村主事、松田区長、青柳国民学校全職員児童なり。○滋賀県内政部長より内務省訓令及祭式改正に関し通知ありたり。
十二月二十五日（金）　晴
月並祭。○午前九時半、大正天皇祭を執行す。参列者は藤井新次、藤沢佐一郎、中村為蔵、松田巧、渕田伝四郎の諸氏なり。○午後三時、初回の藤樹先生研究会打合会をなす。集るもの奥山孝裕、石田共平、比叡谷正顕、藤沢佐一郎、田村伝一郎、柳生正雄、小生ノ諸氏なり。午後五時散会す。次回は一月三十日。

昭和十八年（一九四三）

一月一日（金）　晴のち曇
午後一時半より歳旦祭を執行す。参列者は藤井新次、藤沢佐一郎、中村為蔵、松田巧、渕田伝四郎の諸氏なり。
一月七日（木）　晴のち曇
午前十時より立志祭を執行せり。藤沢校長外職員児童参列せり。同時刻、藤樹高等女学校長中江勝氏外全職員、全生徒参拝せり。尚同時刻、米子市就将国民学校職員一名、児童三名代参、拝殿にて孝経を浄写す。
一月八日（金）　曇、昨夜雪一寸
米子就将校職員生徒、午前九時帰校。午後二時、藤井智憲、沢井末次、前川大吉、出征祈願祭を執行せり。
一月九日（土）　晴、雪八寸
午前九時、遠藤滋（青柳校訓導）出征祈願祭を執行せり。
一月十四日（木）　快晴
正午、白井一雄、伊原松雄、西川忠一の出征祈願祭を執行す。
一月十五日（金）　時々雨
銅樋供出せしにつき竹樋を大工をして拝殿等に架せしむ。
一月十六日（土）　曇
午後二時、青柳産業報国祭結成祭を執行せり。会員並大溝署長等参列せり。
一月二十二日（金）　曇
垣見汲古堂に神社絵葉書、絵伝絵葉書各一千部を注文せり。
一月二十四日（日）　雪七寸
午前十時、小島清松、下沢清彦の出征祈願祭を執行せり。〇午前十一時、郡内国民学校教職参列の下に師道錬成祈願祭を執行せり。
一月三十一日（日）　猛吹雪三寸
小川寮に於て藤樹研究会をなす。石田共平、比叡谷正顕、藤沢佐一郎、田村伝一郎、桑原八郎、北出幸一、志村三次、小川秀和の諸氏出席す。
二月十七日（水）　曇
小川社司、大阪市に於ける吉川又平氏に紺綬褒章伝達の為出張。
二月十九日（金）　晴
午前八時半、小島弥一郎出征祈願祭を執行す。
二月二十二日（月）　晴
安曇青年学校職員生徒約三十名、宿泊訓練をなす。
二月二十五日（木）　雪のち晴

午前十時半、祈年祭を執行せり。供進使は服部祭務官補、随員は西田属、神職は助勢として饗庭喜代蔵、伊藤範勝、矢島晋作の三氏なり。

三月一日（月）　雨

午前七時半、山本たづ外五名、勤労奉仕隊出発祈願祭を執行せり。〇午後一時半、今津中学校卒業祭を執行せり。

三月三日（水）　時々雨

午前十時、椙山女子専門学校職員生徒参拝せり。

三月六日（土）　晴

柴田甚五郎氏（東洋大学教授）参拝さる。

三月十二日（金）　晴

午前八時、藤樹高等女学校職員卒業生参拝し、卒業祭を執行せり。

三月十三日（土）　雨のち晴

午前十時半、満蒙開拓青少年義勇軍壮行祈願祭を執行せり。全員十五名なり。郡教育支会長その他多数参拝せらる。

三月十六日（火）　時雨

今津修練道場修練生二十名参拝せり。（県属）

三月十九日（金）　曇

午前八時半、中西兵治の出征祈願祭を執行せり。〇滋賀県より金参拾円の供進ありたり。

三月二十三日（火）　小雨

午前八時半、馬場剛氏の出征祈願祭を執行せり。

三月二十五日（木）　晴

月並祭。〇午前十一時半、青柳国民学校修了奉告祭を執行す。

四月一日（木）　曇、時雨

石田部隊帰還兵主催の武運長久祈願祭を執行せり。

四月五日（月）　曇

午前十一時より勧学祭を執行せり。青柳校長外全校職員児童父兄参列せり。入学生は四十四名なりき。

四月十三日（火）　曇

午後一時より今津中学校入学祭を執行せり。中学校教諭三名、新入生百余名参列せり。

四月二十一日（水）　晴

午前十時半より安曇国民学校に於ける安曇広瀬青柳三ヶ村組合立青年学校発会式に出席せり。

四月二十三日（金）　晴

本日、県人事課より電話有之、吉川又平氏紺綬褒章領証直送せよとの事。依つて吉川又平氏へ電報す。尚その旨県へも電話せり。

四月二十七日（月）　晴

青柳国民学校職員児童参拝せり。高等科児童には社務所に於て良子女王殿下御作文を拝観せり。〇吉川又平氏より県知事官房宛紺綬褒章領票を送付せりとの通知ありたり。

五月一日（日）　晴

午前八時、沢井宗夫氏の出征軍人武運長久祈願祭を執行せり。

五月十六日（日）　雨

午前八時、小島平次の出征祈願祭を執行せり。

五月十七日（月）　晴

滋賀県内政部長より昭和十八年度に於ける金属回収に関する指令を受く。

五月二十一日（金）　曇

午前七時、杉本儀兵衛の徴用祈願祭を執行せり。〇午後二時より鎮座記念祭を執行せり。参列者は藤井新次、藤沢佐一郎、、中村為蔵、志村三次の諸氏なり。

五月二十六日（水）　晴

神饌田の件に関し藤樹女学校に出張せり。

五月三十一日（月）　曇

青柳村長宛神饌田設置届を提出せり。

六月一日（火）　晴

月並祭。〇吉川又平氏、孟母聖像の供出不承諾の件につき来社せられたり。

六月五日（土）　晴

本日は東京に於て山本五十六元帥の国葬が執行せられたり。〇文部省図書局より神社境内写真を初等科五年の修身書に掲載の為、写真を送付せよとの書信ありたり。

六月七日（月）　曇

月並祭。本日、文部省依頼の神社境内写真、藤樹スタジオをして撮影せしめたり。

六月十六日（水）　晴

午後一時より神饌田田植祭を執行せり。参列者は藤沢佐一郎、志村三次の両氏外、青柳国民学校高等科児童並受持職員なり。

六月三十日（水）　晴

午前八時、中西尚直の武運長久祈願祭を執行せり。〇午前九時、大祓を執行せり。参列者は田村伝一郎（校長代理）、中村為蔵、志村三次、青柳国民学校職員児童なり。

七月五日（月）　小雨

小川社司、神饌田々植祭の為、藤樹女学校に出張せり。○神祇会より奉書百五十枚の配給を受く。

七月十日（土）　晴

午前八時、二百七十億貯蓄必成祈誓祭を執行せり。参列者は村長外名誉職、及青柳国民学校職員児童なり。

七月十一日（日）　晴

文部省図書監修官竹下直之氏外数氏、国民学校初五修身掛図に藤樹神社写真掲載の故を以て午前十一時参拝せらる。○教学課長より知事、内政部長参拝日取の通知を受く。

七月十二日（月）　晴

藤樹先生頌徳歌三千枚印刷、贈呈版（八月二十日限）を垣見汲古堂に注文せり。○文部省史跡考査官黒板昌夫氏参拝せらる。

七月十四日（水）　晴

午後三時、知事及内政部長、新任挨拶のため参拝せらる。○西川忠左衛門をして社務所の夏ひさしを設けしむ。知事（菊池盛登）、内政部長（坂本宗武）

七月十五日（木）　曇

月次祭。○小川社司、九日官報を以て紀元二千六百年祝典記念章を授与せらる。○午後一時、滋賀県警察部長池田清志氏、新任の為参拝さる。

七月二十日（火）　雨

例祭に於ける各郡市教育会に贈呈する筆二本三十組を藤野雲平氏に注文せり。

七月二十五日（日）　雨

午前八時、中江清次郎、伊原松雄の徴用祈願祭を執行せり。

八月三日（火）　晴

朝日新聞「週間少国民」編輯部高橋春雄氏来社、「藤樹先生」に関し執筆の希望あり。

八月四日（水）　雨

滋賀県並文部省共同主催による教学錬成会発会祭典を午後二時半執行す。北条、小野県視学外県下国民学校教頭三十名参列す。会場は玉林寺、宿舎は小川寮、待賓館、社務所なり。小川社司、臨地につきて講話をなす。生活指導は藤沢校長担当さる。

八月五日（木）　夕立

教学錬成会の講師は虎姫中学校長松本義懿氏、県からは北条視学臨席せらる。

八月八日（日）　晴

大津市和田教諭（錬成会講師）。○夕方、広島文理大教授皇至道氏、北条視学宿泊さる。

八月二十七日（金）　晴、夕立

京都史跡会参拝せられ来月中旬、会員約四十名参拝の旨依頼せらる。

八月二十九日（日）　晴

午後二時、松田良太郎の出征祈願祭を執行せり。○宝物殿工事延期願（二年）を知事宛に提出せり。

九月一日（水）　晴

県下中等学校贈呈用「藤樹先生年譜」四十冊、松本義懿氏より送付ありたり。

九月三日（金）　晴

高松宮宣仁親王殿下御視察の件につき打合せのため登庁。

九月六日（月）　晴

県教学課長及笹川合属来社、殿下御視察についての打合せをなせり。○青柳国民学校職員児童、境内溝の清掃をなせり。

九月七日（火）　晴

県防疫医、来社。殿下奉持者の身体検査をなせり（午後二時）。

九月八日（水）　晴

高松宮宣仁親王殿下、来る十三日神社にて下車遊はさると仰出さる。○藤樹高等女学校職員生徒、境内を清掃せり（草刈、除草）。

九月十日（金）　晴

殿下御参拝に関し知事以下巡視す（午後六時半）。

九月十一日（土）　晴

宝物殿新築工事着工延期ありたり。○出征祈願祭を執行せり。（午前八時、西川喜代太郎、藤野雲平、馬場藤吉、小島益太郎、八田卯三郎）

九月十三日（月）　晴

高松宮宣仁親王殿下同妃殿下、午後三時、菊池知事以下を従へされ御参拝遊はさる。先導は小川社司、手水は郷社日吉神社福原社司奉仕、本殿階下に御拝あらせり。御初穂料を御下附遊ばさる。参拝者は北川米造、藤沢佐一郎、清水米造、奥津七之丞、山本作蔵の五氏なり。

九月十五日（水）　晴

月並祭。○小川社司、高松宮殿下御参拝御礼言上の為登庁せり。

九月十九日（日）　雨

藤樹頌徳会主催の献書祭を執行せり。来賓は大洞郡教育支会長多数、審査長は師範学校教授南五郎作氏なり。

学童は郡内各校初等科第六学年三名宛なりき。
九月二十日（月）　暴風
終日暴風吹く。〇午前八時、川崎茂吉の徴用祈願祭を執行せり。
九月二十一日（火）　時々雨
青柳村出身青年学校生徒約二十名、土俵作りを奉仕せり（午後）。
九月二十五日（土）　小雨
午前十一時、例祭を執行せり。供進使は川合属、随員は某雇なりき。尚小川社司、斎主となり助勢神職七名なりき。来賓は佐野氏外多数、郡市教育支会長外教育関係者頗る多数参列。祭典後、郡教育会主催になる学童角力大会、引続いて青柳青年学校主催の奉納角力ありたり。
十月四日（月）　晴のち曇
滋賀県女子師範学校教生二十名、正式参拝す。本日より月末まで青柳校に於て指導することゝなれり。宿泊は小川寮なり。尚会期は二週間とし今回は第一回なり。
十月五日（火）　晴
県地方課より来社。孟母聖像供出の件に関し面談す。来る十二日午後一時、京都府庁に出張することに決せり。
十月六日（水）　晴
夜、小川寮に於て女子師範教生に「藤樹先生行状」について一場の講話をなせり。
十月十二日（火）　晴
午前八時、八田治三郎、中村藤太郎、西川武夫の出征祈願祭を執行せり。
十月十三日（水）　晴
小川社司、孟母聖像供出の件に関し大阪市吉川又平氏、本村役場書記椋樹妙雄氏と共に京都府庁に出張せり。尚小川社司は賽銭の件につき、堅田国民学校長石田吉次郎氏に孟母聖像の件につき京大高瀬武次郎及梅原末治博士を訪問せり。
十月十八日（月）　晴
女子師範教生第二班二十名参拝せり。本日より小川寮に宿泊す。
十月二十三日（土）　晴
夜、福島政雄先生、松本義懿氏、高松甚太郎氏を中心に座談会をなす。
十月二十四日（日）　晴
福島先生を中心に無求会一同、座談会をなす。〇女子師範教生に宝物並遺跡の案内をなす。〇大阪栄国民学校錬成の為、打合せのため来社。○午前七時、下沢彦一、北川幸一、馬場貞一氏の出征祈願祭を執行せり。
十月二十六日（火）　晴
滋賀師範学校長今井嘉橘氏、永杉主事の案内にて参拝、宿泊さる。
十月三十日（土）　晴
午前七時半より教育勅語奉戴祭を執行せり。参列者は青柳国民学校職員児童及村長外名誉職なりき。○女子師範教生、本日を以て帰校せり。
十一月一日（月）　晴
午前九時半より郡地方事務所主催銃後奉公会共同、武運長久祈願祭執行せり。今明日、小川寮に於て錬成会をなす。○正午より神饌田に刈祭を執行せり。参列者は藤井新次、藤沢佐一郎、志村三次外、国民学校職員児童なり。
十一月六日（土）　小雨
広島文理科大助教授西川平吉氏参拝さる。
十一月十三日（土）　晴
夜、大谷大学教授福島政雄先生歓迎会をなす。来会者は十八名。同夜小川寮に宿泊す。○藤樹頌徳会長西晋一郎博士逝去さる。
十一月十四日（日）　晴のち曇
福島先生より小川寮に於て鑑草講話あり。来会者二十五名。正午散会せり。
十一月二十五日（木）　晴
午前十一時、新嘗祭を執行せり。供進使は地方事務所総務課長浜本修氏、随員は平属、斎主は小川社司、助勢として郷社日枝神社饗庭社司、村社日枝神社矢島社司。浦安舞の奉納あり。中江勝氏、本庄村長、安曇町長を始め村内関係者、青柳国民学校職員児童初五以上参拝せり。
十一月二十九日（月）　小雨
午前八時、白井留蔵の徴用祈願祭を執行せり。
十一月三十日（火）　晴
午前七時半、和田敬六、西川潔、苗村英七、西川周次の出征祈願祭をなす。
十二月二日（木）　曇
午前八時、渕田政一の出征祈願祭を執行せり。
十二月五日（日）　曇のち晴
午前八時、中江清次郎、中江寿美蔵の出征祈願祭をなす。
十二月七日（火）　曇
午前八時、国威宣揚武運長久祈願祭。村委員、学校、各区長参拝す。○出征祈願祭。堀田貞次郎、杉本敬助、井口清太郎、小島寿吉、加茂貞一、中島利助、北川彦一、白井幸太郎。○応徴祈願祭。高城卯一、豊島政一、北川平五郎、野口松次郎。

十二月二十五日（土）　時々雨

午前十時より大祓並大正天皇祭を執行せり。参列者は藤井村長、藤沢校長、中村為蔵氏、青柳国民学校職員児童なり。中村重雄社司を雇ふ。

十二月二十七日（月）　曇

敞文館に「中庸解直釈」百冊注文をなす。○正月用餅米五瓩配給を受く。

十二月二十九日（水）　晴

藤樹女学校ニ於ける当神社神饌田米を供出すへしとの不認識なる申出あり。前田節氏を煩はして交渉しつゝあり。

十二月三十日（木）　雨

神饌田米については相手にせずとのことに確定せり。

昭和十九年（一九四四）

一月一日（土）　雪

午後二時半、歳旦祭を執行せり。参拝者は藤井村長、藤沢校長、中村為蔵、志村三次の諸氏。

一月三日（月）　雪

午後二時半、元始祭を執行せり。参拝者は藤沢校長、中村為蔵、山本紋二郎の諸氏。

一月六日（木）　曇

午前九時半、白井庄四郎、前川為一、小島伝之丞の出征祈願祭を執行せり。

一月七日（金）　雪

午前十時、立志祭を執行せり。参拝者は藤沢校長、西川訓導、川口訓導及十一才の児童なり。○午後、米子市就将国民学校訓導一名及児童三名参拝。小川寮にて宿泊す。

一月八日（土）　雪

午前八時、米子市就将校訓導等帰郷す。○饗庭野駐屯の将兵多数参拝せり。

一月十九日（水）　雪

孟母聖像供出の件に関し吉川又平氏、佐野真次郎氏、安曇町長、本庄村長に通知せり。

一月二十日（木）　曇

藤樹女学校耕作に因る神饌田米の件につき県神祇会より郡部会長に解答せる由。○孟母聖像寄附者吉川又平氏より時局に鑑み供出も仕方なしと承諾なり。

一月二十四日（月）　晴

志村寛氏の出征祈願祭を午前八時執行せり。○藤樹女学校耕作による神饌田米奉献は辞退する事とし、藤樹女学校及高島町役場にそれぞれ通知せり。

一月三十一日（月）　雨

正午、木原一市氏の出征祈願祭を執行せり。

二月三日（木）　雪

午前八時、小島利雄氏、西川忠雄氏の出征祈願祭を執行せり。○高島地方事務所より孟母聖像供出を来る十二日と決定する旨通知ありたり。

二月八日（火）　雪

午後一時、沢村弘、小島勉両君の入営祈願祭を執行せり。

二月十一日（金）　雪

午前八時、馬場信男氏の出征祈願祭を執行せり。○午後二時、紀元節祭を執行せり。参拝者は北川末造氏、藤沢佐一郎氏、中村為蔵氏、志村三次氏なり。

二月十二日（土）　曇

午後一時、時局要請により孟母聖像を供出せり。地方事務所より北野末三郎氏、小川社司、北川助役、中村為蔵氏、志村区長、国民学校より藤沢校長外職員児童、安曇青年学校青柳分教場職員児童見送る。人夫として上小川より六人雇入る。

二月二十一日（月）　雪

午後二時、今津中学校卒業祭を執行せり。

二月二十三日（水）　晴

午前九時より藤樹先生三百年祭奉讃会設立ニ関する打合会を開催す。出席者ハ小川社司、北川助役、藤沢校長、志村区長、中村書院主事なり。

二月二十五日（金）　雪

午前十一時、祈年祭を執行せり。供進使は三宅金太郎属、随員は同県属西条薫氏なり。斎主は小川社司、助勢神職は饗庭喜代蔵氏、平井茂氏なり。○午後二時より藤樹先生三百年祭打合会をなせり。詳細は別冊による。

二月二十七日（日）　晴

午前十時半、川越信一、出征祈願祭。北川政吉、高城卯太郎ノ徴用祈願祭を執行せり。

三月七日（火）　晴

午後二時、御誕生祭を執行せり。参列者は北川助役、藤沢校長、中村為蔵氏、上小川青年会なりき。

三月十一日（土）　晴のち雪

午前八時、梅村喜久次、川崎茂吉、豊島政一、田中吉

太郎、馬場敬次郎氏の出征祈願祭を執行せり。
三月十三日（月）　曇
午前八時、藤樹高等女学校卒業祭を執行せり。（中江校長、小川教諭、卒業生五十二名）
三月十四日（火）　晴
午前十時、満蒙開拓青少年義勇軍壮行祭を執行せり。全員十六名。滋賀県教育会、高島郡支会主催。
三月十五日（水）　晴
先週月曜日より行ひ居りし安曇青柳広瀬組合立青年学校錬成会は、本日正午を以て終了せり。
三月二十四日（金）
午前八時、北川幸七、長井顕城氏の出征祈願祭を執行せり。
三月二十五日（土）
小川社司、本郡教育支会長北条春雄氏に面会、神饌田設置の件につき依頼せり。〇大洲町下井小太郎氏より大洲城跡に於ける藤樹先生銅像も時局に鑑み、二十一日供出に決せるの通知あり。
三月二十六日（日）
滋賀師範学校第一学年約五十名参拝せり。
三月二十七日（月）
「かながき孝経」出版に関し京都市内外印刷株式会社に出張せり。（内外社ハ冨山房に買収せられたり）
三月二十八日（火）
午後二時、小島新次郎氏の出征祈願祭を執行せり。
四月五日（水）
午前十一時、勧学祭を執行せり。学校長外職員父兄、全校児童参列す。新入生三十三名。内九名に神棚を授与せり。
四月六日（木）
午前九時、青柳校訓導川原林徳一氏の武運長久祈願祭を執行せり。
四月八日（土）
午前九時、藤樹女学校卒業生よりなる女子挺身隊壮行祭を執行せり。藤樹女学校長、高島勤労動員所長等参拝。隊員は十一名なり。
四月十日（月）
午前十一時、今津中学校一一八名、午後一時、藤樹高等女学校一〇二名の入学祭を執行せり。
四月十三日（木）
京大工学部学生十四名参拝せり。絅斎先生祭典参拝の途次、隣村国民学校職員児童多数参拝す。

四月十七日（月）
本郡教育支会長北条春雄氏、神饌田の件につき藤沢校長と共に志村正弘、渕田源之助両氏宅を訪問さる。
四月十八日（火）
午前九時、西川与太郎氏の出征祈願祭を執行せり。○神饌田として志村つい所有の水田二反一畝を郡教育会が耕作する事に決定せり。
四月二十九日（土）
午前十時半、天長節祭を執行せり。参列者は北川村長代理、藤沢校長、中村藤樹書院主事、山本区長なりき。○本日、広島文理大教授加藤盛一氏来社。青柳国民学校に於て講演あり。聴講者ハ郡内国民学校教員なり。
四月三十日（日）
午前八時半、粂井勝、馬場清、小島義雄氏の出征祈願祭を執行せり。
五月一日（月）
滋賀新聞社、軍の依頼により前線慰問のため神社参拝実況撮影す。依つて青柳国民学校高等科児童、学校長職員と共に正式参拝をなす。○近江神宮藤原禰宜、建築技師、林業技師を帯同、午後一時来社。神社林苑、神社建築設計につき相談せり。
五月九日（火）
午前八時、中江宗市氏の出征祈願祭を執行せり。
五月十二日（金）
午後五時、奈良女子高等師範学校職員生徒十四名参拝。同夜小川寮に宿泊せり。
五月十五日（月）
滋賀県内政部長の指令により座布団弐枚供出せり。
五月十九日（金）
小川社司、三百年祭の件につき大津市上原海老四郎氏に面会せり。
五月二十一日（日）
午後二時、鎮座記念祭を執行せり。参拝者は志村清太郎、藤沢佐一郎、中村為蔵、志村辰蔵の諸氏なりき。
五月二十二日（月）
今津国民学校、神饌田竹矢来の準備を奉仕せり。
五月二十三日（火）
新儀国民学校、神饌田竹矢来作成を奉仕せり。
五月二十五日（木）
神饌田設置届を村長に提出せり。○青柳国民学校職員児童参拝。境内を清掃せり。
五月二十七日（土）

青柳国民学校、神饌田苗代除草及竹矢来作成を奉仕せり。○青柳国民学校初等科一年児童に「よいこども」を授与せり。
五月三十日（火）
午前七時、北川長次、山本寿一、八田仲次郎、藤野新吾、中西善吉、中村末吉、北川文夫氏の出征祈願祭を執行せり。
六月十三日（火）
午前八時半より神田々植祭を執行せり。郡支会長北条春雄氏を始として北川米造氏、藤沢佐一郎氏、中村為蔵氏、山本紋二郎氏参拝さる。引続き安曇青柳、青柳分校女子部、青柳国民学校高等科生奉仕、田植をなす。指導は同校東教諭なりき。
六月十八日（日）
杉浦重剛先生の崇拝者仏性誠太郎氏外二名参拝せらる。
六月二十一日（水）
本庄国民学校、神田一番除草を奉仕せり。
六月二十四日（土）
午前七時半、伊原松雄、田中芳太郎氏の出征祈願祭を執行せり。
六月三十日（金）
午前八時、大祓式を執行せり。助勢神職は北川重義氏。参列者は地方事務所総務課長、志村村長、中村為蔵氏、山本区長、青柳国民学校長外職員児童なりき。○午前九時より高島第二国民学校四十名、神田二番除草を奉仕せり。
七月四日（火）
東亜報徳農学校職員児童約五十名参拝せり。
七月八日（土）
正午、中村信一、馬場孫市、中村忠吾君の出征祈願祭を執行せり。
七月十五日（土）
正午、中江重一、中江征作両氏の出征祈願祭を執行せり。○本庄国民学校、神田に入れる青草の刈取を奉仕せり。
七月十六日（日）
小川社司、三百年祭の件に関して大津市上原海老四郎氏に面会せり。
七月二十一日（金）
青柳国民学校、神田に入れる草の刈取を奉仕せり。○藤樹女学校第四学年学徒出動につき奉告祈願祭を執行せり。

七月二十四日（木）
午前七時、成年祭を執行せり。○午後二時より二十日間、教学錬成会を行ふ。○午後五時、大津聯隊区司令官参拝せらる。
七月二十五日（金）
午前七時半、馬場□二氏の出征祈願祭を執行せり。
七月三十一日（木）
午前七時半、西川宇市氏の出征祈願祭を執行せり。
八月三日（木）
午後四時、豊島和雄氏の出征祈願祭を執行せり。
八月八日（火）
午前七時半、敵国降服祈願祭を執行せり。○同、藤井完一氏の出征祈願祭を執行せり。
八月十三日（日）
午前十一時、沢村切氏の出征祈願祭を執行せり。
八月二十一日（月）
中等学校男子教員二十三名の皇国史観錬成会始まる。指導者は大津市高等女学校長稲葉小三郎氏なりき。
八月二十六日（土）
小川社司、例祭酒特配の為、今津町に於ける酒配給所及今津税務所に出張せり。
八月二十八日（月）
中等学校女教員の錬成会始まる。指導者は藤樹女学校長中江勝氏、講師は彦根高女校長松本義懿氏なり。
八月三十日（水）
午前八時、渕田昭男、松宮藤左衛門氏の出征祈願祭を執行せり。
九月一日（金）
安曇組合立青年学校青柳班男子部生徒は池堀りを奉仕せり。
九月四日（月）
午前八時、大阪市堂島国民学校四十六名（疎開児童）の奉告祭を執行せり。
九月十三日（水）
午前八時半、八田三吉氏の出征祈願祭を執行せり。
九月十七日（日）
小川社司、藤沢校長と共に高松宮御成記念事業並に三百年祭打合せのため、教学課に出頭せり。
九月十八日（月）
午前八時、田村正雄、中西伝次、北川貢、小島利一、小島幸之助、小島新三郎、白井庄太郎氏の出征祈願祭を執行せり。

九月十九日（火）
藤樹女学校全員、境内の草刈並除草を奉仕せり。○青柳国民学校、池の整理並清掃を奉仕せり。
九月二十一日（木）
午後三時、青柳国民学校訓導桑原八郎氏の出征祈願祭を執行せり。
九月二十四日（日）
滋賀県知事外随員二名、待賓館に宿泊す。（近江神宮平田宮司）○午前八時、中島忠己氏外三名の壮行祭を執行せり。
九月二十五日（月）
午前十一時、例祭を執行せり。供進使は知事菊池盛登、随員二名。来賓は平田宮司、佐野真次郎氏、加藤盛一氏、福島政雄氏外教育関係者多数なりき。○午後二時より書院に於て知事臨席の下に、高松宮御成記念事業並三百年祭記念事業につきて懇談せり。
九月二十七日（水）
小川社司、志村村長と共に挨拶のため登庁せり。
十月六日（金）
午前七時半、テニヤン島大空島の玉砕奉告祭並宮城遥拝式を執行せり。

十月七日（土）
午前九時より青柳国民学校職員児童参列、初等科第三学年以上の食糧増産実貫隊の結成祭を執行せり。
十月十三日（金）
午前九時より神田抜穂祭を執行せり。青柳校高女奉仕。参列者は北川助役、北条郡支会長、藤沢校長、石田安曇青柳教□、中村為蔵氏なりき。
十月十八日（水）
小川社司、地方事務所に出頭。神酒その他配給物につき依頼せり。
十月十九日（木）
午前八時半、松田茂氏の出征祈願祭を執行せり。○青柳校高男、神田稲架用たつの皮むきを奉仕せり。
十月二十七日（金）
小川社司、大政翼賛会のため地方事務所に出張せり。
十月三十一日（火）
午前八時、中村英作氏の出征祈願祭を執行せり。
十一月十五日（水）
午前八時、図司半次郎氏の出征祈願祭を執行せり。
十一月二十四日（金）
午前八時、小島貫一氏の出征祈願祭を執行せり。

十一月二十五日（土）
午前十一時、新嘗祭を執行せり。供進使は県視学小野忠一、随員属中西康二。神職小川社司斎主となり中村重雄、矢島晋作、前田某奉仕せり。青柳国民学校児童による浦安舞奉納なせり。
十一月二十八日（火）
午後一時より青柳校高女、神符謹製に奉仕せり。○午後二時、三谷青年学校生徒の武運長久祈願祭を執行せり。
十二月六日（水）
小川社司、配給の件に関し地方事務所に出張せり。
十二月十二日（火）
午前九時、大政翼賛会青柳支部主催による米英撃攘祈願祭を執行せり。
十二月十三日（水）
午前八時、渕田秀夫氏の出征祈願祭を執行せり。
十二月二十五日（月）
午前九時半、大正天皇祭を執行せり。参列者は志村村長、山本区長、中村為蔵氏なりき。
十二月二十九日（金）
午前八時半、大祓式を執行せり。参拝者は北川助役、山本区長、中村為蔵、藤沢校長外青柳国民学校職員児童なりき。

昭和二十年（一九四五）

一月一日（月）
午後二時、歳旦祭を執行せり。参拝者は志村村長、藤沢校長、中村為蔵、山本区長の諸氏なりき。
一月二日（火）
午前九時、山野正一、沢村友和、小島林七、小島孝雄氏の出征祈願祭を執行せり。
一月三日（水）
午後二時、元始祭を執行せり。参拝者は志村村長、藤沢校長、中村為蔵、山本区長の諸氏なりき。
一月七日（日）
午前十時、立志祭を執行せり。参拝者は青柳国民学校長外職員十一名、児童八十一名なりき。
一月十三日（土）
午前十一時半、図司武氏の出征祈願祭を執行せり。
一月十五日（月）
月並祭並神符焼却祭を執行せり。
一月十八日（木）
小川社司、神田の件につき今津国民学校、木炭の件につき地方事務所に出張せり。
一月二十五日（木）
月並祭を執行せり。
一月三十日（火）
午前十一時半、杉本儀兵衛氏の出征祈願祭を執行せり。
二月一日（木）
午後一時、□成年祭を執行せり。参拝者は壮丁九人、村長代理、中村兵事主任、藤沢校長、中江在郷軍人分会長、中江軍友会長なりき。
二月七日（水）
月並祭を執行せり。
二月十一日（日）
午後二時、紀元節祭を執行せり。参拝者は志村村長、田村教頭、中村藤樹書院主事、山本区長なりき。
二月十二日（月）
午後一時、八田清一氏の出征祈願祭を執行せり。
二月十五日（木）
月並祭を執行せり。
二月十六日（金）
小川社司、祈年祭用神酒の件に関して今津酒造配給会社に出張せり。
二月二十四日（土）
午前十一時、渕田弥五郎、木原栄良、大岡伊三郎、川越重男四氏の出征祈願祭を執行せり。
二月二十五日（日）
午前十一時、祈年祭を執行せり。供進使は小林祭務官、助勢神職は中村重雄、矢島晋作、前田雪次郎の諸氏なりき。青柳校女児の浦安舞奉納ありたり。
二月二十八日（水）
小川社司、画像表装の件に関して堅田国民学校に出張せり。
以下、用紙欠乏につき月並祭を執行の記録を省略す。
三月二日（金）
午前九時、田中辰次氏の出征祈願祭を執行せり。
三月七日（水）
午後二時、御誕生祭を執行せり。参拝者は藤沢校長、中村主事、山本区長なりき。
三月十二日（月）
小川社司、県に出頭、吉川又平氏と共に菊池知事、笹川教学課長に面会。小島博士所蔵十三経注疏本買入方に関して懇談せり。其の結果、同本は吉川又平氏に於て買入、神社に献納さるゝ事となり、金□は一時神社基本財産中より拠出、立替することゝせり。

三月十八日（日）

午前十時、小島利一氏の出征祈願祭を執行せり。

三月二十日（火）

午前十時、青柳国民学校卒業祭を執行せり。

三月二十一日（水）

午前九時、春季皇霊祭を執行せり。参拝者は藤沢校長、中村為蔵氏なりき。

三月二十二日（木）

午前十一時、郡教育会主催郡内国民学校修了生十二名、満蒙開拓青少年義勇軍壮行祭を執行せり。北条同会副会長外各校長等多数参拝せらる。

三月二十八日（水）

午前十時、田中松夫、中島利右衛門、中西伝七、中江武一郎、沢井宏平の出征祈願祭を執行せり。

四月三日（火）

午後一時、神武天皇祭を執行せり。参拝者は北出訓導、中村為蔵氏、志村区長なりき。

四月四日（水）

午前八時、桑原昌一氏の出征祈願祭を執行せり。

四月五日（木）

午前十一時、青柳校の新入学児童の勧学祭を執行せり。新入学児童は四十七名なりき。

四月七日（土）

午前八時、北川長太郎氏の出征祈願祭を執行せり。〇午前九時、藤樹女学校新入生百六十五名の入学祭を執行せり。

四月十三日（金）

午前八時、馬場正男、松宮伴三郎氏の出征祈願祭を執行せり。

四月十六日（月）

午前九時より青柳校高男五名、神田苗代田打、広瀬校高男は田キメ附並藁散しを奉仕せり。

四月十七日（火）

午前九時より本庄校高男、神田田打を奉仕せり。〇午後一時より青柳校高男、神田苗代かくりを奉仕せり。

四月十八日（水）

午前八時、渕田孝、西川琢郎氏の出征祈願祭を執行せり。

四月二十三日（月）

小川社司、神田苗代の下種を奉仕せり。

四月二十五日（水）

午前八時半、青柳校訓導多胡正氏の出征祈願祭を執行せり。
四月二十九日（日）
午後二時半、天長節祭を執行せり。参拝者は志村村長、藤沢校長、中村為蔵氏なりき。
四月三十日（月）
午前八時、馬場進、馬場万蔵氏の出征祈願祭を執行せり。〇午前十時、滋賀県知事稲田周一、同内政部長野村萬作氏参拝せらる。
五月三日（木）
午前九時より新儀国民学校高男の神田田かくりの奉仕ありたり。
五月四日（金）
午前八時、八田治右衛門、志村清和、河合吉孝氏の出征祈願祭を執行せり。
五月七日（月）
午前八時より今津国民学校高等科男、神田垣作りを奉仕せり。
五月十一日（金）
午前八時、志村為一、図司茂氏の出征祈願祭を執行せり。〇午前九時、安曇国民学校男、神田垣作り奉仕せり。
五月十五日（火）
小川社司、臨時大祭の件に関し地方事務所に出張せり。
五月十六日（水）
午後一時、警察部長□□重征氏参拝せられたり。
五月十九日（土）
高島第一国民学校初男、神田田かくりを奉仕せり。
五月二十一日（月）
午後二時、鎮座記念祭を執行せり。参拝者は志村村長、藤沢校長、中村書院主事、志村区長なりき。
五月二十三日（水）
安曇校男女八十名は神田踏込用草刈を奉仕せり。
五月二十四日（木）
高島第二校男女八十名は神田踏込用草刈を奉仕せり。
五月二十五日（金）
午前八時、堀田次吉、田中末雄、中島忠夫、白井繁太郎、小島政雄氏の出征祈願祭を執行せり。
五月二十六日（土）
午前十一時、寇敵撃攘祈願臨時大祭を執行せり。供進使は深尾所長、斎主は小川社司。参列者多数なりき。〇午前七時、山野源一郎氏の出征祈願祭を執行せり。
五月二十八日（月）
饗庭校高男八十名、神田草入れを奉仕せり。

五月三十日（水）
午前八時、白井末松氏の出征祈願祭を執行せり。
五月三十一日（木）
高島第三校、神田草踏込を奉仕せり。
六月一日（金）
午後三時、渕田製作所産業□□会結成祭を執行せり。
六月四日（月）
本庄国民学校女子、神田草刈及踏込を奉仕せり。
六月五日（火）
青柳国民学校高男五名、神田畦ぬりを奉仕せり。
六月九日（土）
午前九時、御田植祭を執行せり。参拝者、郡教育会北条校長、北川助役、藤沢校長、中村主事なりき。尚奉仕は青柳国民学校なりき。
六月十一日（月）
青柳国民学校高男、高島青年学校女子、神田田植を奉仕せり。
六月十二日（火）
小川社司、近江神宮に於ける近聯評議員会に出席せり。
六月十五日（金）
小川社司、地方事務所に出張、境内に於ける甘藷植付に関して懇談せり。
六月十七日（日）
午前七時、田中芳三氏の出征祈願祭を執行せり。
六月二十六日（火）
新儀国民学校高女、神田一番除草を奉仕せり。
六月三十日（土）
午前七時半、大祓式を執行せり。助勢は北川社司。参列者は地方事務所課長清水吉一氏、□□□長外国民学校職員児童、中村為蔵氏、志村区長なりき。
七月六日（金）
高島第一校女子、二番除草を奉仕せり。
七月十六日（月）
広瀬校女子、三番除草を奉仕せり。
七月二十日（金）
饗庭校女子、畦草刈を奉仕せり。
七月二十六日（木）
本庄校女子、神田四番除草を奉仕せり。
八月二十三日（　）
小川社司、今津国民学校、地方事務所に出張せり。安曇校高女四十名は神田稗抜を奉仕せり。
八月二十四日（　）

小川社司、木炭の件につき剣熊校に出張せり。
八月三十一日（　）
小川社司、例祭の件につき町村会長川上村長前川源之氏並今津国民学校長北条春雄氏に面会せり。
九月三日（　）
今津国民学校に於て町村長会長前川源之氏、教育会代表北条春雄氏、青柳村長志村清太郎氏、小川社司、例祭に関して懇談せり。
九月十一日（　）
小川社司、今津中学校、今津国民学校へ例祭の件に関して懇談せり。
九月十九日（　）
小川社司、例祭に関し地方事務所に出張せり。
九月二十一日（　）
午後二時、戦争終結奉告祭を執行せり。供進使は高島地方事務所長深尾武三郎、随員は清水属、斎主は小川社司、助勢神職は河毛政明、北川重義氏なりき。
九月二十五日（　）
午前十一時、例祭を執行せり。神職は小川社司外九名。供進使は稲田知事、随員は三宅秘書課長、坂口属なりき。参列者百余名。直会、社務所、裁縫室を直会場に使用せり。
九月二十六日（　）
午後一時、滋賀県警察部長松本伍郎氏参拝せらる。
九月二十八日（　）
小川社司、長官供進使挨拶の為、県に出頭せり。
十月八日（　）
小川社司、例祭謝礼挨拶の為、川上村長、今津国民学校長、今津中学校長、税務署へ。更に神田抜穂祭物資特配の件に関して地方事務所へ。更に神符印刷の件に関して江村印刷所に出張せり。
十月十二日（　）
午前十時、神田抜穂祭を執行せり。参拝者は北条今津校長、藤沢校長、北川助役、中村藤樹書院主事なりき。
〇午後一時より青柳校女子神田々刈を奉仕せり。
十月十七日（　）
午前九時、新嘗祭を執行せり。参拝者は北川助役、藤沢校長、中村主事なりき。
十月十九日（　）
午後一時より高島青年学校職員二名生徒三名、神田稲架作りを奉仕せり。
十月二十四日（　）

青柳国民学校高等科女児、神田稲抜を奉仕せり。

十月二十五日（　）

新儀国民学校、高女二十八名、神田々刈を奉仕せり。

十月二十六日（　）

午前九時より本庄国民学校女児二十八名、神田田刈を奉仕せり。

十月二十七日（　）

午前十時、青柳村疎開、大阪市堂島国民学校職員児童、帰阪奉告のため参拝せり。

十月二十八日（　）

小川社司、神剣供出のため高島警察署に出頭。

十月三十一日（　）

小川社司、地方事務所に出張せり。（明治節祭用神饌特配に関して）

十一月三日（　）

午後、明治節祭を執行せり。参拝者は藤沢校長並中村為蔵氏なりき。

十一月六日（　）

午前十時より饗庭校女子四十名、神田脱穀を奉仕せり。

十一月九日（　）

青柳校高男五名は脱穀整理を奉仕せり。

十一月十九日（　）

青柳校高二男全部は稲架整理を奉仕せり。

十一月二十日（　）

高島青年学校職員四名、脱穀並米仕立を奉仕せり。

十一月二十五日（　）

午前十一時、新嘗祭を執行せり。供進使は小寺属、神職は小川社司外助勢神職二名奉仕せり。

十二月一日（　）

午後一時より地方事務所に於て藤樹先生三百年祭記念事業打合会を執行せり。参集者は小川社司、北川助役、藤沢青柳校長、前川町村長会長、北条郡教育会長、川越町村会幹事、清水総務課長、沢田町村会書記なりき。

十二月十一日（　）

連合軍の指示により神社内刀剣、鎧□□軍事に関係ある一切のものを供出す。

十二月十三日（　）

滋賀県内政部長西尾霖太郎氏参拝せらる。

十二月十五日（　）

刀剣供出の件に関して県教学課に出頭、教学課長に面会せり。

十二月十七日（　）

神符配布につき住吉神社に出張せり。
十二月三十日（　）
大祓式を執行せり（午後二時）。

昭和二十一年（一九四六）

一月一日（　）
午前八時、歳旦祭を執行せり。
一月三日（　）
午後二時、元始祭を執行せり。
一月五日（　）
上野新介氏に神符五体、小杉理三郎氏に神符十体を送附す。大阪市外守口町東洋紡績科学研究所内、大江秀雄外一名参拝せらる。
一月二十一日（　）
上小川三十五才以下の諸君に教化運動促進の懇談をなし、本日を以て略之を了す。二月中旬より具体的運動に着手する事とせり。□は二班に分れて実施する事となり現在にてハ順調に進捗しつヽなり。
二月二十五日（　）
午前十時、祈年祭を執行せり。
三月二十七日（　）
神刀を特別に神社に保管する事に関して堅田警察署より出頭を命せられ出張せり。小川宮司は出頭の上、届書に自署捺印せり。尚堅田国民学校に行き石田吉次郎氏（校長）に面会、将来の藤樹神社経営につき懇談せり。
三月三十一日（　）
本日より大阪高等学校生徒山嶽班、中西寛氏外三名待賓館に三日迄宿泊登山をなす。炊事は中西氏の母堂が之を担当せらる。四月一日早朝、正式参拝並宝物拝観をせらる。
四月五日（木）　晴
小川宮司、藤樹教欽崇会設立の件に関して大津市中京町、上野伸介氏を訪問、諒解を求めたところ至極賛成の模様にて極力応援するとの事なりき。依つて近々上原海老四郎氏を訪問、その結果により結成に着手せんとす。
四月七日（日）　晴、寒し強風
午前十時、藤樹先生御誕生祭を執行せり。
四月十三日（土）　晴
小川社司、大津市に上原海老四郎氏を訪問。藤樹先生奉讃会組織の件に関して懇談、同意を得たり。今後、同会組織に就いては同氏を中心として事業を始むる事とせり。
四月十四日（日）　晴、風強し
昭和二十一年二月二日現在決算書並財産目録、本日を以て認定を受く。
四月二十一日（日）　快晴
滋賀郡和邇村北浜、真光寺北村実仁氏より書信あり。儒式献香に関しては京都鳩居堂顧問山田源三郎氏に尋ねらるゝ事よからんとの事なりき。〇藤樹先生妹お葉様末孫、高島町勝野小島□一郎方小島婦美（花野）参拝せらる。
四月二十七日（土）　晴
良子女王殿下御作文内容印刷許可申請に関し木戸村分部麟友氏に斡旋を依頼せり。
四月二十八日（日）　曇
井保寿太郎氏の案内にて東京都小石川区小石川町一ノ一、木津洋太郎氏参拝せらる。氏は印刷に関係あり。今後同氏に斡旋を依頼する事とせり。
五月十七日（金）　晴
小川社司、大津市上原海老四郎氏を訪問。奉讃会を設立することを懇談したる結果、近日中、前田節氏と同道、上津することゝなれり。
五月二十一日（火）　曇
鎮座記念祭を執行せり。
五月二十五日（土）　雨
小川社司、大津に於て上原海老四郎氏、前田節氏と面会。藤樹神社の将来に関して懇談せり。其の結果、郡内に於て氏子をつくることに一決。来月初旬、青柳、本庄、安曇三村より十二名を選定、前田、上原県議出席の上、方針を決定する事とせり。
六月四日（火）　曇
小川社司、神社規則書提出ノ為、神社本庁高島支部ニ出張セリ。
六月七日（金）　晴
神田々植祭を執行せり。
七月六日（土）　晴
小川宮司、県立大津高等女学校に松本義懿氏を訪ひ、図書出版に関して懇談せり。午後一時より県立図書館に於ける孝経展覧会並に孝経講演会を聴講せり。講師は松本義懿氏なりき。
七月八日（月）　雨
先日、松本氏との懇談の結果を小川寮に於ける高松甚太郎氏に報告す。依つて高松氏、本日大津に於て松本氏と懇談せらるゝことゝなれり。何時もなからの高松氏の誠意に感激す。要は誠意のある人ならでは無駄なる事を痛感す。

七月二十二日（月）　晴

来る八月二日、午前九時より待賓館に於て当神社経営確立懇談会を開催する事に決定せり。来会者は小川宮司を含む七名の予定なり。

七月二十五日（木）　晴

八月二日の会合は一時中止することゝせり。理由は会合者中に意見の対立する憂なり。依つて会合を見合せ実現に邁進することゝせり。勿論万事は高松氏の力添を期待する事大なり。〇本日、神社本庁より正階並宮司の辞令の発令あり。

十月十五日（火）　曇のち雨

午前十一時より東正已氏と江阪寿子との神前結婚式を執行せり。

十月十七日（木）　晴

同志社大学教授、京都市上京区相国寺南門前町田畑忍氏参拝さる。全集五冊末、英文の個所ノ読破方依れり。〇午後一時より馬場信男、岩佐幸子氏との神前結婚祭を執行せり。

十月二十九日（火）　晴

神前結婚を奨励する事となりたる発送せし人名、左の如し。

渕田伝四郎、山野栄蔵、小島助三郎、馬場与兵衛、柴原某、以上青柳村

十月三十日（水）　曇

神前結婚奨励状発送人、左の如し。

井保寿太郎、石島源左衛門、多胡参吾、山崎銀行支店長、中村市太郎、安原善太郎、中川繁六、清水織部、西沢忠三、以上安曇町

十一月九日（日）　雨

本月廿日過、藤樹神社経営懇談会を社務所に於て開催する事に決定せり。発起人は清水兵吉、高橋庄四郎、広部三四郎氏の三人なる事に確定せり。

十一月二十三日（日）　曇

午後一時より清水兵吉、弘部三四郎、高橋庄四郎氏主催になる神社経営懇談会を開催せり。来会者は八人なりき。次回は十二月三日午後一時の予定なり。

十二月三日（水）　小雨

午後一時より清水兵吉、弘部三四郎、高橋庄四郎三氏の発起による神社経営懇談会を開催せり。この結果、

愈々近々浄財募集に着手することゝなり。何れも準備に着手せり。

昭和二十二年（一九四七）

四月七日（月）　晴

午前九時半より御誕生祭を執行せり。参拝者は高松甚太郎、小島平七、渕田敬一良、中島巳代治、中江伊喜知、北川亀吉、小島平次、杉本助三郎、西川清太郎、横江の某氏なりき。他に神饌のみの献上は沢井種治良、八田平次氏。

四月末

四月廿三日、堅田町石田吉次郎氏の紹介を以て志賀廼家淡海氏の芝居興行をなすことゝなり、廿八日昼夜二回を青柳校講堂に於て、廿九日昼夜二回を安曇校講堂に於て、当主税の関係上主催を引揚者連盟高島支部とし交渉したる処、安曇校講堂借用方に於て間際に於て□□したるため、切角の催も中止するのやむなきに至れり。

八月一日（　）

午後二時より藤樹先生三百年祭打合会を開催せり。来会者は清水兵吉氏、桑原敷六氏、渕田伝四郎氏の三氏なりき。来会者少数に付更に十日に開催する事となれり。

八月三十日（　）

午後二時より奉賛会役員会を開催。九月十三日青柳校、十四日安曇校、十五日朽木校に於て奉賛会の名を以て志賀廼家淡海氏の芝居興行を催す事となれり。

九月二日（　）

小川宮司は渕田伝四郎氏と同道、上田嘉蔵氏の案内により服部知事に面会、後、自由党支部に於て先生奉賛に関して懇談せり。

九月　日（　）

九月十三、十四、十五日、三日間志賀廼家淡海氏一行を聘し、青柳、安曇、朽木三校講堂に於て芝居を行ふ。然るに三日間共、猛雨の為、成績不良、終に収入するに及ばず。

九月十九日（　）

芝居興行に失敗せるため、奉賛会役員会を開催。大に寄附金を募集することに一決せり。

九月二十五日（　）

三百年祭

午前十時、奉賛会役員を始め来賓主慮数十名参列の下に三百年祭を執行せり。此の日天気快晴。十一時、滋賀高島、青年対抗角力を行ひ、拝殿にて万歳を行へり。観衆、広場に満ち十数年来の賑をなせり。不幸、午後四時猛夕立来る。

昭和二十三年（一九四八）

八月五日（木）

例祭打合会として役員会を開催せり。参集者清水兵吉、上田嘉蔵、辻弁治郎、石田吉次郎、桑原敷六、白井佐市、志村武市郎、淵田伝四郎の諸氏なりき。協議事項、左の如し。

今津以南各村にて奉讃会員募集をなす。金額を定めず。主眼としては金額の成るべく多く集まる事となす。五百円以上の寄附者には昼飯を出す。

八月三十一日（火）

明て石田吉次郎氏と共に弘部三四郎氏に面会を要請したるに、弘部氏言を左右して面会を肯んせず。思ふに志村武市郎氏との関係上、脱会を意図するの公算大なり。来る二日、石田氏に面会するの必要を生ぜり。

九月一日（水）　快晴

新庄の工場に石田吉次郎氏を訪問。弘部氏の回答を報告の結果、弘部氏には小生並に石田氏が個別的に訪問、役員として永久に残つていただくことを懇請する事。尚今津町会員募集には堀井嘉蔵氏、福田治郎吉氏を石田氏より依頼して下さる事となつた。

九月二日（木）

上小川実行組合長渕田雄吉氏に面会。寄附金の件につき懇談せり。その結果、世話方渕田氏より依頼があれば区の役員に於て募集に着手するとの事なりき。

九月三日（金）

夕方、青柳実行組合長北川重次郎氏に面会。奉讃会員募集の件に関して依頼せしところ、氏子総代北川米造氏に依頼せし方よからんとの事にて、重次郎氏と同道、米造氏を訪問、懇請せしところ他の二人の総代とも相談するとの事にて、他□明四日夜相談せらることゝなれり。

九月四日（土）

早朝、本庄村船木永田兵三氏を訪問。奉讃会員募集の件に関して懇請せしところ、尽力して見るとの事なりき。○夜、上小川代表者渕田雄吉を訪問。寄附金の件につき懇請の結果、快諾を得たり。多分二三日後に開始されると思はる。

九月七日（火）　晴

青柳氏子総代北川米造氏を訪問。去る四日の返事聞きに行つたところ、明八日夜青柳区の世話方十八人に依頼するとの事にて募集簿八冊を希望せられたゝめ、早速同家にこれを持参せり。

九月八日（水）　晴

早朝、清水兵吉氏を訪問。代表者清水氏の名を以て集会届を今津警察署に提出せり。〇折箱価格を小島助三郎氏に依頼せり。その結果、折箱は堅田へ問合することゝなれり。

九月十一日（土）　小雨

早朝、清水兵吉氏を訪問。役員会を来る十五日午後一時開催することに決定。それぞれ通知を発送せり。〇今津署に角力を二十五日に、雨天の際は二十六日に順延することに承諾を得たり。〇堅田三十木商店に折箱問合せの結果、五寸五分八円、六寸十八円（上等）との事なりき。

九月十二日（日）　雨

早朝、勝野沢田又治郎氏を訪問。奉讃会員募集の件につき依頼快諾を得たり。

九月十四日（火）　晴

早朝、北川重義氏を訪問。二十五日の助勢を依頼せり。尚桑原敷六氏を訪問。寄附の件を依頼せり。

九月十五日（水）　雨

午後一時より役員会を開催せり。出席者は清水兵吉、福田治郎吉、渕田伝四郎、馬場嘉美蔵の諸氏なりき。

九月十八日（土）　晴

小川宮司、早朝より新儀村、高島町世話方を歴訪。寄附金の件につき依頼せり。

九月二十五日（土）　快晴

午前九時半、小川宮司、二名の助勢神職奉仕の下に奉讃会清水兵吉氏外多数参列、例祭を執行せり。午前十一時より高島滋賀青年対抗角力を挙行。その結果団体に於ては滋賀郡A組、個人に於ては滋賀郡池田実氏優勝せり。尚午後二時、戸次氏一行の謡曲奉納を待賓館に於て挙行せり。此の日、前後にない快晴、参拝者境内に充満せり。尚此の日の直会につきたる人は総数八十人なりき。

九月三十日（木）　晴

午後四時より例祭費用の決算報告をなせり。来会者は清水兵吉、馬場嘉美蔵、淵田伝四郎の諸氏なりき。

十月五日（火）　曇

小川宮司、新儀村の世話方を歴訪。会員募集についての謝意を表せり。役員世話方に例祭決算書を送附せり。
十月十一日（月）　晴時々雨
小川宮司、饗庭、本庄世話方を歴訪。例祭の労に謝意を表せり。
十月十六日（土）　快晴
小川宮司、安曇町世話方前川政治郎氏を訪問。例祭の労に対し謝意を表せり。
十一月六日（土）　雨
小川宮司、清水兵吉氏を訪問。今冬、待賓館の棟瓦を杉浦栄次郎氏に依頼、修繕することに懇談の結果確定せり。
十二月二日（木）　時々雨
二三日、青柳村長志村武一郎来社。今回高島地方事務所の周囲に樹木を植栽する事となり、就いてハ藤樹神社境内中より適宜寄附を所望ありたるを以て、本日早朝会長清水兵吉氏を訪問。懇談したる結果、此の事は本末転倒したるものなり。依つて青柳村長との話は清水氏に於て解決せらること丶なれり。〇饗庭村世話方川口孫之氏を訪問。待賓館屋根瓦を同氏より同村内藤瓦店へ依頼方を懇請せり。
十二月二十六日（日）　雨
岐阜県武儀郡美濃町二四八七、落合七郎商会より黒板塗料二合瓶、時価五〇〇円八ケ、時価九十五円献納ありたり。〇年賀状発送。清水兵吉、前川政次郎、上田嘉蔵、桑原敷六、白井佐市、永田兵三、川口孫之、石田吉次郎、福田治郎吉、弘部三四郎、加茂六之助、高松甚太郎、吉川又平、佐野真次郎

昭和二十四年（一九四九）

一月十五日（土）　曇
待賓館に於て村内青年を集めて翁問答講義並珠算練習を開始せり。講師は小川宮司。来り会するもの上小川六名、下小川四名、青柳四名、横江二名なりき。但し上小川は未だ確定せず。
第一回
一月二十五日（火）　晴
午後一時より第二回藤樹塾を開校せり。出席十名、欠席三名。
一月二十六日（水）　雨
早朝、清水兵吉氏を訪問。藤樹塾運営に関して懇談せり。その結果、二月一日午前十時より清水兵吉、前川政治郎、西川磯吉、三矢景三、上田嘉蔵、馬場嘉美蔵、

渕田伝四郎、杉本幾太郎、永田兵三、桑原教六、川口孫之氏参集。酒二合、米二合持参のこと。

二月一日（火）　晴

午前十時より奉讃会役員会を開催せり。来会者は清水兵吉、前川政治郎、西川磯吉、川口孫之、馬場嘉美蔵、渕田伝四郎の諸氏なりき。その結果、藤樹塾の費用として年間奉讃会より五千円支出、黒板は清水氏より寄附との事。

二月三日（木）　晴

早朝、清水氏を訪問。その結果、安曇、新儀、饗庭、本庄、朽木より入塾生を募集のこと。〇境内、老松一本伐採については馬場嘉美蔵氏に依頼、傭人の上伐採しおくことに確定せり。

二月五日（土）　雪

小川宮司、早朝より新儀桑原教六氏、本庄永田兵三氏を歴訪。入塾生の件につき依頼せり。安曇、饗庭、朽木村の役員へは書信を以て依頼せり。

二月七日（月）　曇

第三回藤樹塾生を教授せり。

二月十五日（火）　雪

第四回藤樹塾生を教授せり。

二月二十四日（金）　晴

大忠に依頼して境内松の木を根伐りせり。

二月二十五日（土）

青柳村塾生を教授せり。〇清水兵吉氏より塾用黒板の寄附あり。上小川塾生をして受取りに安曇へ使を出せり。

二月二十六日（日）

二十六日、二十七日両日に亘り安曇、本庄塾生の入塾あり。第一回を教授せり。総数十四名。

三月三日（木）　小雪

第二回他村の塾生を教授せり。

三月七日（土）　雪

青柳村生徒、塾生を教授せり。

三月十四日（月）　曇

第二組塾生を教授せり。

三月十五日（火）　曇

塾生第一組を教授せり。

三月十八日（金）　晴

境内松の木一本入札せり（午後一時）。来会者は西川忠左衛門、馬場三次郎、北川亀吉、前川政治郎の諸氏なりき。落札者は馬場三次郎氏にして参千五百八拾円なりき。

四月十六日（土）　晴
青柳村の授業を行へり。
四月二十三日（土）　雨
他村の授業を行へり。以後、農繁期につき休講す。
四月二十五日（月）
青柳村授業を行ふ。以後、農繁期に入る。
四月二十六日（火）　晴
午前十時より役員会を行ふ。来会者は清水兵吉、前川政治郎、永田兵三、白井佐市の諸氏なりき。氏子結成の件に関して協議を行ふ。可決さる。早速着手することゝせり。
五月六日（金）　雨
夜八時半より青柳村全戸氏子結成に関し左の諸氏の会同を得、懇請の結果、尽力するとの承諾を得たり。上小川代表志村正弘、青柳代表北川幸太郎、下小川小島文衞、八田平次郎、横江沢村友左衛門、□□仙次郎
五月八日（日）　快晴
早朝、清水兵吉氏を訪問。安曇町に於ける氏子結成に関して依頼せり。
五月十一日（水）　晴
午前十時、前内務大臣後藤文雄氏、福井弥平氏の案内にて参拝せらる。
五月十九日（木）　曇
氏子結成に関し新儀村桑原教六氏、饗庭村川口孫之氏を訪問、依頼せり。
五月二十一日（土）　晴
杉浦栄次郎、手伝大国政治郎を雇ひ待賓館の棟瓦を修繕せり。
五月二十二日（日）　晴
午後一時、小川宮司、本庄村役員永田兵三氏を訪問。氏子結成に関して依頼せり。〇夜、馬場嘉美蔵氏を同道、大字青柳各組代表者を歴訪。氏子結成につき依頼せり。
五月二十三日（月）　雨
青柳氏子募集、前日に引続く。〇午後、高島町福井弥平氏を訪問、氏子募集ニ関して依頼せり。
五月三十日（月）　晴
二十四日より青柳、下小川、横江各区の代表者を歴訪、氏子結成につき依頼せり。
六月十二日（日）　晴
最高裁判所長穂積重遠博士参拝さる。
六月　　日（　）

小川宮司、本村経済の現状に鑑み生活改善の必要を痛感、村長並村内有力者を歴訪、同意を得たり。

七月三日（日）　晴

小川宮司、早朝清水兵吉氏を訪問。次回役員会を協議の結果、十日午前九時と決定せり。尚今回は高島高等学校長及び安曇川中学校長、青柳村長、村内各字代表者を含めることゝせり。

七月十日（日）　晴

午前九時より氏子結成奉告祭並役員会を行ふ。来会者は清水兵吉、前川政治郎、川口孫之、西川助役、馬場嘉美蔵、志村正弘、沢村友左衛門、小島文衞、馬場高等学校長なりき。尚八月下旬迄に会費を徴収のこと。

七月二十一日（木）　時々雨

北船木永田兵三氏を訪問。神社池に放流の二年鯉の件につき依頼せり。尚同氏は尽力方を快諾せられたり。

七月二十七日（水）　晴

池に放流の鯉魚に関して永田氏に電話を以て問合せし結果、御夫人の話によれば先方も承諾せられた模様なりき。

七月二十九日（金）　大豪雨

終日大雨。終に午後一時頃、安曇川、十八川方面堤防決壊。本村にても浸水家屋を生ぜり。数十年来、稀有の大暴雨なりき。

九月二十五日（日）　快晴

午前九時、小川宮司は北川重義、森田光則神職の助勢の下に来賓九十六名参列、例祭を盛大に執行せり。同十時より滋賀高島対抗青年角力。これについてハ高島郡連合青年団上小川支部長の尽力によるものなり。午後二時を謡曲の奉納ありたり。然して九十六名の来賓に折詰二箱、酒を出したこと、亦角力に出費多かりしこと等を考へ合はす、神社の現状に則せず。かゝる行方は本年を以て終りとすべき事を痛感せり。

十月十八日（　）

小川宮司及加茂氏は交々村長に面談。その意向を打診せるに、村長は書院の理事長であり尚且つ神社に対してハ村長なるの故を以て、連合軍の指令にふれる為か、神社に対してハ積極的なる意途なく、書院即ち先生史跡顕彰会を以て合同事業とせんとの意向にして、神社の氏子結成についての考へに同調せず。かつてに吾々と同調する能はず。依つて近日中に加茂氏は村長と面会、その話によつてハ村長と分離、既定方針を以て進む事に決心せり。

十一月十五日（火）

小川宮司、村内有力者十数人を歴訪。世話方を依頼、承諾を得たり。志村市衞、苗村忠次郎、北川米造、木原市太郎、岡田伊左衛門、中島利一、沢村友左衛門、川崎仙次郎、北川惣次郎、志村清五郎、田中孫吉、伊原芳太郎、川越喜左衛門、梅村賢蔵、小島助次郎

十一月二十五日（金）晴

午後一時より新嘗祭を執行せり。参拝者は北川米造、岡田伊左衛門、志村市衞、田中孫吉、伊原芳太郎、志村清五郎、梅村賢蔵の諸氏なりき。

昭和二十五年（一九五〇）

一月一日（　）雨

午後一時より歳旦祭を執行せり。参列者、北川米造、志村市衞、田中孫吉、伊原芳太郎、志村清五郎、川越喜左衛門、北川惣次郎ノ七氏。

一月十一日（　）雪

午前十時より役員会を開催す。出席者、清水兵吉、前川政治郎、志村清五郎氏なりき。会計不始意五万円不足につき鉄斎画伯の軸を売却することに決定。さしあたり京都安原精一氏に依頼、然るべき所に売却する事とせり。而して不日、小川宮司、安原氏に面会する事に決定せり。

一月二十二日（　）

鉄斎画幅を安原精一氏に見せたところ、鉄斎画伯のものとしてハ余り出来はよくない。依つて売却せず神社宝物として保存する方がよからうとの事であつた。

一月三十一日（　）

青柳村長馬場斉之進氏、北川米造氏参列の下に第一回藤樹塾修了証書授与式を挙行せり。修了生二十名。

二月八日（　）

藤樹塾生入塾式挙行せり。

一組　青柳村　十四名

二組　他村　　十四名

八月三十日（　）

藤樹神社の例祭を全村一体の祭典とする目的のため、志村市衞氏主催の下に下小川梅村賢蔵、上小川北川惣治郎、横江沢村友左衛門氏会合、例祭原案を作成せらる。

九月九日（　）

志村主催の下に全村世話方、並ニ村長区長会合、例祭に関し協議せらる。出席、村長馬場斉之進、区長山本与三郎、小島□蔵、中村儀一、世話方志村市衞、北川

米造、田中孫吉、川越喜左衛門、沢村友左衛門、川崎仙次郎氏

九月　日（　）

村長、区長、各字氏子総代、待賓館に会合。協議の結果、余興は村青年団に、村内は一戸三十円平均とし、氏子総代これに当ることゝなれり。かくて例祭をむかうことゝなれり。余興は志村市衞氏これにあたることゝなり、青年団役員会を開催せり。その結果、例年の通り角力を行ひ、尚老□める向としてのとじまん、江州音頭を行ふことゝなりたり。経費の点は何とか工面することゝなれり。

九月二十五日（　）　快晴

午前十時、例祭を執行せり。午前十一時より滋賀高島連合青年団主催の角力を行ふ予定のところ、準備整はず遂に午後一時より行へり。他の余興も午後より行へり。而して例祭後の感想としてハ、例祭に多額の費用を使ふは残金を少くし、それたけ神職の生活を危くすることゝなり、残金少くとも誰も否応せすの態度をとるものなることを、深く銘記すべきものなり。故に今後ハ地元に全幅の信頼を与へることは極めて危険なるものにして、他の方法によりて収入を得、何卒費し最少限度とし残金との勘定によること肝要なり。

昭和二十六年（一九五一）

六月二十四日（　）

来る九月、郡内各戸に藤樹神社神符を配布するため、本郡氏子総代会長松田又之助氏に面会。後、住吉神社に於ける神職会役員会に出席、□事項につき懇請せり。

七月七日（土）

住吉神社に於て氏子総代役員会開催の席上、藤樹神社協賛会の件につき懇談、信徒総代松田又之助、川越安蔵、足立善治、伊香権左衛門と決定。尚八月三十一日限り一戸十円以上奉讃のこと、松田丈之助氏宛報告のこと。

〔昭和二十六年の記録は以上のみ〕

第四部　百年点描

凡例

一、第四部は、藤樹神社ならびにそれに付随した関係事跡にかんする新聞記事等の諸資料を集成したものである。

一、資料は、原本のままに掲載したので、歴史的仮名遣いの文章としたが、漢字はすべて旧字体から新字体にあらためた。なおまた、原本のほとんどは句読点を施していないが、読者の便宜をはかるため編者においておこなった。

一、ごく一部ではあるが、明らかに誤字と思われる文字には、訂正をおこなった。

一、資料のなかで不要もしくは重複的内容と思われるような箇所には、（前略）（中略）（後略）（省略）という記号で明示した。

一、資料の判読困難な字には、□□記号で明示した。

一、各資料の最後には、（　）記号内に出典もしくは所蔵者名を明らかにした。

一、資料のうしろに付けた【注】は、その資料の補足説明あるいは歴史的背景などを参考までに概説したものである。

一、昭和三十年代以前の新聞記事は、滋賀県立図書館所蔵の新聞マイクロフィルムによった。

（一）藤樹神社創立協賛会記事

大正九年七月

○本会設立趣意書　会則、事業計画、創立後ノ明細帳等左ノ通リ

藤樹神社創立協賛会趣意書

贈四位中江藤樹先生ノ篤学至誠実践躬行以テ民衆ヲ徳化シタル功績ノ偉大ナル素ヨリ言ヲ須タサル所ナリ然ルニ追慕景仰ノ誠ヲ致スノ点ニ至テハ単ニ高島郡青柳村藤樹書院ニ於ル年一回ノ儒祭ニ過キヌ全郡痛ク之ヲ遺憾トシ胥謀リ先生ニ縁故最モ深キ同村大字上小川ニ適当ノ地ヲトシ先生ヲ祭神トシテ藤樹神社ヲ創建シ先生ノ霊ヲシテ公祀ノ班ニ列セシメ以テ先生ノ遺徳ヲ千載ニ崇フシ民徳ノ磨礪文教ノ興隆ニ資センコトヲ期シ客年十二月中旨ヲ具シテ其筋ニ申請シ已ニ其許可ヲ受ケタリ然レトモ其経営ニ要スル資金ハ郷党ノ力ノ能ク独リ任スル所ニアラス、於茲カ協賛会ヲ創設シ汎ク江湖ノ賛同ヲ得テ其必望ヲ貫達セシメントス事業ノ項目其他別記ノ如シ庶冀クハ大方ノ有志諸彦奮テ協翼賛助センコトヲ云爾

大正九年七月

藤樹神社創立協賛会　発　起　人

藤樹神社創立協賛会々則

第一条　本会ハ藤樹神社創立協賛会ト称シ事務所ヲ滋賀県高島郡役所内ニ置ク

第二条　本会ハ藤樹先生誕生ノ地タル滋賀県高島郡青柳村大字上小川ニ地ヲ相シ藤樹神社を創立シ之ニ付帯スル事業ヲ経営シ其ノ維持方法ノ確立ヲ図ルヲ以テ目的トス

第三条　本会ノ経営スル事業左ノ如シ

第一期

一、藤樹神社創立

第二期

一、徳本堂建築

二、藤樹文庫建設

三、藤樹全集出版

四、基本財産造成

第四条　本会々員ヲ左ノ三種トス

一、名誉会員

金壱千円以上ノ出金者又ハ本会ノ為メ功労顕著

ナリト認メ評議員会ノ議決ニ依リ推薦シタル者
二、特別会員
金百円以上ノ出金者又ハ本会ノ為メ功労アリト
認メ評議員会ノ議決ニ依リ推薦シタル者
三、通常会員
金拾円以上ノ出金者
第五条　金拾円未満ノ出金者ハ之ヲ賛助員トス
第六条　特別ノ建造物及木石等ヲ寄附セントスルモノア
ルトキハ審査ノ上之ヲ受領ス
第七条　第四条第五条ノ出金者及第六条ノ寄附者ハ藤樹
神社崇敬者トシテ其ノ芳名録ハ永ク社務所ニ保存ス
第八条　本会ニ顧問ヲ置キ碩徳ノ大家ヲ推薦ス
第九条　本会ニ会長副会長理事長各一名理事評議員世話
係書記各若干名ヲ置ク
会長ハ滋賀県知事ニ副会長ハ滋賀県内務部長ニ理事
長ハ滋賀県高島郡長ニ依嘱ス
理事ハ会長之ヲ嘱託ス
評議員ハ滋賀県高島郡内各町村長ニ依嘱ス
世話係ハ理事長之ヲ嘱託ス
書記ハ理事長之ヲ命児ス
第十条　会長ハ会務ヲ総理ス、副会長ハ会長ヲ補佐シ会
長事故アルトキハ之ヲ代理ス
理事長ハ会長ノ指揮ヲ受ケ会務ヲ処理シ外部ニ対シ
本会ヲ代表ス
理事ハ理事長ヲ補佐シ会務ヲ分掌ス
評議員ハ本会ノ諮問ニ応シ重要ノ事項ヲ審議ス
世話係ハ本会ノ依嘱ヲ受ケ会員募集其ノ他会務ヲ処
弁ス
書記ハ理事長ノ命ヲ受ケ庶務会計ヲ掌ル
第十一条　本県内各郡市（高島郡ヲ除ク）ニ支部ヲ置ク、
支部長ハ郡市長ニ依嘱ス
支部長ハ其ノ郡市ニ於ケル会務ヲ処理ス
第十二条　本会ハ藤樹神社ノ創立及付帯事業ノ経営ヲ完
了シ之ヲ神社及関係当事者ニ引継キタル上ニ於テ解
散スルモノトス

事業計画書

○第一期
金拾万円　藤樹神社創立費
○第二期
一金参万円　徳本堂建築費
一金壱万円　藤樹文庫建設費
一金四万円　神社基本財産造成費

一金弐万円　藤樹全集出版費

計金拾万円

合計金弐拾万円

内務省滋社第三号

滋賀県高島郡青柳村大字上小川

淵田竹次郎外拾六名

大正八年十二月廿日願藤樹神社創立ノ件許可ス

大正九年六月十日

内務大臣　床次竹二郎 ㊞

藤樹神社創立後明細帳（未定）

滋賀県高島郡青柳村大字上小川鎮座

藤樹神社

一、祭　神

贈正四位中江与右衛門命

一、由　緒

祭神ハ純孝至誠ノ人近江国高島郡ニ生レ幼ニシテ祖父ニ従ヒテ伯耆国ニ行キ後伊予国大洲ニ渉リ十一歳始メテ大学ヲ読ミテ聖人タラントノ志ヲ立テ独学自修日夜聖賢ノ書ヲ繙キ励精止マヌ大洲ニ在ルコト十八年斯文ノ興起ヲ以テ己レノ任トナシ終ニ大洲ノ地ヲシテ文教ニ浴セシメタリ後父ノ詞ニ接スルヤ志ヲ仕途ニ絶チ故郷ニ帰リテ母ニ孝事シ専ラ後進ヲ誘掖シテ循々トシテ倦マス晩年良知ノ学ヲ唱導シ能ク我カ国体ノ真髄ヲ発揮シ躬行実践遂ニ近江聖人ノ名ヲ得テ百代ノ師表ト仰カル年四十一病ヲ得テ歿ス

寛政九年　光格天皇畏クモ勅シテ其講堂ニ徳本堂ノ号ヲ降シ給ヒ明治四十年十月朝廷特旨ヲ以テ正四位ヲ追贈セラル

一、社　殿

本　殿　桁行　二間

梁間　三間

中門　透塀　桁行　一間半

梁間　二尺八寸　延長四十一間

拝　殿　桁行　五間

梁間　三間

鳥　居　高　五間

巾　四間

水　屋　桁行　一間半
　　　　梁間　一間
社務所　桁行　五間
　　　　梁間　三間
神饌所　桁行　三間
　　　　梁間　二間
制札所　桁行　五尺
　　　　梁間　五尺
一、境内　四千百八十九坪

○役員就任　本会々長ニ本県知事堀田義次郎氏副会長ニ内務部長島内三郎氏理事長ニ高島郡長佐野真次郎氏就任セリ

○辞令
岡　善吉氏
田附文之助氏
小島　伝七氏
淵田竹次郎氏
上原勝太郎氏
（各　通）
本会理事ヲ嘱託ス　（七月七日）
吉川弥三郎
早田豊吉
田谷永秀
（各　通）
本会書記ヲ命ス　（七月八日）

（『高島郡報』第三二一号、高島郡役所、一九二〇）

〈注〉この活版印刷の公報『高島郡報』は藤樹書院所蔵のもので、現在は近江聖人中江藤樹記念館に保管している。藤樹書院は明治後半期から大正末年まで高島郡役所の管轄下に置かれていた。

（二）宇野哲人「藤樹先生の孝道論」

大正十年四月

藤樹先生の御事蹟其の外藤樹先生に就いて申上げなければならぬことは随分多くあると思ひます。殊に藤樹先生は日本の陽明学派の開山ともいふべきお方でありますから、其の方面に就いても随分申上げなければならぬことがありますけれども、其の方は専門家で居られる東さんのお話がありましたし、尚又今日は外に色々お話があるやうでございますから私は極く範囲を限りまして、藤樹先生の孝道のお話を申上げて見やうと思ふ。

藤樹先生の孝道に就いての議論は、主として「翁問答」といふものゝ中に述べてあります。それを読みまして私の得ました感想は、つまり藤樹先生のお説は之を学説として見れば特別に新しいことがなく、大体から申せば支那の大切なる経典の一つである孝経、其の孝経の趣意を段々に敷衍して説かれたものであるといふことでありま す。其の孝経の趣意を敷衍されたといふことは「翁問答」の序文に其の話が載つて居ります。此の序文は先生の門人が書かれた形になつて居りますが其の文を見ると先生のお話を引いて次のやうなことを書いてあります。「先師又曰、問答上巻、吾孝経に触発して筆を下す。故に頗る孝字を播弄す。孝経の旨に於ては敢て違ふことあらずと雖も今之を撰はゞ又しからじ。」即ち大体に於て孝経を読んでそれに感じて書いたものであるが、現在の自分の考からしては幾らか不満に思はれる点があるといふ様な御趣意であります。併しながら藤樹先生の精神は略ぼ書尽されて居るやうに思ふ。成程読んで見ると「翁問答」の上巻に見える孝に対する議論と下巻に見えるそれとは少し違ひます。即ち下の方には上に述べてないことが大分載つて居ります。それ等を総合して見たならば、略ぼ先生の御意見が分るかと思ふ。

「翁問答」に説かれた趣意は、只今も申した通り大体孝経の意味を敷衍したものに過ぎませぬ。併しながら又大層面白い所があります。孝経を読んで見ると、少しく了解し難い説明の不十分な所があります。それを藤樹先生は洵に痒い処に手が届くやうに細かく親切に説明して居られる。孝経の中には至徳要道と説いて居る。これは孝経の初めにありますが、孔子が側に侍坐してゐる曽子に向つて、「先王、至徳要道有りて以て天下を順にす。民用て和睦す。上下怨み無し。汝之を知るか」と、問はれました。そこで曽子は之を存じませぬから色々尋ねられましたので、孔子が之に対して諄々と仰せられて居ります。此に至徳要道といふことが述べてある。それを藤樹先生は早速引用されて、矢張り孝を至徳要道と見て居られます。それが孝経よりも面白いことは、孝経の方では必ずしも我が内心に備はつてゐる良知であるとか、或は先天的に備はつてゐるものと説いて居りませぬ、唯だ至徳要道と説いて居るだけである。それを藤樹先生は我が心の中に備はつてゐる先天的の良知である、それが孝であるといふ説を立てゝ居られる。即ち孝経よりも一歩進んだ説を立てられたといふことでありましたが、矢張りそういふ風な状態に見える所があります。先生の「翁問答」の初めに書かれた言葉に「我、人の身のうちに至徳要道と云へる天下無双の霊宝あり、此の宝を以て心に守り身に行ふを要とするなり」とあります。即ち至徳要道は我れも人も総ての人が身に備へてゐる所のものであるといふのである。これは先生が陽明学を尊崇せられるやうになつてからであると。其の至徳要道——孝といふものは所謂陽明の良知であると。斯ういふ風に説いて行くのであります。其処等が非常に面白い所である。其の孝といふのは——即ち至徳要道であるが、これは我々の精神に備はつて居る所の本来先天的のものである。尚ほ一歩を進めて先天的である所の孝といふものは、吾人の身体に先天的に備はつて居る所の霊宝である、良心であるばかりでなくもう少し大きく見て此の宇宙の実在であるといふ風に説いて行かれるのであります。其処等が余程面白い所である。

（中略）

尚ほ進んで「元来孝は太虚を以て全体となし、万劫を経ても終無く始無し。孝のなき時なく孝のなきものなし。全孝図には太虚を孝の体段となして、天地万物を其の内の萌芽となせり」斯う説いて居られる。大層これも面白い文句であります。つまり宇宙の実在これが即ち孝其のものである。（中略）要するに宇宙の実在といふことを孝といふものに見られるのであります。是れは陽明先生の良知の考と直ぐくつ附く考であります。陽明学を見ると陽明は所謂良知は宇宙の実在と説いて居るのである。それが即ち藤樹先生の孝である。陽明先生の学説を藤樹先生が取られるやうになつたのは尤もの話であります。

（中略）

要するに藤樹先生の議論は、先程も申したやうに特別に新しい創見といふものがなく、若し強いてありとせば只今も申したやうな孝行といふことを良知である宇宙の実在であると論じた所が、先づ人の言はない所であります。其の外に新奇のことはない。唯だ古の孔子曾子の教を敷衍して説明したに過ぎませぬ。併しながら直ちに人の肺腑を衝いて、人をして感激措く能はざらしむるものあるは、是れ実に藤樹先生の人格の然らしむる所でありませう。藤樹先生は立派な人格であり殊に孝行の厚い徳があつて、其の実践躬行、心得の余に出でた自分の考を本として孝道を述べられたのであるから、特に痛切に人を動かすのであらうと思ふ。藤樹先生は御承知の通り、洵に家の方からいふと割合に不幸の生活をして居られて、若い時に両親の膝下を離れて祖父母の養ひ子となり遥に米子にお出でになつて、転じて伊予の大洲に行かれた。其の大洲に居られる時でありませう、郷里に居られる父の喪に会ひ、唯一人の母が寂しく取残されましたので、愛慕の情に堪へず、そこで帰省されました。而して母のお供を申上げて大洲に行かうとしたけれども、母は年老つて海を渡つて行くのは困るといつて御承知なかつた為め、遂に大洲の藩臣の位を棄てゝ故郷近江の小川村に帰られたといふことは能く人の知る所であります。そういふやうな風に実践躬行の人であるから、其の孝行の論が強く人を動かすのであらうと思ふ。「吾孝経に触発して筆を下す」云々の言葉は余程意味ある言葉であつて、所謂心得の余に出でたといふことは、それで想像がつくのであります。

昔支那の文の中で、孔明の出師表を読んで泣かないものは忠臣にあらず、李密の陳情表を読んで泣かないものは孝子に非ずといつて居ります。出師表のことは傍路に這入りますから茲に申しませぬが、陳情表は成程読んで見ると痛切な文であります。「古文真宝」などにも載せられてありますから、諸君は御覧になつても居りませうが、あの李密といふ人はこれも矢張り不幸の人であつて、小さい時から祖母劉氏に養はれ、而して人となつて壮年の時に蜀に仕へ、蜀滅んで後郷里に居つたのでありますが、非常な人物であるといふので時の天子から徴されたのであります。其の時祖母劉氏は年九十を過ぎて且つ病気で臥して居る、自分の今日あるのは祖母のお蔭である。母孫二人が相依つて命をなして居るのであるからどうかお徴しを辞したいといふことを述べましたのであつて、如何にも人を動かす所の文であります。併し其の文の中には、誰でも気がつくのでありますが「臣少くして偽朝に事へ」といふ言葉があります。これは昔から学者の間に非難されたのであつて、如何にも偽朝と書いたのは瑕であります。諸君も御承知の通り、大義名分からいつては、どうしても三国の際に於ては蜀の劉備を以て正統の天子とするのが穏当であります。勢力から云へば魏であるが、然るに其の正統の蜀を偽りの朝廷と書いたのは、李密としては当時の天子から徴されたのであるから、已むを得ず書いたのでありませうけれども、それは慥かに残念ながら非常の瑕と思ふ。

所が藤樹先生の陳情表と申しますか、陳情表といふ言葉こそついて居りませぬけれども、大洲を辞して郷里小川村に帰る際に、それに先立つて大洲の家老の佃某氏に与へた手紙があります。其の手紙は「藤樹先生」と題する本の中にも挙げてありますが、それを読んで見ると如何にも懇切なものであります。成程文章としては李密の陳情表程に面白く出来て居りませぬけれども、其処に現はれて居る精神は実に立派なものであります。藤樹先生は老母が海を渡つて大洲に行くのは欲しないから、私は是非老母を見送つた後に、改めて又大洲に参りませう。どうぞ此の際はお暇を願ひたいといふ説き出しを以て、君侯に帰郷を願はれた、其の時の手紙であります。其の手紙の中に自分は唯だく老母を養ふ外に何等二心が無い、どんな優遇をされても外の殿様には仕へないといふことを述べて「若し右申上候処当座のかり言にて、真実は身上をもかせぎ可申望にて申上候と御推量成され候事も御座候はんと存、此の中も度々如申上、左様の所存少しにても御座候はゞ立所に天道の冥罰を罷蒙り、母に二度あひ申間敷候」――斯ういふことをいつて居られます。決して二心はない、唯母を養ふ精神許りであるといつて、今申した李密が臣少うして偽朝に事へてといふやうな、そんな詰らないことは云つて居りませんが、心持は祖母の劉氏を養ふ精神と能く似て居ります。併しながら李密のやうに文に語弊がなく而して人を感動せしむる所は矢張り陳情表と同様であります。

さういふやうな訳で、先生の孝に関する議論は一々実践躬行に出でたもので痛切に人を動かす所以であると斯う考へるのであります。此頃段々世の中がハイカラになつて親が勝手に生んだのであるから、子供は別に親に感謝する必要が無いなど丶、孝道を旧道徳として蔑視し去るものが大分多いやいであるが、私はさういふことは非常の誤りであると思ふ。平生窃かに藤樹先生の孝道論に感じて居りましたから、今日其のお話を申上げて先生の遺徳尊崇の一端に供した次第であります。

「大正十年四月十日東京帝国大学講堂に於ける藤樹神社創立協賛会主催藤樹先生遺徳宣伝講演会に於て」

（宇野哲人『藤樹先生の孝道論』、藤樹神社、一九二一）

〈注〉この孔版の二十五頁仕立ての小冊子は、定価十五銭で藤樹神社社務所において頒布せられたものである。

（三）藤樹学会発会式

大正十年九月

藤樹学会々則

第一条　本会ハ近江聖人中江藤樹先生ノ遺徳ヲ追慕シ、

会員相互ノ知徳ヲ磨礪シ、傍ラ学術ノ研究ヲ為スヲ以テ目的トス
第二条　本会ハ藤樹学会ト称シ、事務所ヲ高島郡青柳村大字上小川、藤樹書院内ニ置ク
第三条　本会ハ第一条ノ目的ヲ翼賛スルモノヲ以テ組織ス
第四条　本会ニ左ノ役員ヲ置ク
会長一名　藤樹神社創立協賛会理事長ヲ以テ之レニ充ツ
幹事若干名　教育者其他、適当ノ人士ニ会長之を嘱託ス
第五条　会長ハ本会ノ事務ヲ総理シ、外部ニ対シ本会ヲ代表ス
幹事ハ会長ノ命ヲ受ケ本会ノ事務ヲ分掌ス
第六条　本会ハ第一条ノ目的ヲ遂達スル為メ、毎月二十五日藤樹書院内ニ於テ講演会ヲ開ク、但時宜ニ依リ会日及場所ヲ変更スルコトアルヘシ
第七条　本会ハ斯学ノ大家及篤学ノ人士ニ講師ヲ嘱託ス
第八条　本会ニ加入セント欲スルモノハ其旨幹事ニ届出ベシ
第九条　本会ノ経費ハ当分ノ間、篤志者ノ寄附金及補助金等ヲ以テ支弁シ、別ニ会費ヲ徴収セズ

以　上

大正十年九月廿五日藤樹先生例祭終了後、発会式挙行、新儀青柳水尾各校長其他数名列席セリ、本日暴雨ノ為特ニ列席僅少ナリキ

幹事ニ左ノ諸氏ヲ嘱託セリ

郡視学　宇野寛一
青柳小学校長　小川退蔵
藤樹先生全集編纂委員　小川喜代蔵

（中略）

大正十一年五月十二日

京都岡崎公会堂ニ於テ、大阪森下博氏ノ寄進ニ係ル玉林寺安置ノ藤樹先生御木像除幕式並ニ講演アリ、午后三時開始、森下博氏除幕、玉林寺住職河合戒観師ノ謝辞アリ、次テ随意拝観、三時三十分講演開始、（イ）佐野会長開会ノ辞、（ロ）彫刻始末報告、作者石本暁海君、（ハ）大谷大学教授安藤州一先生ノ「藤樹先生ノ人格」、（ニ）京都帝国大学教授文学博士高瀬武次郎先生の「藤樹先生ノ学説ト現代思潮」等有益ナル講話アリ、当地ヨリ佐野会長、小川両幹事、玉林寺住職河合戒観師、渕田竹次郎（檀家総代）、青年団代表松田巧等参会セリ、聴衆約三百五十人ニテ多クハ第一流知識階級ノ人ニシテ青柳村出身者マタ多数ナリシ、

（中略）

大正十一年八月廿三日
講師　陽明学会主幹　東正堂先生
演題　抜本塞源論講義
会場　青柳小学校
佐野会長ヲ始メ来会者約四十名、午前十時ヨリ開始、午後三時ニ終ル、頗ル有益ナル講話ニテ裨益スルトコロ少ナカラズ、

（藤樹神社所蔵資料）

（四）近江聖人の木像

大正十一年二月

滋賀県に創立の藤樹神社の鎮座祭は五月中旬に執行さるゝ筈である。其頃迄に藤樹先生埋骨の菩提寺玉林寺に安置すべき先生木像は、石本暁海氏が昨今専心製作中である。像は先生が羽織袴で端坐して居る高さ二尺三寸で桧の一本で作るので、是丈の大きさの木像はあまり例のない処である。元々玉林寺には先生の小さい画像があるが、どうもあまりの小品で参拝者の拝礼の対象としては稍物足らぬ感じがするので、森下博氏が特に暁海氏に依嘱して同寺に納める事としたのである。氏が依嘱を受けたのは数年前で、氏は是が為に藤樹村にも再三往復して先生の事蹟を調査し、先生の著書を閲読し先生の遺物を考証して漸く原型の落成したのは昨年の秋である。氏は尚是に満足せず只管研究を重ねて、遂に意に満つるに及んで刀を執り初めたのであると。

（『京都日出新聞』、一九二二・二・一九）

（五）滋賀県知事「誥文」

大正十一年五月

維レ大正十一年五月二十一日、藤樹神社創立協賛会長、滋賀県知事従四位勲三等堀田義次郎、県社藤樹神社ノ鎮座祭ヲ修シ謹テ其霊ニ誥ク
県社藤樹神社ハ贈正四位中江先生ヲ祀ル所ノ祠ナリ、先生ノ学良知ヲ致シ純孝ニ帰スルヲ以テ其要トス、学行並ヒ立チ、子弟道ニ進ミ、郷党風ニ化ス、今ヤ先生逝シヨリ茲ニ二百七十有余年、其徳炳々トシテ弥々顕ハル、豈復盛ンナラスヤ、余思惟スラク先生ノ若キ当サニ是レ祠ニ祀ルヘキ者ナラント、乃チ旨ヲ高島郡長佐野真次郎ニ

授ク、之ヨリ前キ郷党モ亦既ニ此志アリ、此ニ於テ翕然トシテ呼応シ、立トコロニ胥ヒ謀リ、其祠ヲ青柳村小川ノ地ニ剏建センコトヲ官ニ請フ、官允准シ特ニ県社ニ列ス、遠邇之ヲ聞キ斉シク相競テ資ヲ寄セ力ヲ輔ク、乃チ工ヲ鳩メテ経営シ今茲四月竣ヲ告ク、之ヲ望ムニ鳥革翬飛厳々翼々タリ、象設亦備リ森々粛々タリ、爰ニ完ク享祀ノ所ヲ得タリ、其四方ヲ延攬スルニ東ハ則チ胆岳湖外ニ峙チ、南ハ則チ鴨川大地ニ横ハリ、西ハ則チ泰野明霞ニ連リ、北ハ則チ竹生島煙波ニ浮フ、而シテ琵琶湖ハ則チ其ノ環囲ノ中ニ滉洋澶漫タリ、此数者ハ皆固ト万古不易ナリ、即チ以テ先生洪徳ノ無窮ナルニ配スルニ足ラン乎、希冀クハ英霊照鑑シ、民庶益々孝友敦睦各々其ノ業ヲ楽ミ、共ニ永ク聖世ヲ謳歌スルヲ得ンコトヲ

（藤樹神社所蔵資料）

（六）藤樹先生木像除幕式の新聞広告

大正十一年五月

中江藤樹先生
木像除幕式
並に遺徳宣伝講演会

一、会　場　京都市岡崎公会堂ニ於テ
一、時　日　五月十二日（金曜日）午後参時除幕式挙行
随意御観覧、参時半講演開始、同六時閉会
一、彫刻始末報告　　御木像作者　石本暁海君
一、藤樹先生ノ人格　大谷大学教授　安藤州一君
一、藤樹先生ノ学説ト現代思潮
文学博士　高瀬武次郎君

右御案内申上候間多数御誘合御来会被下度候、猶該御木像ハ京都石本暁海氏ガ三年間苦心彫刻セシモノニシテ、頗ル傑作ト称セラレ永ク江州小川村藤樹先生菩提寺玉林寺ニ安置スルモノニ御座候

主催者　藤樹学会

上記御木像は不肖の寄進せし所、其縁由を以て茲に除幕式並講演会の次第を録し大方の御参会を勧奨するものなり

仁丹本舗主　森下　博

（『京都日出新聞』、一九二二・五・一〇）

（七）新殿祭と鎮座祭／地方空前の賑ひ

大正十一年五月

近江聖人中江藤樹先生の霊を祀る滋賀県高島郡青柳村鎮座の藤樹神社は既報の通り二十一日新殿祭並に鎮座祭を挙行した。此の日は初夏の陽光を浴びて詰めかけた参拝者数万を算し、午前十時上棟式を挙行、先づ神職鳥居清憲氏棟上げの祭儀を奏し、工匠棟梁の斎藤浜吉氏壇上に上り形の如く式を行ひ正午之を終つた。更に午後一時半新殿祭を執行、鳥居斎主堀田知事以下各役員□に参列者は夫々定めの席につき、先づ古式の祓の式あり、鳥居斎主恭しく祝辞を奏して新殿祭を終り、引続き鎮座祭に移り鳥居斎主先頭に衣冠厳めしく堀田知事御霊代を奉持して社務所から参進、鳥居斎主は之を受けて奉安祭文を唱し斎主の祝辞あり。知事報告文を奏し玉串を捧げ、藤樹先生の後裔中江清寿氏及参列者総代等の玉串を捧げ鎮座祭を終る。之より境内に設けたる席にて招宴あり。大広場に建てられたる大櫓より餅撒の式あり。之にて全く五時終了し散会した。此の日参列者は大阪仁丹舗主森下博氏以下諸名士にして、同地方空前の賑ひであつたが、一方青柳小学校にては先生の遺墨其の他の珍列があつた。

（『京都日出新聞』、一九二二・五・二二）

（八）杉浦重剛「藤樹先生を祭る」

大正十一年七月

今回藤樹神社の創立成り鎮座祭を挙行せらるゝと、抑々近江聖人の称、以て先生の為人を明にするに足る、況んや先生の事、世人皆之を知悉す、余輩敢て贅せず、然れども試に思へ、先生帰養以来、僻陬に棲遅して、復び世に出でず、且つ簀を易ふる時寿僅かに四十又一、而かも其徳宛かも南風の草木を化育するが如く、夙に郷人を率ゐて道に入らしめ、二百五十年の星霜を経過したる今日、猶彼等の子孫をして欽仰止む能はず、先生の霊に事ふる猶ほ考妣を祀るが如くならしむるもの、安んぞ能く尋常一様の士の企及する所ならんや、而かも先生の経学文章多く後世に伝はるものあるにあらず、余韻流風多くは皆口碑に依つて存す、其徳風の深く人心に浸潤するにあらざるよりは、亦安んぞ能く此の如くなるを得んや、啻に其徳風の人心を感化するに足るものあるのみならず、経世済民の術に於て造詣する所ありしは疑を容れず、然れども是亦他に伝ふる所あるにあらず、先生が唯一の門弟たる熊沢蕃山先生の施設に於て微かに其余光を瞥見するに過ぎず、知るべし聖人の学徒らに紙碑を肥すにあらずして、世道人心を救済するに在るを、縦令能く万巻の書を著はすも、世を裨益するに足るものなくんば、事に於て何の益かあらん、況んや彼の濫りに筆を舞はし文を弄して世を欺き人を誤るが如き曲学阿世の徒に於てをや、一たび先生を冥想せば当さに愧死すべきなり。

方今彝倫紊れ、綱常破れ、世道人心の陵夷せる、慷して以て慨すべし、学あり術ある者なきにあらずと雖も、之を以て私利を営むの具に供するの外、世を裨益するの意思あるなし、故に其名節を売つて恬として恥づる所を知らざるが如きは、固より怪むに足らず、此輩亦以てか他人を徳化し彝倫綱常を扶植するを得ん、今人は皆人文の進歩を呶々し、以て古人に誇ると雖も、余輩は衣食住の美を加へたると水陸交通の便開けたると、其他外形上の進歩を認むるのみ、内部即ち徳性に関しては、狭且獪となり、軽躁浮薄に流るゝの外、一の進歩を認むる能はず、進歩と云ふよりは寧ろ退歩と称するの穏当なるに如かざるなり、近江聖人をして之を見せしめば将た何とか云はん。

嗚呼先生逝て二百七十余年、誰れか能く徳化一郷に洽ねく、後世子孫をして欽慕措く能はず、謹んで其忌辰を祭らしむる先生の如き者ぞ、今に至るまで先生をして独り聖人の名を擅にせしむ、是豈余輩の本意とする所ならんや、嗟乎彼も人なり、我も人なり、人一たび之を能くせば己之を百たびし人之を十たびせば己之れを千たびす、果して此道を能くせば、愚と雖も必ず聖、聖人豈望んで得べからざらんや、寄語す経世済民の志を懐く者、若くは廟堂の高きに在るの士、少しく先生の心を以て心とせば、其世道人心の上に裨益するもの豈鮮少ならんや、藤樹神社鎮座祭に際し、一言以て祭辞に代ふ。

（『近江と人』第一八号、近江人協会、一九二二）

（九）藤樹神社社標寄進人名録

大正十一年十二月

敦厚ト剛毅トハ吾カ藤樹先生性格ノ二大特徴ナリ、生徒ハ日夕先生ニ私淑シ此等余風ヲ追慕シ力メテ軽薄優柔ノ言動ヲ避クヘシ（滋賀県立今津中学校生徒心得綱領ノ一）

一金五拾円也　加藤盛一　　一金拾五円也　中村長太郎
一金拾円也　伊藤鶴松　　一金五円也　野々村修瀛
一金五円　田中秀武　　一金五円也　田村熊太郎

一金五円也　渡辺真弥　一金参円也　宮川　政
一金拾円也　馬場正太郎　一金参円也　森田静一
一金拾五円也　野呂周一　一金五円也　吉田善信
一金参円也　坂東久太郎　一金参円也　谷田左一
一金参円也　富川盛武　一金参円也　森川弁三
一金参円也　三田村甚吉
小計　金百四拾六円也
一金壱円也　青井孝市　一同　井上　亮
一同　石庭直治　一同　岡田慶治
一同　川越主計　一同　北山菊治郎
一同　三宮義正　一同　清水周一
一同　杉本俊治　一同　橘　健一
一同　竹井助道　一同　高橋正治郎
一同　地村巳代治　一同　辻　信一
一同　寺井正治郎　一同　名畑良寛
一同　中井正喜　一同　中島武一郎
一同　中村清一　一同　早川六之助
一同　八田長茂　一同　藤野　茂
一同　藤本久一郎　一同　堀井和一
一同　松宮善一　一同　前川利三郎
一同　宮田信蔵　一同　三田村耕治

一同　安岡寛二　一同　山本徳祐
一同　山本平八郎　一同　薬師川城一
一同　萬木定道　一同　横井川司郎
一同　饗庭英三　一同　今井彦平
一同　今井豊彦　一同　岡田久蔵
一同　掛札義雄　一同　金丸錠蔵
一同　桐山行雄　一同　北村弥一郎
一同　佐々木隆教　一同　沢　龍太郎
一同　斎藤　明　一同　島本貞一
一同　清水吉一　一同　清水繁弥
一同　竹内泰宗　一同　田原重行
一同　寺井治郎兵衛　一同　土井繁太郎
一同　徳田治夫　一同　中川清一
一同　長宗　森　一同　登　不二三
一同　八田治右衛門　一同　平井忠一
一同　福井賢次　一同　福田正巳
一同　松田　進　一同　前川量三
一同　三田村和彦　一同　森江信雄
一同　森田祥蔵　一同　山本与三郎
一同　山本　繁　一同　萬木信三
一金八拾銭也　岩本宗敬　一同　下村栄次郎

一金四拾銭也　戸島達丙
一同　足立浅次郎
一同　井上憲二
一同　上原善蔵
一同　尾中光三
一同　掛札忠雄
一同　北脇貞次郎
一同　後藤正運
一同　清水正造
一同　竹端栄一
一同　田中久昭
一同　永田愍雄
一同　西川　亨
一同　西沢義一
一同　橋本久五郎
一同　藤沢安衛
一同　堀井半次
一同　松宮他一
一同　宮川良三
一同　山本英一
一同　萬木　茂

一金壱円也　浅見常次郎
一同　石井建一
一同　伊吹良夫
一同　江村　一
一同　大村隆吉
一同　河方保之
一同　桑原茂信
一同　小林久雄
一同　菅浪忠雄
一同　龍溪泰雄
一同　津彼太郎
一同　中川市郎
一同　西川義男
一同　温科　譲
一同　比叡谷正隆
一同　古川岩三
一同　前川利之助
一同　松本清二郎
一同　保木俊雄
一同　山本義重
一同　横江佐吉

一同　吉村幸次郎
一同　安達順一
一同　石田　孜
一同　岩佐修嶽
一同　大江喜六
一同　岡本正雄
一同　小原二郎
一同　片岡　茂
一同　川上吉三
一同　清水菊三
一同　玉藤宗参郎
一同　内藤巳代治
一同　西川重男
一同　則武久軌
一同　原田　貶
一同　福田喜郎
一同　古川五平
一同　本庄泰蔵
一同　前川政男
一同　山本知清
一同　横井昌行

一同　饗庭庄兵衛
一同　飯住作英
一同　今井正彦
一同　梅村俊一
一同　岡村重太郎
一同　小川平昭
一同　掛札勇雄
一同　桂田　稔
一同　清川幸一
一同　武原賢一
一同　中村武一
一同　西川　保
一同　野呂格太郎
一同　早藤宗七
一同　馬場三雄
一同　藤戸文三
一同　堀井長三
一同　松見善蔵
一同　宮前正治
一同　万木　覚
一同　横江　稔

一同　宮川久重　一金八拾銭也　宮川仁重
一同　桂田武一　一金六拾銭也　菅浪雄太郎
一同　山口茂一郎　一金壱円也　安達安弘
一同　磯村利一　一同　一井重雄
一同　井上　揆　一同　井上太郎
一同　井上政治郎　一同　宇田　稔
一同　采野申二　一同　大神正義
一同　桑原憲一　一同　小島清巳
一同　清水善次　一同　鈴木敏夫
一同　多胡金蔵　一同　瀧　藤吾
一同　龍山二郎　一同　田波捨彦
一同　田谷永昌　一同　土田良平
一同　土山達三　一同　苗村貴一郎
一同　中清水平一郎　一同　西川徳五郎
一同　西村新次　一同　西村善太郎
一同　西沢定右衛門　一同　林　稔
一同　坂東　清　一同　平井伝四郎
一同　福谷恒一　一同　古武与市
一同　古本　勇　一同　前川計三
一同　水田正作　一同　水谷惟一
一同　森　茂郎　一同　井上　進

一同　井上武夫　一同　岩佐定耳
一同　井保吉太郎　一同　岡田貞三
一同　岡村喜郎　一同　大村小五郎
一同　河内山　賢　一同　川島治郎
一同　川島宗太郎　一同　北畠兼義
一同　杉本誠一　一同　立岡良蔵
一同　辻本賢吾　一同　豊田隆稲
一同　中井正一　一同　中井良夫
一同　中川正一　一同　苗村三夫
一同　西川栄三　一同　西崎八太郎
一同　西村平二郎　一同　林　重夫
一同　原田知止　一同　伴　富雄
一同　馬場正男　一同　平井太一
一同　藤井謙性　一同　藤戸清一
一同　古田敏夫　一同　堀井安雄
一同　本田俊雄　一同　前川富蔵
一同　峯森　登　一同　守田孝次
一同　山内紀夫　一同　横井川新造
一同　吉田正三郎　一同　奥田三郎
一同　河野泰雄　一同　葛岡二良

小計　金弐百参拾参円八拾銭也

一金六拾五円也　　　　校友会支出
　　通計　金四百四拾四円八拾銭也

藤樹神社社標建設費寄附金収支決算書
　　収　入
一金四百五拾弐円拾銭也
　　内　訳
金百四拾六円　　職員拾七名ヨリ醵出
金七拾円　　　　大正九年入学生徒七拾壱名ヨリ醵出
　　　　　　　　（月賦ニヨリタル為半途退学者三名分金弐円）
金八拾六円八拾銭　大正十年入学生徒八拾八名ヨリ醵出
（月賦ニヨリタル為半途退学者四名分金弐円八拾銭）
金七拾七円　　大正十一年入学生徒七拾七名ヨリ醵出
金六拾五円　　　校友会ヨリ寄附
金七円参拾銭　　醵出金一時預入郵便貯金利子
　　支　出
一金四百五拾弐円拾銭也
　　内　訳
金四百五拾円　　藤樹神社社標建設費
金六拾五銭　　藤樹神社社標建設費寄進名簿　壱冊代
金壱円四拾五銭　　校友会へ返戻
以上収支差引残額無シ

大正十一年十二月十日
　　滋賀県立今津中学校校友会長　加藤盛一　㊞
　　同　　　　　　　会計係　三田村甚吉　㊞
　　　　　　　　　　　　（藤樹神社所蔵資料）

〈注〉口絵の鎮座祭（五月二十一日）の時の風景写真には、この社標が建立されていなかったことがわかる。

（一〇）藤樹先生全集予約募集

昭和二年十月

藤樹先生全集予約規定

一、頒布方法
全五冊。予約会員にのみ予約定価にて頒つもので、一冊売りは致しません。御希望の方は締切までに御申込下さい。

一、体裁
菊版洋装、一冊紙数平均六百頁以上、天金背皮、金文字入平総クロース製、上仕立製本総頁予定三千頁挿画コロタイプ刷百余点。

一、入会申込

先づ御申込の際申込金として十一月三十日迄に金五円を御送り下さい。これは最後の月の会費にあてるのであります。最初の月の会費は別に御払込を願ひます。申込金は中途解約の方へは御返金いたしません。

一、会費

毎冊払の方は金弐拾七円にして毎冊五円五拾銭（別に送料を要します）を発行前月末までに御払込み下さい。

全部一時払の方は金弐拾五円（別に送料を要します）を十一月三十日迄に御払込願ひます。（一時払は申込金不要）締切後は定価参拾円に復します。

一、郵送料

会費の外に一冊に付内地参拾六銭、台湾・樺太・朝鮮・支那・満洲六拾五銭、諸外国弐円づゝ御送り下さい。（一時払の方は五冊分内地壱円八拾銭、台湾・樺太・朝鮮・支那・満洲三円廿五銭諸外国拾円を要します）

一、払込方法

振替貯金又は為替で発行前月末日までに着金する様御払込み下さい。但し郵券代用は一割増に願ひます。

一、刊行期日

昭和三年二月より隔月一冊づゝ刊行、昭和三年十月を以て完了します。

◇申込締切　十一月三十日限

遠隔の地は十一月三十日の郵便局の消印があれば有効です。部数に限りがありますから早く御申込み下さい。

推　薦　書

中江藤樹先生の徳行は夙に世人の景仰する所でありますが、其の淵源たる学術思想に至つては未だ学界に知悉せられて居ませぬ。これは寔に聖代の一大恨事であります。滋賀県官民之を遺憾とし、曩に藤樹神社創立協賛会を起し、先づ藤樹神社の造営を終へ、尋で藤樹先生全集の刊行を企て、藤樹書院所蔵の写本を始め、弘く正確なる資料を蒐集し、之を底本とし、傍ら諸本を比較研究して、傍記又は頭註を施し、解説を加へ、一事一項苟もせず、拮据十年の功を積みて、茲に完璧に近き全集の発刊を見るに至りました。藤樹先生の学術・性向はこの全集によりて始めて大観することが出来ることゝなり、学術上教育上裨益する所大なるは勿論世道人心の振興上、利する所が多大であると信じます。

思ふに本書の如きは相当の学校及図書館にありては、必ずこれを備ふべく、個人としては学者・教育家は勿論、広く一般人士も必ず一本を左右に備へ、以て我が先覚者の精神生活を回顧欽仰するの資となされんことを深く希望し、本書発刊の来歴を述べて御推薦申上ます。

昭和二年十月十日　帝国教育会長　沢柳政太郎

滋賀県教育会長　今村正美

藤樹先生全集の新撰成を告ぐ。学界の為に慶ぶべし。顧ふに明治二十六年の発刊に係る「藤樹全書」は、啻に印刷に魯魚の誤多きのみならず、或は明人の所説を混じ、或は蕃山の所述を加へつゝ、却つて先生自撰の大作を逸したり。されば是書に拠りて先生の学術を論定したるものには、往々にして錯誤に陥りたるものあり。識者以て学界の一恨事と為せり。藤樹神社創立協賛会深く此に慨あり。社殿の造営竣るや、直ちに本全集の編纂に着手し夙夜拮据十年を積みて乃ち成れり。余披いて之を読むに、底本の討究至らざるなく、編次亦法有り。諸本を対校して審に傍記又は頭註を施し、加ふるに新に発見したる幾多貴重なる資料を以てす。先生学術・性行の全貌を窺ひ我が国人最高の精神生活を為せる近江聖人の大人格を知るには寔に当代の第一書たるを疑はず。

夫れ豪傑の士は文王無しと雖も猶興る。学ぶに常の師なく、而も淵深なる思索と篤実なる体験とを以て、本邦陽明学を自から創建し自から大成したるもの藤樹先生其の人に非ずや。先生は年僅に四十一にして歿せられしも既に天下の広居に居り天下の正位に立ち天下の大道を行へり。宜なる哉、其の片言隻句も心ありて之を玩味すれば、終身之を行ふに余あるや。明治維新の鴻業を翼賛したる豪傑吉田松陰・西郷南洲等が陽明学を以て其の精神を修養したるも、亦先生の遺教に負ふもの尠からず。余平生先生に私淑し、今此の書の能く先生の学術・人格を表明するを韙とし、因て一言を寄せて世の先生を景仰するの士に推奨すと云ふ。

京都帝国大学総長　荒木寅三郎

（藤樹神社所蔵資料）

（一一）高瀬武次郎の漢書進講

昭和三年一月

臣武次郎

謹で大学の三綱領を進講し奉ります。浅学を顧みず拙劣なる講義を以て天聴を煩はし奉りますことは誠に恐懼に堪へぬ次第でござります。先づ大学の来歴に就て言上仕ます。大学は孔子の遺書でござりまして、曾子の徒の述べましたものでござります。其の後ち大学は五経の礼記の四十九篇中の一篇と為つてござりますが、宋に至りまして朱子が之を表章し、之に注釈を施しまして以来、論語孟子中庸と並で、四書の一と為つたものでござります。大学は三綱領八条目を以て儒教の大綱を示した重要な経書でござります。

大学の三綱領と申します本文を朗読致しますれば、「大学ノ道ハ明徳ヲ明ニスルニ在リ、民ヲ親シムニ在リ、至善ニ止ルニ在リ」と申すのでござります。普通には右の三綱領の文を約めて、明明徳、親民、止至善と申します。初に「大学ノ道ハ明徳ヲ明ニスルニ在リ」と申します二句より言上仕ます。明の王陽明の説に拠りますれば、大学の二字は大人の学と申す意味に解釈致します。其の大人と申しますものは能く天地万物を以て一体と為す者でござります。即ち天地万物一体の仁徳を具へた人でござります。天地万物一体の仁と申しますことは天地万物を以て我が一体とする仁でござります。万物一体の仁と申しまするは即ち親愛の極度の事であると存じます。猶又た最大の慈愛即ち限りなき恵の事であると存じます。今此所に天地万物一体の仁と申す言葉の起原を申述べまする と、孔子の説かれました仁の意味は頗る広大でござります。孔子の教は仁の一字を以て総括さるゝと申しても宜しいと存じます。仁の字の内容は極めて豊富でござりますけれども、仁の根本の意味は親愛の二字に帰着致す様に存ぜられます。其れ故に、孔子以後の歴代の有名な学者の仁の解釈を参考致しまするに、唐の韓愈は「博愛之ヲ仁ト曰フ」と申されました。此の博く愛するを仁と曰ふと申す定義は至極適当と存じます。又宋の周濂溪は「徳ノ愛ヲ仁ト曰フ」と申されました。道徳の中に於て親愛に関係するものを仁と申す意味と存じます。宋の程明道は「仁者ハ天地万物ヲ以テ一体ト為ス」と申しまして、仁の最大の意味を示されました。明道の仁の説明も亦遠く礼記の礼運篇に「聖人ハ耐ク天下ヲ以テ一家ト為シ、中国ヲ以テ一人ト為ス」と云へる語に本づいたものでござります。朱子は「仁ハ心ノ徳、愛ノ理」と申され、陸象山も亦た「吾心即チ宇宙ナリ、宇宙即チ吾心ナリ」と申されまして、人我内外を達観したる至大の仁を明かにされたのでござります。其後ち王陽明に至りまして、大学の首章を解釈して、更に詳しく天地万物一体の仁を説て、孔子の仁の説を充分に敷衍されたのでござります。以上申述べました通り、東洋に於きましては、古代より天地万物一体の仁と申す大なる観念が存してござりましたから、本文の大学即ち大人の学を説明して天地万物一体の仁を得た人の学と申すのでござります。

次に大学の道と申します道の字は、猶方法と申す如き意味と存じます。即ち大人の学を為す方法は、明明徳、親民、止至善の三個条に在ると申すことでござります。

（中略）

其の私欲を去て万物一体の仁に復へるの方法と致しましては、大学には格物、致知、誠意、正心、脩身、斉家、治国、平天下の八条目を示してござりますけれども、其の内にては第二の致知が直接の方法であり且つ最も重要でござります。王陽明は致知の知の字を孟子の良知良能の章に所謂良知と解釈しまして「致良知」の三字と致しました。王陽明は良知の二字を縦横に説きまして其の哲学の組織を完成致しました。其れ故に陽明学を又良知学とも名けるのでござります。此の「致良知」の三字は陽明学の主要な題目即ち標榜語でござります。良知を致すことに就て、近く一例を挙げますれば、我が国の陽明学の開祖、中江藤樹は特に致良知に力を注ぎまして、陽明学を宣伝されました。藤樹は非常に親孝行な人でござりまして、其の一生涯は実に孝を以て一貫したのでござります。藤樹は少年の頃より伊予の大洲藩に仕へまして、漸く重く用ひられようとした時、郷里江州にある老母に孝養を遂ぐる為に、終に強て職を辞したのでござります。其の時は二十七歳でござりました。年齢から申しますと気力方に盛にして大に活動しようと云ふ時期でござりましたが、郷里に帰て後は貧困な生活の中に老母の側に在て終身孝養を遂げつゝ学を講ぜられました。藤樹は深く孝経を尊信して特に愛敬の二字を力説致しました。藤樹は誠に能く良知を致し又能く孝の明徳を明かに致しました故を以て、其の生前夙に世間から「近江聖人」と申す尊称を得られました。其の歿後二百八十年の今日に於きましては、既に藤樹神社として尊敬されて、広く世人に感化を与へつゝあるのでござります。

（中略）

最後に結びと致しまして一言申し上げます。上来進講し奉りました通り、三綱領は互に密接不離の関係を有しますれば、至善に止りつゝ、親民を為し、明明徳を為して、天地万物一体の仁を施すことが、大人の学を為すの方法でございます。若し徹底的に三綱領が実現さるゝならば随つて八条目も実現さるゝことゝ存じます。孔子教即ち儒教の範囲及び目的も亦全く大学の三綱領八条目に外ならぬものと存じ奉ります。

新年の御嘉例に当りまして、漢書進講の光栄を荷ひましたことは誠に感激に堪へぬ次第でございます。謹で厚く御礼申し上げます。

（高瀬武次郎著『進講録』天泉会蔵版、一九二八）

〈注〉高瀬博士が御進講せられたのは、昭和三年（一九二八）一月二十日である。御進講の最後のほうで、あえて藤樹神社に触れられたのでここに掲載したものである。

（一二）藤樹神社什宝

昭和三年六月

一、吾が敬慕する人物　中江藤樹　一部

絹表紙装幀　紙数五枚　桐製二重箱入

久邇宮良子女王殿下御自作御直筆にして大正十一年十二月九日御下附あらせらる。但し久邇宮附宮内事務官野村礼譲氏より藤樹神社創立協賛会理事長佐野真次郎氏宛添書あり。

一、白銅鏡　北総金人香取秀真作　一面

作者香取秀真氏は当社御霊代の鋳造者にして現代に於ける斯道の大家なり。嘗て嘱に応じて当神社御霊代を謹製するに際し、神鏡二面を鋳造し、その一を御霊代に納入し、他の一を什宝として寄附せられたるもの即ち是れなり。

一、御神号　元帥伯爵東郷平八郎閣下筆　一幅

記に曰く、藤樹神社四大字元帥伯爵東郷平八郎閣下所レ書。今年三月七日既刻為二扁額一。掲二之華表一。又装二其真蹟一。蔵二之神庫一焉。（中略）雕刻装璜之資以成二其事一者誰。甲賀郡寺庄村吉川又平氏也。

大正十四年三月十日

京都帝国大学教授　文学博士　高瀬武次郎謹識

一、藤樹先生画像　一幅

此の画像は藤樹書院伝来門人淵岡山の画かしめたる旧画像によりて、京都梅戸在貞画伯の拡大謹写せるものにして、東宮御学問所御用掛杉浦重剛先生の賛あり。大正九年九月十五日神社の創立に先ち、滋賀県高島郡大溝町原田知近氏の奉納せるものなり。（後略）

一、藤樹先生真蹟　送佃子。慎独。格物致知解他

横巻　一幅

此の真蹟一巻は古来伊予国大洲地方に伝来し、久しく八幡浜町梶谷清海氏の秘蔵するところなりしが、昭和二年春同町賈人上田藤七氏の有に帰したり。茲に大阪市外石切在住吉川又平氏は滋賀県甲賀郡寺庄村大字葛木の出身にして敬神の念最も深し。偶々伯父贈正五位城多耐軒翁嘗て陽明学を嗜み国事に奔走せる人なるを懐ふ。而して吉川氏に在つては夢寐も忘るゝ能はざる大恩人なるを以て、之を購ひ藤樹神社の神前に奉献し、以て追遠の微志を致さんとの志あり。上田氏また義気に富み、藤樹神社へ奉献せらるゝを喜び、特に価を減じて割愛せられたり。是に於て吉川又平氏は昭和二年十月六日謹みて之を藤樹神社に奉納せられたり。

一、伝説藤樹先生遺品壺　一個

此は大溝藩主分部侯の家に伝来せるものにして嘗てその臣細野某之を拝領し、後同藩士岡田実氏の珍蔵するところなりしが、三転して同郡新儀村大字藁園村社藁園神社社掌八田繁太郎氏の有に帰し、大正十年九月当神社の創立に先立ち之を奉納せるものなり。

一、熊沢蕃山先生書翰　一幅

此の一幅はもと藤樹先生全書編纂者岡田季誠氏末裔の家に伝来したるものにして、宛名は今磨滅して明かならざれども、恐らくは蕃山先生が妹美津子に与へられたるものならん。大正十五年二月滋賀県高島郡安曇村大字田中早藤貞一郎氏より奉納せるものなり。

一、祭藤樹先生文　杉浦重剛先生真蹟　一幅

此は梅窓杉浦重剛先生が明治三十年九月二十五日藤樹先生二百五十年祭の忌辰に丁り祠前に奉れる祭文を全紙に謹書せるものにして、大正十四年五月十日大阪市東区今橋二丁目大音新吉氏より奉納せるものなり。

一、藤樹先生画像　一幅

梁舟画、伝詳かならず。大正十五年九月滋賀県高島郡朽木村大字岩瀬石井斎太郎氏より奉納せるものなり。

(後略)

一、色紙　東郷元帥書小笠原長生子箱書　一幅

大阪市外吉川又平氏は敬神の念頗る厚し。嘗て元帥東郷平八郎閣下の揮毫を得て之を藤樹神社に奉献せんとの志あり。小笠原長生子の紹介を得て懇請せらるゝところありしに、大正十五年春「至誠」の二字を書して之を与へられたり。時に元帥年歯当さに八十一。茲に於て表装し、昭和二年五月十五日恭しく之を藤樹神社へ奉納せられたり。惟ふに「至誠」の二字は儒学の

根本義にして、先生学問の骨髄たり。元帥東郷平八郎閣下が此の二字を謹書せるものまた所以ありといふべきなり。

一、刀剣　備前長船長光長さ二尺八寸五分　一振

右は滋賀県高島郡朽木村朽木藩主朽木之綱氏の家に伝来せるものにして、乳人某之を拝領し、後同国同郡青柳村大字青柳中江寅吉氏の珍蔵するところとなりしが、偶々感ずる所あり。昭和三年三月七日後記佐藤一斎翁の揮毫に係る屏風半双と共に之を藤樹神社に奉納せるものなり。

一、佐藤一斎の揮毫に係る屏風　半双

此は近世陽明学の泰斗佐藤一斎翁八十四歳の筆にして一行もの半截六枚あり。各紙に署名落款あり。前記中江寅吉氏の久しく珍蔵するところなりしが感ずる所あり、昭和三年三月七日之を藤樹神社へ奉納せるものなり。

一、詩　天台道士杉浦重剛翁真筆　一幅

此は東宮御学問所御用掛天台道士杉浦重剛翁が「寄レ松言レ志」の一詩を賦して、藤樹神社創立協賛会理事長佐野真次郎氏に与へられたるものにして、大正十四年三月十八日恭しく之を藤樹神社に奉納せるものなり。

一、富岡鉄斎画清溪洗心図条幅　一幅

斯道の巨匠八十九叟京都富岡鉄斎翁が当社社司小川喜代蔵の懇請を容れて健筆を振ひ、大正十三年五月廿一日之を藤樹神社に奉納せるものにして、添書一通あり。

尊翰拝受時候不順相覚候際益以御壮健之義是可賀。藤樹先生御神蹟誌御恵贈感謝之至也。予而拙画呈進可致之筈因循多罪御容恕願上候。則御神供に及拙筆王陽明先生小文辞之画一拝御咲納可被下候。何分老衰之所為無所可取御寛宏願上候。

五月廿一日　富岡百錬

藤樹神社々務所御中

一、書　陸軍大将大迫尚敏閣下書　一幅

右は至孝の聞高かりし故陸軍大将八十二叟大迫尚敏閣下が、大正十四年夏日特に大阪市外石切在住吉川又平氏の希望に依り藤樹先生の嘗て小川の神社に詣でて祈願せりとの伝説ある、「天下泰平。大道興隆。時和年豊。民安物阜」といへる四句を謹書せるものにして同年九月前記吉川氏の奉納せるものなり。

一、金杯　桐御紋章附直径四寸六分五厘　重量六十八匁　一個

右は大正元年七月三十一日附賞勲局より滋賀県高島

郡へ下賜せられたるものにして、大正十五年七月郡役所廃止に際し、今津町外十六ヶ町村より当社什宝として奉納せるものなり。

一、聖胎純熟　　一幅

右は大勲位元帥閑院宮載仁親王殿下が、特別の御思召を以て本全集の為に御染筆御下附遊ばされたるものにして、縦一尺五寸横四尺〇寸あり。御題辞として本全集巻頭に掲げられたるもの、即ち是なり。その由来は、本全集第一冊巻首凡例に詳かなり。藤樹神社創立協賛会は、殿下の厚き御思召を畏み、昭和三年十月九日謹みて之を県社藤樹神社に奉納せり。

一、孟母神像　金銅鋳工品　重量百四十五貫匁　高サ四尺五寸　一基

右はもと支那山東省即墨県城北林哥庄なる霊山廟に安置せるものにして、専門家の鑑定に依れば今より凡八九百年前即ち北宋の頃芸術最盛時代の傑作品にして、其の風采の崇高、円満慈愛の顔貌、服装配線の優美にして高雅なる、比類稀なる世界的貴重品なり。（中略）此の尊像は支那に於て幾百年間信仰の的となり釈奠の礼絶ゆる事なかりしが、清朝滅び革命動乱相次いで起るに丁り大正十一年故あつて我が国に渡来せり。偶々昭和三年八月大阪市外吉川又平氏の知る所となり巨資を投じて之を購ひ、同年九月十五日を以て藤樹神社に奉納せるものにして今之を藤樹書院に安置せり。

一、青淵渋沢栄一翁書　　一幅

右は大阪市外吉川又平氏感ずる所あり、昭和三年十月八十九翁渋沢栄一氏に請ひ「道従実学存」といふ五字の揮毫を得て、之を藤樹神社に奉納せるものにして、東京市瓜生喜三郎氏の尽力に依れり。尚当社には同子爵の筆「聖凡一性」の額面あり。此は当社創立当時理事長佐野真次郎氏の希望に依り、特に揮毫して奉納せられたるものなり。

一、頭山満翁書　　一幅

「自天子以至於庶人壱是皆以脩身為本　録藤樹先生発奮之語　昭和三年十月頭山満書」と識せり。是れまた前記吉川又平氏が特に揮毫を請ひて藤樹神社に奉納せるものなり。

（『藤樹先生全集』第五冊、藤樹神社創立協賛会、一九二八）

〈注〉孟母神像（孟母聖像とも）は、奉納者吉川又平の了承を得て、昭和十九年（一九四四）二月十二日に金属回収の一環として供出される。『社務日誌』参照。

（一三）小川喜代蔵「藤樹神社の経営について」

昭和六年十月

当社は生れて漸く十年になつた計りで、氏子はなく基礎はまだ堅まらず非常な経営難に陥つてゐます。殊に当社は高島郡全体を基本として創立せられた神社でありますから、直接諸君の奉仕せらるゝ神社の氏子区域に関係を有することになるのでありますから、当社経営については諸君の絶大なる御後援を希望せざるを得ぬのであります。当社は高島郡全体の崇敬者が発起して創立せられた神社であるからといふことが、神社経営の出発点であると思ふのであります。その理由は、

一、神社創立願　大正八年十二月二十日、青柳村外十六ヶ町村長の方々が各その町村の崇敬者を代表して、神社創立願を内務大臣に提出せられたのであります。願書の中に左の一節があります。（中略）

二、社格詮議願　大正十一年四月十三日、標記の願を内務大臣に提出するに丁り「藤樹神社崇敬者九千八百戸中、創立後必要ナル経費ヲ確実ニ負担スル見込ノモノノ戸数ハ前記ノ通リニ付、別紙町村長証明書添付致候」とありまして、各町村長の証明書が付してあります。

三、崇敬者総代の選任　崇敬者総代名簿の巻頭に左の記事があります。（中略）

以上の事実は、当社が郡全体の神社であるといふことを明かに立証するものでありまして、郡内各町村に於ける崇敬者の方々が毎年初穂料を御献納下さるのも、また各学校の諸先生や学生児童の方々が例祭に丁つて賽銭を捧げられるのも、みんな斯くの如き基礎的観念の上に築かれてゐるのであろうと存じます。初穂料については、佐野郡長が大正十一年、各町村長に依頼されたもの、賽銭は書院時代から引続いてゐるものでありますが、郡廃の時、松山郡長が当社の将来を憂へて町村長会又は校長会に諮、非公式に決議されたものでありまして、両者とも当社創立の根本義に基いて社費の幾分を負担していただくといふ意義が含有してゐると云ふことを御了察願ひたいのであります。

当社の基本財産は、創立当時金壱万円を得て居りましたのと、昭和二年三月、大阪市外石切吉川又平氏から祭祀資金として金壱万円の寄附を受けましたので、何れも毎年その利子金の三分の一を積立て（外に社入金百分の五以上の積立て費）別表の額に上つてゐるのであります。

また営繕資金弐千円は藤樹先生全集刊行記念として本年八月、藤樹神社創立協賛会から寄附せられたものであります。

（中略）

右の財産収入は（営繕費を除く）約五七一円で本年度の予算は一五七七円六三のでありますから、差引約一千円は賽銭物其他の収入に仰がねばならぬといふことになるのでありまして、此の一千円を得るといふことが頗る至難で、殊に近来深刻なる不景気の影響を受けて困つて居るのであります。併し大体から申しますれば、此の十年間能く順調に発達し来つたものでありまして、是れ一に諸君を始め郡民各位の厚き御後援の賜で感謝に堪へぬのであります。

次に神社に対する信仰的態度の顕はれと致しましては、昭和五年度に於きまして神符守札の頒布が九十八体で、一般参拝者の賽銭が四一円二八、同神饌料が一〇六円五六でありまして、毎朝日参するもの二三名あり、朔日十六日には早朝参拝するもの漸次増加しつゝあります。その他学者、教育家、学生、軍人、名士等の参拝は相当に多く、藤樹先生の思想学術等研究の為めに参拝せらるる方も少からぬ様であります。私は、不学短方特に国典に関する知識に乏しく、至らぬところが多々あらうと存じます。どうか諸君の御懇篤なる御庇護に浴して、此の大任を果したいと思ふのであります。切に諸君の御声援を祈ります。

（『滋賀県神職会高島郡支部会報』第一～三号、一九三一）

（一四）大阪毎日新聞社の寄附

昭和七年三月

本社が別途積立金その他から寄附または補助したもの、または本社が記念事業に支出した金額は昭和七年一月までに累計百三十八万七千円に達してゐる、その費目は左の通りである。

（中略）

神社仏閣ならびに記念館への寄附

一、明治神宮奉賛会（大正六年）
一、藤樹神社へ寄附（大正十年）
一、新田公菩提所再興会（大正十二年）
一、京都豊国会（大正十四年）
一、千早神社新築費（昭和元年）

一、鉄眼禅師顕彰会　（昭和元年）
一、台湾建功神社　（昭和三年）
一、吉野神宮奉賛会　（昭和四年）
一、明治天皇行幸記念館建設費　（昭和四年）
一、紫野大徳寺改築費　（昭和五年）
一、京都霊山招魂社　（昭和五年）
一、神戸生田神社改築費　（昭和五年）
一、醍醐寺奉賛会　（昭和五年）
一、明治神宮壁画奉賛会　（昭和五年）
一、一休禅師遠忌　（昭和六年）
一、伊藤公記念事業神社建築費　（昭和六年）
一、四条畷神社奉賛会　（昭和六年）
（『大阪毎日新聞五十年』大阪毎日新聞社、一九三二）

（一五）藤樹神社鎮座十周年記念碑

昭和七年三月

永仰神徳

贈正四位中江藤樹先生ハ、我ガ国陽明学ノ開祖ニシテ孝子ノ模範ナリ。幼ヨリ神童ノ称アリ。善ク親ニ事ヘテ終身変ハルコトナク、学ヲ好ミテ刻苦勉励、遂ニ能ク道ヲ得タリ。其良心清明ニシテ一点ノ邪念ナク、其性行温粋ニシテ一毫ノ圭角ナシ。循循能ク門人ヲ教育シ、温温能ク民衆ヲ薫化セリ。是ヲ以テ時人異口同音、或ハ之ヲ称スルニ近江聖人ヲ以テシ、或ハ之ヲ号スルニ神明ヲ以テセリ。真ニ是レ学徳円満、聖胎純熟ノ偉人ナルカナ。先生歿後、茲ニ二百七十年、高島郡有志ハ藤樹神社ヲ創建センコトヲ熱望セリ。大正七年九月、滋賀県知事森正隆地ヲ此所ニ相シ、郡長佐野真次郎旨ヲ承ケテ計画ス。同八年十二月、郡内町村長各其町村ノ崇敬者ヲ代表シテ神社創立ヲ官ニ請ヒ、翌年六月十日許可ヲ得タリ。依テ直チニ藤樹神社創立協賛会ヲ起シ、後任知事堀田義次郎ヲ推シテ会長ト為シ、佐野真次郎理事長ト為リテ着着事業ヲ進捗セシメ、十二月十三日地鎮祭ヲ挙行ス。十一年五月四日造営功ヲ奏シテ県社ニ列セラレ、二十一日鎮座祭ヲ執行セリ。是ニ於テ先生ノ英霊ヲ公祀ノ班ニ列シ、遺徳ヲ千載ニ仰グコトヲ得タリ。十一月十二日、畏クモ皇后陛下御使御差遣ノ御事アリ。十二月九日、久邇宮良子女王殿下御自作御染筆ノ敬慕スル人物中江藤樹ト題セラレル御作文御下附光栄ニ浴セリ。神威愈高ク遺徳愈馨シ。後世益仰ギ感化益普シ。今茲ニ鎮座十周年祭ヲ厳修スルニ当リテ、有志相議シテ之ヲ石ニ刻シ、以テ不朽ニ伝フ。

昭和七年三月
京都帝国大学名誉教授文学博士　高瀬武次郎
題額並撰文

〈注〉参道をはさんで社務所の対面側、現在は近江聖人中江藤樹記念館の駐車場横にある。石碑はおそらく高島硯の原石（虎斑石）であって、安曇川町西方の阿弥陀山から採掘されたものと推測される。硬質のため文字の風化はほとんど見られない。

（一六）藤樹頌徳会結成奉告祭並講演会

昭和七年七月

奉告祭　八月一日　午前六時より　藤樹神社
開会披露　同　午前十時より　玉林寺
鎮座十年記念講演会　同　午後一時より　玉林寺

会員ならびに誌友、其他多数御参拝御聴講下さい。遠所のお方で当日または前夜宿泊を希望さるゝ方は予め藤樹神社社務所（滋賀県高島郡青柳村）宛御一報下さい。（前号参照）なほ汽車は江若鉄道安曇（あど）駅下車、汽船は大溝上陸が便利であります。

（『渾沌』第十一巻第七号、一九三二・七・二二）

（一七）『滋賀県郷土読本』

昭和九年九月

六十七　中江藤樹

江若線安曇駅の東約一粁、青柳村上小川に、近江聖人中江藤樹先生を御祀りした県社藤樹神社がある。大正十一年の創建で、白木の社殿白砂の神苑はまことにすがすがしい。

神社の南程遠からぬ玉林寺に先生の御墓がある。昔のまゝに苔むした墓前に立てば、自ら頭の下るのを覚える。親しく弟子を集めて道を説かれた藤樹書院も程近く、先生遺愛の藤は老木にまつはり、藤波たゞよふ頃には一入先生の徳がしのばれる。先生は此の樹の下で門人を教へられたので藤樹先生と申したのである。書院には御一族の霊位を安置し、遺物や著書が蔵してある。

先生は名を原、通称を与右衛門といひ、慶長十三年三月七日此の地に生れられた。幼少の時から既に他の子供と違ひ、行儀作法も立派で、代官の行列が通る時など家の中にゐても、正座して敬意を表されたさうである。

（中略）

先生の門人は沢山あつたが、中でも有名なのは熊沢蕃山である。蕃山は誠に立派な人で、先生の学問を政治上に実行した人である。

修養と門人の教育にひたすらつとめられた先生も、生来身体が弱く常に薬に親しんで居られたが、遂に病の床につき慶安元年八月二十五日、僅か四十一歳を一期として此の世を去られた。死の際までも母に心配をかけまいと心せられたといふことである。

畏くも光格天皇は書院に対し徳本堂の名を賜はり、明治天皇は明治四十年特旨を以て正四位を追贈あらせられ、大正十一年皇后陛下は御使を藤樹神社に御差遣遊ばされた。同じ年の十二月、久邇宮良子女王殿下には、神徳を称へさせられた御作文を御下付あらせられた。殿下は畏くも今の国母陛下にあらせられる。誠に恐れ多い極みである。

（『滋賀県郷土読本』滋賀県教育会、一九三四）

（一八）藤樹先生御誕生日記念座談会

昭和十年三月

期　日　昭和十年三月七日午後二時より五時迄
場　所　藤樹神社待賓館
出席者　青柳尋常高等小学校職員　校長奥山孝裕　訓導西沢忠三　比叡谷正顕　万木正道外六名、藤樹神社社掌二名、関係者　淵田竹次郎　淵田与惣吉　淵田伝次郎　志村三次　小川喜代蔵外一名　上小川青年　中村静一　淵田秀夫　志村治郎右衛門外十名　同処女会員　山本はい外九名
主催者　青柳小学校研究会

司会者（校長奥山孝裕氏）　本日は藤樹先生の御誕生日を記念して座談会を開催いたしました。多数御集り下さいまして主催者側として誠に嬉しく存じます。実は昨年の八月玉林寺で上小川の御老人方の御集りを願つて色々と御話を承りましたところ、我々の参考になり或は初耳であつた様な事が多数ありましたので、今回も藤樹先生に最も関係深い方々の御集りを願ひまして特に上小川の青年処女の方々を中心として昨夏の求道会講習の感想或は講習員の方々から御質問になつた事など、また日頃藤樹先生に関しての疑問などを語り合つて見たいと存じます。どうぞ粗菓ですがあがりつゝ

御話しを願ひます。先づ最初に孝経の朗誦をいたしたく思ひますから小川さんの御発声を願ひます。

小川喜代蔵氏

孝経　開宗明誼章第一　　一同和誦

仲尼間居したまふ　　一同和誦

曾子侍坐せり　　一同和誦

かくて第一章の朗誦を終る。

（中略）

比叡谷正顕氏　藤樹神社の境内をこゝに定められた理由を御説明願ひたいのですが、

小川喜代蔵氏　この境内は藤樹先生とは何等直接の関係はないのでありますが、唯かういふ適当な清浄な土地があつたからこゝに建設せられることになつたのです。此の問題は当時青柳村長をして居られて直接その衝に当られた淵田さんに御説明を願ひませう。

淵田竹次郎氏　私が村長をして居つた時の事でありました。森（正隆）知事が藤樹書院へ参拝せられまして藤樹先生を神様として祀るのがよいかとの事でありましたが、それはどちらでも結構ですと申しますと、それでは神として祀ることにしよう。との事で神社建設地の選定についての協議に移り書院の境内を中心としての事でありましたが、何分民家を多く取払はねばなりませんからと申しますとそれでは氏神境内にとの事でありましたが、それも困難な事情を申しまするとそれでは他に適当な候補地がないかとの事で此処へ案内した処、「こゝはよい処だ申分なし」との事で不動さんを移転願つて此の地を境内にする事に定め、即座に私の一存で土地を寄附することに御答へして後みんなの承認を求めたのであります。此の時神社の附近に藤樹中学校を建設することに県では内定してゐたとの事でしたが、色々の事情で今津に建設されたのですが、今思ふと惜しい事でした。精神修養の根元とし人間を造るといふ上から考へると藤樹神社の附近にその教育道場のあるといふことは生きた問題であつたと思ひます。

（後略）

校長　もう段々時間が長けまして五時になりましたから此の位で会を閉じることに致します。小川さん御苦労でございますが孝経の最終の章を御発声願ひます。

小川喜代蔵氏

喪親章第二十二　　一同和誦

孝子の親に喪するや哭□せず　　一同和誦

礼容なし言文らず　　一同和誦

かくて第二十二章を終る。

校長　午後二時から三時間色々な結構なお話を承りまして大変嬉しく存じます。参列の方々にはお忙しいにも関らず御出席下さいまして、特に耳新しいお話を御聞かせ下さいまして深く御礼申上げます。神社関係の方々にも又御出席下さいまして殊に待賓館をお借りいたしまして厚くお礼を申上げます。私達は折々かうした機会を作り藤樹先生に関する研究を進めたいと存じます。今後の御力添へを御願ひ致してやみません。これで本日の座談会を閉ぢる事にいたします。御苦労でございました。

――時に午後五時三十分。

（『藤樹研究』第三巻第七～八号、藤樹頌徳会、一九三五）

（一九）小川村だより

昭和十年九月

▽県下蒲生郡八幡町に近い近江兄弟社女学校とてキリスト教主義の学校がある。そこに居られる中村穣氏は、近郷大溝の人で藤樹先生門人某の末裔である。七月二十日、女学生三十二名を引率して藤樹神社へ参拝し、特にお願ひして国母陛下の御作文を拝聴拝観せしめ、また書院に額づきては真蹟その他数々の遺品を拝観せしめ、且つ両所に於て藤樹先生に関する講話を聴講せしめ、深き印象を与へられた。八月一日、また同基督教青年会員（男）十九名を引率して参拝せられた。従来キリスト教者の中には神社へ参つても神前に額づくことを為さず、書院へ参つても拝礼だにせないものが多いのであつたが、中村氏がさすがに日本国民としての自覚を有して居られたは心強く感ぜられた。（八月十三日稿、をがは）

（『藤樹研究』第三巻第九号、藤樹頌徳会、一九三五）

（二〇）小川村だより

昭和十一年四月

▽二月二十五日、午后一時より藤樹神社におきまして、祈年祭を執行致しました。当日は寒気殊の外厳しく、加ふるに吹雪のため、一時は心配しましたが、御蔭で来賓多数、盛大に祭典を挙行何等の支障なく終了することができました。当日の供進使は、滋賀県地方課長谷本利夫

氏、同地方課田中健次氏でありました。尚谷本課長は兵庫県人でありますが、職掌柄今迄参拝の折がなかつたので、之を機会に藤樹書院、御墓等に参拝して、遺跡並に遺品を充分に拝観することが出来たので非常に満足しておられました。

▽二月二十六日、産業組合中央会「家の光」編輯部桜井弘氏等は、小川村の藤樹先生の遺跡を訪問せられました。何でも雑誌「家の光」に、掲載したいとの事でありました。多分五月号新日本漫画風土記に掲載されることゝ思ひます。

▽三月五日、滋賀県立今津中学校本年度卒業生三十四名は、笠校長に引率せられまして、藤樹神社並に書院等に卒業報告参拝をせられましたので、各生徒に藤樹神社守札一体宛授与致しました。之を機会に、爾今卒業参拝の生徒児童には、神社の守札を一体宛授与することゝ致します。尚当日卒業生は記念として、桜の木三本を寄附せられましたので池の東側に植えていたゞきました。

▽三月七日、午后一時より例年通り先生の誕生祭を執行致しました。当日小川村青年会は神饌に饅頭を供へ、それを小川村の七十歳以上の老人方に頒ちました。

（『藤樹研究』第四巻第四号、藤樹頌徳会、一九三六）

（二一）小川村だより

昭和十一年五月

▽四月一日、藤樹先生の遺徳を景慕し、その孝徳養成を主眼とする県立藤樹実科高等女学校が、小川村を去る一里の道程にある大溝町に設立されました。本校は高一修了入学程度で、修業年限は三ヶ年であります。四月十三日之が入学試験を施行致しまして、十五日三年廿六名、二年廿八名、一年五十一名に入学を許可致しました。そして翌十六日同校入学生全部百五名は、藤樹神社に参拝し、神前におきまして、入学祭を挙行致しました。尚入学祭は四月七日青柳小学校、同九日今津中学校何れも新入生参列の下に神前において挙行致しました。

▽青柳小学校におきましては職員が中心となり、有志の方をも加へて、先般来熱心に藤樹研究をしておられます。資料は高島郡教育会編纂「藤樹先生」でありますが之も既に大半を終つておられます。又高等科児童には国訳孝経を一冊宛持たせ拝誦させておられますが、毎朝七日廿五日藤樹神社神前並に、書院で拝誦させておられる時など、高二の児童などは昨今殆ど暗誦の域に達して居り、

又其の朗読振りも堂に入つております。先生方の御話によると、之等の方法は精神教育上誠に有効でありまして、全国の学校に是非行つていたゞきたいと言つておられます。その他詳細の事は直接同校に御問合せ下さい。

（小川秀和）

（『藤樹研究』第四巻第五号、藤樹頌徳会、一九三六）

（二二）小川村だより

昭和十一年六月

▽五月三日、朝鮮忠清南道公州公立高等女学校職員生徒四十八名が午前九時安曇駅着、神社書院等を参拝しました。波涛万里を越えた朝鮮から、しかも女学生の団体が参拝せられた事は蓋し藤樹神社創立以来始めての事です。実に藤樹先生の様な立派な人は、年月がたてば立つ程光が出てくるのでせう。

▽五月五日、午前九時から小川村におきまして、広島県教育会主催で、藤樹先生史蹟研究会が開かれました。参加せられた会員は三十一名で、小川村の民家で分宿していたゞき、食事は神社前のふじ屋でしたゝめていたゞきました。尚当日は藤樹女学校生徒百名が聴講しました。

▽五月六日、藤樹実科高等女学校では、生徒を三組に分けて、藤樹神社、書院墓所の清掃奉仕をして下さいました。

▽五月九日、京都府女子師範学校本科二学年生徒四十一名、滋賀県滋賀郡下坂本小学校高等科児童並に青年学校生徒六十名が参拝せられました。

▽五月十七日、藤樹神社々務所におきまして、小川寮埋立工事につき相談せられました。出席者は松本義懿氏、西川伴三郎氏（青柳村長）、志村三次氏（藤樹書院関係者）、奥山孝裕氏（青柳校長）、淵田竹次郎（藤樹神社書院関係者）、志村清太郎氏（前村長）、淵田芳松氏・中村静一氏・松田政次郎氏・中村男吉氏（以上青年代表）、（区長欠席）でありました。当日の会合によりまして、各自受持の事務につき、急ぎ準備を進める事となりました。

▽五月十八日、満洲国創設の恩人である現康徳学院長駒井徳三氏は、生徒二十一名を引率して参拝せられました。

（小川秀和）

（『藤樹研究』第四巻第六号、藤樹頌徳会、一九三六）

（二三）小川村だより

昭和十一年七月

▽五月二十四日、大阪藤樹会では会員清水常次郎氏外十一名の方が「先生遺愛の藤」観賞の為参拝せられました。
▽名古屋椙山女子専門学校では今回生徒一同に古文孝経を浄写せしめ、五月二十八日之が奉納の為、当地を訪問せられました。先づ最初書院に於て孝経を拝誦、宝物を拝観せられまして、後神社に於て孝経奉納の祭典を挙行致しました。
▽六月二日、藤樹神社神饌田田植祭を執行致しました。

（小川秀和）

（『藤樹研究』第四巻第七号、藤樹頌徳会、一九三六）

（二四）小川村だより

昭和十一年八月

▽七月八日から九日にかけて、かねてより藤樹先生の御恩を受くること深き高島郡教育会はその御恩を忘れないやうにといふ心持から藤樹先生に関する一夜講習会を挙行せられました。先づ八日午后五時より藤樹神社におきまして、祭典を挙行致し、午后八時より十時まで玉林寺に於て藤樹頌徳会発行の藤樹先生年譜を中心として「藤樹先生を憶ふ」といふ講演がありました。講師は藤樹女学校長松本義懿氏でありました。講演後孝経拝誦があつて当日の行事を終り、翌九日は午前六時藤樹書院に於て儒式祭典を執行、午前八時より前日に引続き講演があり午前十時を以て終了しました。今回の講習会員は全部で五十三名で、すべて郡内男教員であり、自宅に近い方もありましたが、全部玉林寺或は藤樹神社待賓館に宿泊して下さいました。尚七月九日より十日にかけては本郡女教員二十四名の方につき、同様の講習会がありました。
▽昨今、青柳小学校、高女奉仕の下に藤樹神社神符を一万体謹製していただきました。（七、一七　小川秀和）

（『藤樹研究』第四巻第八号、藤樹頌徳会、一九三六）

（二五）小川村だより

昭和十一年十一月

▽先日、大阪毎日新聞滋賀附録に藤樹先生真蹟が発見されたといふ見出しで真蹟所蔵者と真蹟の写真が掲載されたが、之は既に藤樹先生全集中に真蹟として掲載済のものだから勿論先生の真蹟に間違ひないが、とに角かうして先生の真蹟が新聞紙等の大衆機関を通じて広く世間に紹介されて行く事は誠に喜ぶべき事である。それはとも角先生の真蹟は藤樹書院から「致良知」が写真刷として発売されてゐるが、この真蹟は楷書であり、既に一般人に知り尽され最近では当地産の扇にまでのせられてゐるので、今度は他の何か適当な真蹟を「致良知」の様に印刷して頒布したいと思ひ、種々考慮の末、今回藤樹先生著経解中の慎独第七条（藤樹先生全集第一冊、巻ノ一、二十三頁所載）を印刷発売することゝした。尚書は掛軸用、行書で定価一部拾銭である。希望者は藤樹神社々務所宛申込まれたい。

慎　独

大虚廖廓之皇上帝。太一元神之一。厥霊光稟受人生之月窟。而妙用一貫。無所倚。無所待。無思無為。活潑々地。独往独来者。謂之独所謂惟一・一徳・一貫・独楽。皆是也。

▽九月二十七日、大津市聯合処女会では日下課長引率の下に小川村を訪ねられた、同勢九十名、十時先づ神社に参拝、皇后陛下御作文拝聴、次に玉林寺にいたり先生の墓前に花輪を献じ、藤樹書院を訪ねてそのかみをしのんだ。終つて玉林寺で午餐、午後は松本藤樹女学校長の鑑草の講話を聞き四時帰途についた。藤樹先生を偲ぶに適切な企であつた。

▽十有四日、藤樹神社功労者慰霊祭を藤樹書院に於て執行した。亦同日（例年は十月二日）藤樹神社神饌田田刈祭を執行した。

（十月十八日　小川秀和）

（『藤樹研究』第四巻第一一号、藤樹頌徳会、一九三六）

（二六）小川村だより

昭和十一年十二月

▽十月二十八日、文部省社会教育局庶務課長松尾長造氏より左の様な来信があつた。

今回本省に於て中江藤樹先生の事蹟に関する映画を製作し以て国民教育上の資料と致度、就いては貴地に於ける事蹟撮影の為、撮影班派遣可致（中略）追つて右撮影は写真化学研究所に委嘱せるに付同所員唐沢広光外助手を派遣（中略）かくて十一月一日、唐沢氏一行当地に着小川村に於ける先生の遺跡並に遺品を撮影、五日米子に於ける先生の遺跡に向つて出発せられた。今当地に於て撮影せられた主なるものは次の様である。藤樹神社全景、小川村全景及び附近村落の風景、玉林寺内に安置せられたる先生の木像、藤樹先生墓、先生遺愛の藤、藤樹書院全景、先生絵伝、先生の遺品並真蹟等であつた。尚唐沢氏等の話によれば文部省では藤樹先生の外に二宮尊徳先生の映画をも製作中との事である。それはとも角かうした偉人の精神がかういふ種々の方法を以て全国に拡まつて行くことは誠に喜ばしい事である。

▽最近に於ける主なる参拝者は福島先生、大洲女学校長大内信仞先生、東京商大藤本幸太郎先生、彦根高商矢野貫城先生、滋賀県知事平敏孝氏、同経済部長福光正義氏、舞鶴要塞司令官中尾忠彦氏、鶴沢哉氏等。

（十一月九日　小川秀和）

（『藤樹研究』第四巻第一二号、藤樹頌徳会、一九三六）

（二七）小川村だより

昭和十二年一月

▽大阪府天王寺師範学校専攻科生六十三名は十一月十九日、当地大溝町に一泊、翌二十日午前九時藤樹女学校松本校長の案内で藤樹書院、神社等に参拝せられたが、今迄の団体と異なつた点は午后一時より四時までの殆ど半日を常々学校内で研究して居られた藤樹先生に関する意見発表に費された事であつた。之も仲々面白い試みであると思つた。会場は先生の菩提寺玉林寺であつた。

（『藤樹研究』第五巻第一号、藤樹頌徳会、一九三七）

（二八）本校の教育方針

昭和十二年一月

滋賀県立藤樹実科高等女学校

一、徳育を中心に

子供が生れると名前をつけます。どんな名前をつけてもよいやうなものでありますが、親達はこの名前をつけるのに一苦労するのであります。幸福な一生を送るやうにといふので幸吉とつける。美しい娘になるやうにと花子とつける。善といふ字をとるのは善い子になれといふつもりでありませう。正の字をかむせるのは正しい人になつてくれるやうにといふ親の願ひでせう。栄といふのは栄えるやうにといふ親心であります。人の名前をならべて見ると、よく親心がわかります。

滋賀県当局が大溝町に女学校を設立しますに際して、これに藤樹実科高等女学校といふ名前をつけたのでありますす。私共はそこに本校設立の精神を窺ふことが出来ると思ひます。藤樹といふ名をとつたのは、申すまでもなく、藤樹先生に因んだのであります。偉人の名を学校に冠することは、外国ではいざ知らず、日本には余り類例のないことであります。この類例のないことを敢えて行うたと云ふことは、ただに当地が藤樹先生の御郷里であるからといふ簡単な理由だけではなからうと思ひます。必ずや期するところがあつてのことだらうと思ひます。然らばその求めてゐるところは何か、私共はそれを、徳育中心の女学校をつくれといふことだと、推察するのであります。

思ふに近来の女学校は一般に知育に傾きすぎるといふのが世の定評であります。世の中は日進月歩と文明に進んで行くのでありますから、知識の教育必ずしも無用とは申されませんが、もし知識の教育に偏して教育の他の方面、殊に人間として最も根本的な人の人たる道を修養するといふ徳育がおろそかになりますと、これは誠に憂ふべきことになるのであります。知識は世渡りの道具であります。道具といふものは持つ人によつて世の中の役にも立ち害にもなります。正宗の名刀と言つたやうなものでも大和心の武士が持てば以て奸賊を平げることも出来ませうが、之を残虐無謀なものが振りまわしたらどんなことになりませうか。要するに道具は道具だけのものでありまして、大切な問題はこれを持つ人の如何といふことになるのであります。ここに教育の眼目がなければならぬと思ひます。知育もとより結構でありますけれ共、その知識を持つ人そのものの教育がもつと大切なのでありまして、徳育の必要な所以はここにあります。殊に女子は学者になつたり、深い知識をもたねばならぬといふやうな職業に従事することが尠く、むしろ家庭を守つて慎ましき妻となり、よき母となることを本来の使命としてゐるものでありますから、女子教育が知育偏重になると言ふことは、憂ふべきことが多いのであります。本校設立にあたつて徳行高き藤樹先生のお名前を以て本校の名に冠せられたのは、即ちこの時弊を憂へて徳育中心の学校をこしらへよといふことではないかと思ひます。従つて本校教育の第一方針は、藤樹先生の御力にすがつて孝道中心の道徳教育を行ふことになければならぬと思ふのであります。（中略）

二、神仏を敬ひ

徳育の要諦は、有難い、勿体ないといふ心持をもつて、その日その日を心楽しく安らかに送るやうに導くことであらうかと思ひます。それにはどうしても神を敬ひ仏を信ずることが根本でなければならぬと思ひます。人間は我利、我執、我欲の強いものでありまして、善いことをすればしたでこれを己れの徳と思ひ、人の為に計り乍らも我欲を離れることが出来ないのであります。藤樹先生はこれを意、必、固、我と申され、この四は己れを地獄におとし入れるものだと言つて居られます。私共が易々とこの繋縛から逃れられる道は唯、神を敬ひ仏を信ずることより外に無いと思ふのであります。赤ん坊が人を恐れて、泣き悲しんでゐる時にふと後を見ると母がしつかりと抱いてゐるのに気がついて、もう何の心配もいらず、すつかり泣き止んで終ふやうに、私共の後にあつて常に加護照覧ましまます神仏に気がつく時、私共は容易く一切の我執を脱して、大安楽の境涯を得るのであります。そこには何のはからひも必要でなく、権謀も術策も力なく、恐れも憎みも雪と消えて、ただ有難い勿体ないといふ心から、親の御恩を喜び、人の親切に感謝し、友達の友誼を喜ぶ心が生ずるのであります。悪を恐れ、行をつゝしみ、人々相助け、自らの業を楽しむといふ真実の道徳心が出て来ることと思ひます。恰度これは暗い部屋にあかりがついたやうなもので、このあかりによつて、天井の高さを知り、床の低きを知るのでありまして、人間、神を敬ひ仏を信ずる心になるとき真実に身の分際を知り、務めを知り、秩序を知るのであります。（中略）

思ふにわが国三千年の永い歴史の上に、その徳行のすぐれた方々も数多いことではありませうが、生前からその徳行に感じて聖の字を以て一般の人々が尊んだ方は、皇室に聖徳太子あり、臣下に近江聖人中江藤樹先生があるだけだと思ひます。しかもこの二方とも孝子を以て有名なのは誠に面白いことであります。幸に本校はその藤樹先生のみ名を戴き且つその御生誕の地も近く、祀り奉る神社も近くにあるのであります。それで本校では先生の御誕生日や御命日には、或は先生の御愛誦なさいました孝経を読んだり、或は神社に参拝しまして孝経の浄書を献納したりいたして居ります。そして帰りがけには境内やお墓や書院を掃除して居ります。これ皆、先生を御大親と仰いでその恩徳を感謝する心からであります。（中略）先般婦人週間に、江若沿線各駅の清掃や大溝町内の道路の掃除をいたしましたのも、生徒達が日常深いお世話になつてゐる駅や道路に対する感謝の心をあらはさうとつとめたものであります。人と言はず、ものと言はず、所と云はず、天地万物すべて神仏の賜物であるといふ心を失はず、有難い勿体ないといふ心で、感謝奉仕の生活を送るやうにしたいといふのが本校教育の念願でありまして、これまた藤樹先生のみ教に依るものであります。

（松本義懿『本校の教育方針』、滋賀県立藤樹実科高等女学校、一九三七）

〈注〉昭和二年（一九二七）、大溝町が町立大溝実科高等女学校を設置したのであるが、その後の地元民の要望によって昭和十一年（一九三六）、県立に移管したものである。

（二九）高瀬武次郎「弔辞」

昭和十二年二月

昭和十一年十二月二十二日謹デ万年小川喜代蔵君ノ英霊ヲ弔フ、君資性温厚篤実ニシテ教育ニ功ヲ立テ才藻亦豊カナリ、夙ニ藤樹先生ノ事蹟学説ヲ調査討究シ、先生ニ関スル事ハ下シテ知ラザル所ナク、世人君ヲ称シテ藤樹先生ノ生字引ト云ヘリ斯カル該博ナル知識ヲ具ヘテ先生ヲ尊信スルコトモ亦万人ニ超エタリ、君ノ藤樹先生ニ関スル論文モ少カラズ特ニ「藤樹先生」ト題スル一書ヲ著ハシテ広ク世ニ行ヘリ此書ニ拠リテ先生ヲ知ル者固ヨリ多シト云フ。藤樹神社建設成ルニ及ビテ選バレテ其神職ト為リテ敬虔奉仕スルコト実ニ拾有余年其間東郷元帥ノ筆ニ成レル藤樹神社ノ額ヲ掲ゲ又鎮座十周年記念碑ヲ建立スル等君ノ尽力ヲ待チシモノ多シ、先生ノ遺徳ヲ宣揚スル事極メテ大ナリ、又藤樹先生全集ノ編纂ニ当リテハ君其委員ト為リ長年月ニ亘リ献身的努力ヲ積ミテ遂ニ其業ヲ完成セリ其功甚ダ著明ナリ、其後不幸ニシテ風頑ノ症ヲ獲テ職ヲ辞セシモ病床ニ在リテ猶先生ニ関スル論文ヲ草スルコト少カラズ且君老後ノ事業ノ一トシテ藤樹先生御絵伝ヲ作リテ之ヲ後世ニ伝ヘント企テシガ其八九分ハ既ニ成レドモ未ダ完成ニ至ラズシテ遂ニ逝去セラレタリ是レ君ガ深ク遺憾トスル所ナルベシ余今後誓テ之ヲ完成シ君ガ英霊ヲ慰メント欲ス君請フ瞑セラレヨ挽歌ニ曰ク

身まかれど近江聖人に仕へてし
君がいさをはとはに残らん

高瀬武次郎敬白

（『藤樹研究』第五巻第二号、藤樹頌徳会、一九三七）

（三〇）小川先生略歴

昭和十二年二月

明治二年五月二十七日　滋賀県高島郡西庄村白谷ニ生ル
明治二十六年十二月二十五日　滋賀県尋常師範学校第一種講習科履修（六ヶ月）
明治二十七年一月二十三日　滋賀県犬上郡西甲良尋常高等小学校尋常科訓導ニ任ス（三年三ヶ月）
明治三十年五月五日　滋賀県高島郡青柳尋常高等小学校尋常科訓導ニ任ス（十六年四ヶ月）
明治三十八年五月三十一日　藤樹書院司書ヲ嘱託ス
明治四十一年五月五日　藤樹先生御贈位奉告祭並ニ常省先生二百年祭祭典委員ヲ嘱託ス
明治四十三年十月十一日　藤樹書院ヲ代表シ大洲ニオケル藤樹先生銅像除幕式ニ参列シ除幕ヲ行フ
大正二年八月六日　滋賀県高島郡水尾尋常高等小学校尋常科訓導ニ任ス（二年八ヶ月）
大正五年三月三十一日　滋賀県高島郡青柳尋常高等小学校尋常科訓導ニ任ス（五年一ヶ月）
大正五年四月一日　藤樹読本編纂委員ヲ嘱託ス
大正八年三月一日　多年小学教育ニ従事シ質素謹厳常ニ範ヲ示シ克ク職務ニ励精シ夙ニ藤樹先生ノ遺徳ヲ慕ヒ研究浅カラズ社会教育ニ尽シ成績優良ナリ、依ツテ茲ニ之ヲ表彰シ時計鎖一連ヲ賞与ス
大正十年一月十五日　藤樹先生全集編纂委員ヲ嘱託ス
大正十年四月十五日　願ニヨリ本職並兼職ヲ免ス
大正十年四月十六日　藤樹神社創立協賛会書記ヲ命ス
大正十一年五月十五日　県社藤樹神社社掌ニ補ス
大正十一年五月十六日　願ニヨリ藤樹神社創立協賛会書記ヲ免ス
大正十一年十一月三十日　財団法人藤樹書院司書ヲ命ス
大正十三年一月十日　県社藤樹神社社司ニ補ス
昭和三年十一月三十日　大礼記念章ヲ授ケラル
昭和九年三月三十一日　願ニヨリ本職ヲ免ス
昭和十二年十二月二十日　脳溢血ヲ以テ逝ク

（『藤樹研究』第五巻第二号、藤樹頌徳会、一九三七）

（三一）小川秀和「父を憶ふ」

昭和十二年二月

父は昭和七年七月脳溢血におかされて以来医師の注意を堅く守つて専心療養につとめてゐたが、過去五ヶ年に亘る闘病の為、さすが頑健を誇つた身も次第くに衰弱し遂に去る十二月二十日午前八時さながら枯木の倒るゝが如く逝つた。

これより先、昭和十年九月、一時小康を得てゐた脳溢血が再発するや絶対安静を余儀なくされ、実に楽みのない、あぢきない生活を送つてゐた。元来父は普通に言ふ趣味の極めて少い人であつたといふよりは全然なかつたと云つてよい程であつたが、唯父には四十年来続けてきた藤樹先生研究が唯一の趣味でもあり、慰安でもあつた。最初昭和七年父が病に倒るゝや医師は新聞以外の読書を禁じてしまつた。医師の目からは新聞以外の書籍は父の頭脳を害するものと思つてゐたらしい。所が父は新聞よりも先生に関する書物をよむ方が遥かに楽しく、随つて身体も疲れないとの事であつた。で医師も不安を感じながらも致し方なく、頭脳を疲労せしめない程度にといふ条件附で藤樹先生に関する書籍を読む事を許可する事とした。実に父には藤樹先生に関する研究が、何物にも換へ難い寧ろ一つの生命となつてゐたのである。藤樹神社に奉仕する様になつてからは藤樹全集の編纂に関係してゐたからでもあらうが、一日中の大半が之にそゝがれてゐた。又それ以前父が青柳小学校に奉職してゐた時分でも、殆ど毎夜漢籍を読むか「伝習録」の様なものを繙くとか、とも角藤樹先生の研究に終始してゐた。父の本業は壮年時代は小学校教員であり、晩年は神職であつた。而し実際に於ては本業の小学校教員や神職の方面の事よりも藤樹先生の方の事が遥かに詳しかつた。それ位であつたから、家庭に於ける父の話も殆ど藤樹先生でつきてゐた。

父は私等子供をよく可愛がつてくれたが、又非常にといつてよい程厳格でもあり、又極めて真面目であつた。何事もよい加減にすると言ふ事を極力きらつた。私がまだ農学校在学中の事であつた。或時家への通信に、つい忙しかつたので文章の拙いまゝ別に修正もせずに出した処案の定父から大目玉をもらひ再び訂正して出した事を覚えてゐる。

又父は漢籍を好んで読んでゐた。勿論漢籍は藤樹先生研究とは密接な関係を持つてゐる為でもあらうが、年中繰返しく読んでゐた。で私達子供にも教へてくれた。私は尋常四年頃、父から論語の素読を習つた。今も尚記憶してゐるが私の家には昔から伝はつてゐる一尺四方位の箱机があるが、その上に昔使用した古い論語をおき、木の箸で一字一字つきながら習つた。その頃の父は何分四十歳前後の元気横溢した時代であつたので、その教へ方も又すこぶる厳格を極めたものであつた。例へば私が父から教を受けてゐる間は、母は勿論の事、まだ小さい弟や妹までが傍に坐つて聞いてゐなければならなかつた。之は小さい弟や妹には論語を聞いてゐても何も解る筈はないが、その精神上に与ふる影響が延いてはよい教育となると考へたのではなからうか。而し此の論語の素読もどういふ訳か、僅か一年程でやめてしまつた。その後は論語の素読のかわりに、偉人の伝記などを話してくれた。とも角かやうにして父は特に子供の教育に力を入れた。

（中略）

又父は非常に質素であつた。青柳小学校教員時代私は生徒として学校に通つてゐたが、他の先生に比較してその洋服や帽子等が一番お粗末であり、何となく気が引ける様な感がしたので、家へ帰つてから父にその事を言ふと「そうか」と一言答へたのみで一向買ふ様な様子もなかつた。又私が二十二三才頃の教員時代私は当時小学校長をした縁者の家に下宿してゐたが、その人は私に向つて小川の叔父（父を指す）がセルの袴をはいてゐたといつて、父でさへもセルの袴をはく時勢になつた事を諷刺してゐた。しかし父は倹約家であつたのである。又父は食物に好悪が全然なかつた。どんなものでも喜んで食した。之は父の身体が強壮であつた事に原因するのであらうが、而し一面私は父が少年時代なした苦労の賜なのではなからうかとも考へられる。

父は明治二年高島郡の北端西庄村に或農家の末弟として生れた。が不幸三才の時母に、又五才の時に父に死別した。つまり父は物心ついた時には父母は既に此の世にいまさなかつたのである。で、それからは専ら兄夫婦の手で育てられたが、まだ少年の頃には普通の子供によくある様に今は亡き親を恋ひ慕ひ泣き悲しんだものださうである。親のなかつた事がどれだけ父の心を傷けた事か、而し親はなくとも子は育つのたとへ、とも角兄夫婦の慈愛によつて父は育つて行つた。そして二十歳迄兄夫婦の下で百姓をさせられた。父の身体が頑健で粗食も敢ていとはなかつたのは青年時代のかうした修練の賜なのではなからうか。

尚一つ父は子供に不運であつた。大体私には三人の兄姉があつたが、生れると間もなく何れも死んで行つた。そして次に私が生れ四人の弟妹が生れた、それだけで済めば別に何でもないが、十年程前から私の病気に次いで、三人の弟妹が死んで行つた事である。それが何れも少年時代健全であり、又何れも二十二三歳の者のみであつた。今では多病な私と一人の弟が残り、丈夫な者のみ死んで行つた様な事となつてゐる。私は弟妹の死によつて、子が親に先立つ事が如何に不孝である事を知つた。勿論死その物は人力の如何ともしがたい所で全く運命といふより致し方ないが、親の身をそぎ骨をけづる事は子供に先立たれる事であると思ふ。

特に先年弟を亡くした時など、さすがに兄弟中の粋であつたゞけ、弟の死が父の精力を根こそぎ持つて行つたのではあるまいかと思はれた。弟の病革るや私は当時藤樹神社で全集編纂事務に没頭してゐた父に急報した。父は直ちに帰宅した。而し既に遅かつた。弟の死が余りに急だつたのである。私は今は亡き弟の枕頭で精魂をしぼって泣き崩れる父を到底正視出来なかつた。

かくして藤樹研究に一生をさゝげる事の出来た父も家庭的には極めて不運であつた。

父は遂に逝つた。而し私は私共兄弟が多病なるが故に父に幾多の悲しみを与へた事は、今更言つて帰らぬ事ではあるが、私は之を一生の痛恨事として永久に忘れる事が出来ない。(終)

(『藤樹研究』第五巻第二号、藤樹頌徳会、一九三七)

(三二) 小川村だより

昭和十二年四月

▽昭和五年二月、今は亡き父が「藤樹先生絵伝」を謹製せんとし、之が絵を斯界の泰斗否本一洋画伯に依頼したのであつたが、未だ完成するに到らない中に父が逝つてしまつたので、高瀬先生深く之を遺憾に思はれ、是非近い中に完成したいとの御話もあつたので私は三月十六日上洛、高瀬先生に御願御相談した結果、絵は総計十三枚(既に十二枚は出来上つてあるが、尚もう一枚武士が藤樹先生墓に詣でてゐる絵を画いていたゞくことを否本画伯に交渉快諾を得たり)とし、之が説明を高瀬先生に御願する事とした。で遠からず完成する事であらう。

▽大阪池田師範の伊与田覚君は今回目出度卒業、小学校に就任せらるゝ事となつたが、此の学年末休暇を利用し、特に藤樹先生遺跡参拝を思ひ立ち、三月二十七日薄暮当神社に到着せられた。私は此の美挙に対し、大いに感激し特に当神社宝物の拝観を願つた。（小川秀和）

（『藤樹研究』第五巻第四号、藤樹頌徳会、一九三七）

（三三）小川村だより

昭和十二年六月

▽藤樹神社や書院へ参拝される人の中には一年にどれ位の参拝人があるとか、又は一日平均何人位の参拝人があるとかいふ様な質問をされる方があるが、私には未だ確実な数をお答へする事ができない。その申訳にといふのではないが、昨年一月から十二月までに小川村を訪ねられた人数を府県別に列記して見た。但しこれは藤樹神社の参拝録によつたものであるから、勿論参拝者の実数ではない。何となれば参拝者の中には参拝録に署名しない人が非常に多いからである。而しながら小川村を訪れる人の大体の分布状態は左記によつて略々推察することが出来ると思ふ。

滋賀（高島郡を除く）一八七一人、大阪五二五人、京都三四一人、福井一九三人、広島九七人、愛知六〇人、朝鮮五五人、東京四五人、兵庫四四人、岐阜二〇人、長野一八人、和歌山一六人、三重一二人、神奈川一〇人、山口・岡山・香川各六人、石川五人、富山四人、新潟・奈良・徳島各三人、島根・熊本・満洲・鳥取・福島・愛媛・秋田・埼玉各二人、静岡・佐賀・宮崎・高知・宮城・栃木・台湾・福岡・北海道各一人。（六月二日稿、小川秀和）

（『藤樹研究』第五巻第六号、藤樹頌徳会、一九三七）

（三四）小川村だより

昭和十二年七月

▽小川村は寒村である。で道不案内の参拝者の中には案内標柱（めじるし）がないので道に迷つたりして困る事があるといふ事を聞くので、何か適当な目印しを建て参拝者の便をはかりたいと思つて昨年小さい木造の標柱を要所くに建てたのであつたが、標柱が小さすぎた為か、余り気がつかないといふ参拝者もあり、何か適当な方法

はないものかと考へてゐた。所が最近某氏等二三の人が発起となり、志を同じくする人々から金を集め、長さ一丈、巾二尺程の石の案内標柱を二本寄附したいと申出でられた。之は全く私より御願ひした事ではなく某氏等の全然自発的な申出であつたのであるが、偶然私の考と一致したので早速建設にとりかゝつてもらつた。そして六月十一日無事竣功する事が出来た。尚今回の寄附は、特に匿名でといふ希望であつたので、標柱にも寄附者の芳名を刻まなかつた。こゝにも藤樹先生の崇敬者らしい所があらはれてゐる。

（六月三十日稿、小川秀和）

（『藤樹研究』第五巻第七号、藤樹頌徳会、一九三七）

（三五）小川村だより

昭和十二年八月

▽先日、高瀬先生より「藤樹先生絵伝」が完成したので不日奉納するとの報に接した。この絵伝は昭和五年二月亡父がまだ藤樹神社に奉職中、京都市綾小路通油小路西入藤井英三氏との間に口約が出来たのに端を発しておるので、其の間実に七年半の長年月に亘つて京都市油小路通綾小路斯通の大家枩本一洋画伯が心血をそゝいで画かれたものである。寄附者は前記藤井英三氏、大阪市港区北境川町四丁目吉川又平氏、大津市平田佑蔵氏である。尚題字は荒木寅三郎先生の徳不孤必有隣で、説明並に執筆は高瀬先生に御願してある。唯惜しむらくは父が此の絵伝完成を見ずして逝いた事であるが、私としては之が奉納された暁には是非父の霊前に之を報告して以て共に喜びたいと思つてゐる。

（八月一日稿、小川秀和）

（『藤樹研究』第五巻第八号、藤樹頌徳会、一九三七）

（三六）小川村だより

昭和十二年十月

▽近頃、藤樹神社の附近で二つの学校が校舎の建築をいそいでゐる。一つは松本先生が校長をして居られる藤樹女学校、之は最早八九分通り出来上つてゐるので不日竣功の式を挙げられる事であらう。もう一つは青柳小学校で講堂が目下七八分通り出来てゐる。一方他の校舎の移築も進捗中である。が移築の方はまだ当分完成しまい。而し藤樹先生と最も縁故の深い二つの学校が二つ共建築

中とは一寸妙な廻り年である。
▽九月二十五日、午前十一時より例年の通り例祭を執行した。本年は藤樹先生の二百九十年祭にあたり、又藤樹神社創立満十五周年に相当するといふ誠に意義深い年である。村中での湿田いとはれた此の土地に砂を盛り、小さい四五寸位の松の木を植ゑて藤樹神社の神域としてから早くも十五年、緑は愈々映えて神々しさも愈々増してきた。創立当時は例祭参列者も二三百人程であつたのが近頃は七八百人といふ多数に上る様になつた。宝物も追々ふえて宝物館建設の声さへ起る様になつた。（小川秀和）
（『藤樹研究』第五巻第一〇号、藤樹頌徳会、一九三七）

（三七）小川村だより

昭和十二年十一月

▽先日、青柳村大字下小川小島伝七氏の家から藤樹先生の真筆が一枚発見された。此の真筆は加藤盛一先生の御話によると左伝の一節で半紙に藤樹先生が左伝を書写せられたものなのである。それには三と印されて明かに三枚目の書写である事がわかる。これによつて見ると一枚目二枚目のものもあるべき筈であり、又四枚目五枚目もあるかも解らないが同家には伝つてゐない。これが発見された動機は同家には古い文書類を入れた箱があるが、長らく整理した事もないので一度始末をしておかうと中を調べられた所が古い巻物の中に藤樹先生の真蹟らしい物が出て来たので、早速藤樹神社に持参せられたのである。小島氏は本年六十四歳になつて居られるが此の真筆は今回始めて発見せられたもので、又先代からの言ひ伝へもなかつたとの事であるから、つまり六十年程の間は誰にも知られずに筐底に残されておつたものである。此の真蹟は何分書写なので藤樹学としての研究資料にはならないのであるが、藤樹先生の真蹟がまだ所々に残つてゐるといふ事を裏書してゐる。（小川秀和）
（『藤樹研究』第五巻第一一号、藤樹頌徳会、一九三七）

（三八）小川村だより

昭和十三年二月

▽昭和十二年に於ける小川村藤樹先生遺跡参拝者の数を藤樹神社参拝録によつて調べて見ました。勿論参拝者の

全部が参拝録に署名せられる訳ではありませんから実数とは申しませんが、大体の参拝者の分布状態がおわかりになるだらうと思ひます。尚比律賓としてあるのは比律賓ダバオ市ナンミンの大東氏と外一人です。氏は昨年中における外国からの唯一の参拝者です。では左に県別により記して見ます。京都一二一三人、滋賀六〇八人（高島郡を除く）、大阪三五一人、朝鮮五八人、兵庫四六人、東京二八人、福井一五人、広島一四人、長野八人、石川七人、宮城・神奈川・愛媛・福岡各四人、香川・岡山各三人、奈良・千葉・岐阜・三重・比律賓各二人、鹿児島・鳥取・島根・北海道・佐賀・和歌山・徳島・愛知・新潟・秋田・千葉・山口・関東州各一人。計二三九三人。

▽一月十四日、旅順師範学校の一生徒が学校の添書を以て藤樹先生画像を買求むるため、藤樹神社並に書院に参拝しました。同校は藤樹先生並に吉田松陰先生の教を以てその教育主義としてゐるため、その画像を教室その他に掲げたいとの事でありました。畏くも藤樹神社におくだしになつた皇后陛下の御作文には藤樹先生の教が海外にまで及んでゐるとの意味の事が書かれてありますが、かうして藤樹先生の教が旅順師範に於て行はれてゐると言ふ事は、やがては満洲国全体に先生の遺教が広まつてゆく基礎となるのであらうと思はれます。かくて更に満洲国ばかりでなく北支、南支までも更に欧米にまでも広まりたいものです。

（小川秀和）

（『藤樹研究』第六巻第二号、藤樹頌徳会、一九三八）

（三九）高松甚太郎「おまつり参拝の記」

昭和十三年十月

渾沌社の講習会に由つて藤樹先生への縁が開けてから、私はその縁に催うされて度々小川村を訪れた。けれども藤樹神社のお祭にはまだお会ひ出来ずにゐたところ、今年のお祭に頌徳会を代表してお参りせよとのことで思はぬ光栄に浴した。それに今年のお祭には、小川寮建設の第一着手と言ふ会としての歴史的感激を、御神前に奉告の使命も含まれてゐた。代表と定められて厳かな責任を感じて、九月二十三日、東京から遥る〲と藤樹神社例祭参拝の旅にのぼつた。

さうして緊張に添へて、私にはこの旅によつて友に会へると言ふ嬉しさも胸に一ぱいなつてゐた。二十三日には大阪へ廻り道をして柳川君の所に泊つて友の情を恣にし、二十四日夕暮近江の大溝に到着、松本君の家に寛いで明日のお祭をお待ちした。

（中略）

十時半頃藤樹神社に向ふ。参拝の人で一ぱいである。十一時、手を浄め口をすゝぎお祓ひをうけて、県庁の奉幣使のあとについて、神社関係の有志、郡教育関係の人々と共に粛々と式場に進む。実る田の面わたる風さはやかに、神苑の松の緑高く、白砂秋の日に照りはへて清々しさの限りである。社前広場の左に今津中学校、右に藤樹高女校の生徒が相対して列を整へてゐるのもゆかしい。衣冠の凛々しき人々によつて数多の神饌が南の幄舎からいとも叮嚀に次から次へと捧げ運ばれるさまが絵の様に美しい。奥殿から流るゝ祝詞の声が秋のみ空にこだまして神韻の気身に迫るを覚える。頌徳会を代表して私も恭しく玉串を捧げた。最後に、藤樹高女生並に青柳小学生一同で「藤樹先生頌徳歌」が奉唱せられた。斯様の場所で歌はれる唱歌には又特別の響がこもつて聞える。

お祭りのあとで直会の饗宴にあづかつて有難かつた。この宮創建の功労者佐野真次郎さんに紹介されてうれしかつた。先生と呼びかけたい様な人懐つ濃い方だつた。色々と面白い体験談を伺つた。この熱情の人にしてこの聖業が成し遂げられたのであらうと思つた。社司の小川秀和さんにも親しく会へた。この方は先きの社司故小川喜代蔵先生の御子息である。親子二代相ついでこの宮に奉仕されてゐる姿がこよなく貴く思はれる。（後略）

（『藤樹研究』第六巻第一〇号、藤樹頌徳会、一九三八）

（四〇）小川村だより

昭和十四年二月

▽一月十日、午前十一時より藤樹神社に於て青柳小学校十一歳児童四十四名の立志祭を執行した。立志祭とは藤樹先生が十一歳の時、大学を読んで志を立てられたといふ故事を引用したものである。

▽藤樹神社は大正十一年の創立にかゝり、未だ日は浅いのであるが、昭和九年九月二十一日の大暴風雨の結果大損害を被り、本殿・拝殿の屋根は吹きとばされた結果、当時新に吹きかへられたのであつたが、神饌所、中門・透塀の屋根は取敢へず大修理を加へ、その後も再修繕を加へた。然るに今回、年月の経過と共に相当腐朽するに至つたので、今夏には新に葺替へたい意向である。経費

は二千後百円である。

（小川秀和）

（『藤樹研究』第七巻第二号、藤樹頌徳会、一九三九）

（四一）寄附金募集従事許可書

昭和十四年三月

高島郡青柳村大字上小川

県社　藤樹神社

兵第一一一二号

昭和十四年三月三日付願左記ノ者寄附金募集従事ノ件許可ス

昭和十四年三月二十五日

滋賀県知事　平　敏　孝　㊞

本籍　滋賀県高島郡青柳村大字上小川第四〇二番地

現住所　本籍ニ同ジ

県社藤樹神社々司　小川秀和

明治参拾参年拾弐月参日生

（藤樹神社所蔵資料）

（四二）小川村だより

昭和十四年四月

▽前号所載の如く藤樹神社の中門・透塀・神饌所の屋根も追々と腐朽してきたので今回吹替ふる事となつたのであるが、何分支那事変の最中であるので物価高騰の影響をうけ桧皮その他諸材料も意外に高く約二千五百円の巨費を要する事となつたのであるが、先般来続々寄附申込があり僅かに三四ヶ月して予定の金額が集まる事となつたのである。之全く藤樹先生の御神徳の然らしむる所である事は勿論である。で今夏には是非葺替を終り、来る九月の例祭には新しい屋根の下でお祭を行ひたいものと思つてゐる。

（小川秀和）

（『藤樹研究』第七巻第四号、藤樹頌徳会、一九三九）

（四三）小川村だより

昭和十四年八月

◎去る七月十日から約四十日の予定で藤樹神社々殿の屋

根の葺替を行つてゐるのであるが、此の葺替については、他に特異な点はその諸経費が約十四万人の奉賽によつてなされた事である。勿論修繕の規模については、まだく大きい神社もあるであらうが、人数の点に於てかく多数の人々が奉賽によつてなされたといふ事は全国でも蓋し稀であらうと思はれる。云ふ迄もなく一人くの奉賽金額は極めて零細なものであるが、先生の教が丁度血管から毛細管へと或は又雨水が漸次地面の隅々へと湿して行く如く、今日では大なる血管ばかりでなく、津々浦々の小さい子供の心にまでも拡がつて行くのが目に映る様な気がする。そして又此の工事にかゝつてから、その進行具合が何の滞りもなく予定そのまゝにすらくと運ばれて行く事である。かういふ仕事に最も禁物な雨が工事に着手以来一度も降らない。だから竣功式までが筆者の予定通り八月二十七日に行へさうな事である。こんなに万事思つた通り行く工事は見た事もなければ聞いた事もない。之は藤樹先生が御殿の奥から守つてゐて下さる御蔭ではあるまいか。

◎小川村から程近い萩の浜といふ所で、海軍省と大阪朝日新聞の主催で七月二十五日から約一ヶ月間の予定で大阪市内の高等科児童二千五百名を十班に分ち、海洋訓練の様なものを行つてゐる。訓練係は海軍下士官で三日目に一回宛、藤樹先生の遺跡に参拝そて藤樹先生の御話を聞いてゐる。こゝにも藤樹先生の御教が雨水の如く拡がつてゐる。

◎藤樹神社宝物の一として先年「藤樹先生御絵伝」といふものが作られたといふ事は、以前小川村だよりに掲載しておいた。内容は絵が全部で十三枚、之は斯界の泰斗枩本一洋画伯苦心の作で、之に高瀬武次郎先生が懇切叮嚀に説明を附しておかれる。又中に荒木寅三郎博士の「徳不孤」の揮毫もあり随分立派なものであるが、之を藤樹神社に蔵しておくだけでなく一般にも広く知つて戴きたいといふ考へから、之をそのまゝ写真にとり「写真帖」として江湖の人々の希望に添ふ事とした。写真帖は、こゝ一週間以内に出来上る予定である。（小川秀和）

（『藤樹研究』第七巻第八号、藤樹頌徳会、一九三九）

（四四）建造物修繕許可書

兵第二四八二号

昭和十四年八月

高島郡青柳村大字上小川
県社　藤樹神社
昭和十四年八月二十二日付願中門、透塀、神饌所屋根修繕ノ件許可ス、但シ竣功ノ上ハ其ノ旨速ニ届出ヅベシ
昭和十四年八月二十四日
滋賀県知事　平　敏　孝　㊞
（藤樹神社所蔵資料）

（四五）社殿修繕竣功奉告祭

昭和十四年八月

謹啓
時下残暑未だ去り難く候処貴下益々御清祥之段奉賀候陳者来る八月二十七日、当神社々殿修繕竣功奉告祭執行致度候に付、炎暑乃砌、且又御多忙乃際誠に恐縮に候へ共、当日午前十時より御助勢に預り度懇願仕り候也
尚勝手ながら当日左記乃役割により御願申上候
拝　具
八月二十日
県社藤樹神社々司
小川秀和

役割
饗庭氏　警蹕　玉串呼出（名簿ハ奥山校長ヨリ受取リ下サイ）
岸　氏　典儀
中村氏　大麻司
河毛氏　祝詞後取、玉串後取、
平井氏　塩湯司、案、コモ後取、
伊藤氏　祓主　御鑰後取（袋ノママ）
直会ハ平井、伊藤両氏ニ願ヒマス
（藤樹神社所蔵資料）

（四六）社殿修繕竣功奉納学童相撲大会規定

昭和十四年八月

一、日時　八月二十七日午後一時ヨリ（雨天順延）
二、場所　藤樹神社境内設置土俵
三、出場資格人員　小学校尋常科男子及高等科男子各六名宛
四、申込期日　八月十五日限（別紙申込用紙ニヨリ、青

柳小学校宛ノコト）

五、仕合方法
一、参加児童ヲ尋常科、高等科別トシ、トーナメント式ニヨリ一等ヨリ五等マデノ順位ヲ決定ス
二、勝負ハ一番勝負トス、但シ待ツタ無シ
三、仕合ノ始メニ於テハ直立ニテ互ニ礼ヲ交ハシ、然ル後、仕切リヲナサシム
四、仕合終了セバ、直立ニテ互ニ礼ヲ交ハシ退場ス
五、時間ノ都合ニ依リ三人抜勝負ヲ行フコトアルベシ
六、審判規定
一、審判ハ最終トス
二、審判規定ハ大阪毎日新聞社主催全国学童相撲大会規定ニ依ル
三、審判委員ハ郡内体育主任中ヨリ会長之レヲ委嘱ス
七、準備
各校ニ於テ締込用意ノコト、パンツノ使用ヲ禁ズ
但シ締込ニハ帯ヲ以テ代用スルモ可
八、其他
㈠　当日ハ午前十一時マデニ青柳小学校ニ集合ノコト
㈡　昼食ハ本会ニ於テ準備ス（選手氏名ト共ニ引率訓導名ヲ併記スルコト）

主催　高島郡教育会
後援　藤樹頌徳会
（藤樹神社所蔵資料）

昭和十四年十月

（四七）小川村だより

▽例祭　九月廿五日藤樹先生御終焉後、二百九十二年、神社創立十七周年にあたる例祭を執行した。此の日一点の雲もなく誠に天高馬肥の秋日和であつた。実は二三日来余りに快晴が続いた為か、前日の二十四日夕方曇り初め極めて少しではあるが雨さへあたり始めたので内々心配であつたが、二十五日になつて見ると風なく雲なく正服をつけて祭典に奉仕した筆者は下着の汗ばむのをさへ覚えた。誠に之藤樹先生の御心の如く清く澄み渡つた気持のよい天気であつた。特に当日は創立者である佐野真次郎翁を始めとして、近江実業界の重鎮藤井善助翁その他来賓多数の参列者があり、十二分に用意してあつた幄舎天幕も参列者ですし詰めとなつた。一般参拝者は一町歩の境内に満ち溢れて創立以来の賑しさを現じた。確か

昨年の例祭の「小川村だより」にも創立以来の盛大さを記したのであつたが、今年は昨年にも増して賑やかに執行する事が出来た。年々盛大になつて行く神社を見るにつけ、「父が居てくれたらさぞ喜んで戴けるだらうに」と思つた。尚特に筆者の喜びに堪えない事は本年から滋賀県下の各郡市の中、小学校の代表者が参拝せられる事になつた事である。そして之等代表者は年々交替して在職中に一度は必ず藤樹先生の御命日である例祭の祭典に参列して親しく先生の神霊に拝礼感謝される気運ができた事である。本年は第一回目であつたので二三差支への為、不参の方はあつたが、大体に於て何れの都市からも参拝せられたのである。

尚本年から藤樹頌徳会主催で当日献書大会が催された。之は郡内各小学校から尋六児童三名を選抜して藤樹神社に参拝清書して（本年は孝徳之本也）神前に奉納、後、藤樹実科高等女学校教諭位田先生の選によつて優秀なるものにはそれぞれ賞品賞状を授けられた。尚各校選抜児童以外の者も当日同じく「孝徳之本也」と清書して神社に奉納した。之も本年の新しい試みであつた。（小川秀和）

（『藤樹研究』第七巻第一〇号、藤樹頌徳会、一九三九）

（四八）小川村だより

昭和十五年二月

◎愈々皇紀二千六百年の新しき年は明けた。今年こそは今年こそはと思ひつゝ筆者もいつのまにか四十一歳となつた。藤樹先生にゆかりのある年である。今年をこそ意義あらしめたい。藤樹先生三百年祭も追々と近づいてくるのであるが、先日亡父の残しておいた二百五十年祭の感想兼記録を見ると、当時と今とは五十年の年月が経てゐるだけに当時その祭典に関係した主なる人は殆ど物故し、社会の情勢も非常に変化してゐるし、藤樹先生に対する一般人の考へも大へんな変りを見せてゐる。何れ適当なる時期に亡父の感想録を掲載して当時を回想して見たいと思つてゐる。（小川秀和）

（『藤樹研究』第八巻第二号、藤樹頌徳会、一九四〇）

（四九）吉川又平氏の寄附

昭和十五年三月

一、金弐千円也　　昭和壱五年三月一日
大阪　吉川又平氏寄附
右、孟母霊社造営費として寄附せられ、滋賀銀行
安曇支店へ預金せり
県社藤樹神社社司　小川秀和　㊞
（藤樹神社所蔵資料）

〈注〉藤樹書院に安置されていた金銅製の孟母神像は、戦時中、寺院の梵鐘などと同様に供出されてしまったが、この非常時にあって霊社の造営は資金的にも困難をきわめたものと推測される。

（五〇）藤樹先生全集の印税

昭和十五年四月

藤樹神社様
岩波書店

謹啓時下愈々御清栄の段大慶の至りに奉存候
陳者別封振替貯金を以て御高著印税左記の通り御送附申上候間
何卒御査収被下度先は右要用迄申上候
敬具
昭和十五年四月十日

追而御手数恐縮ながら同封受領書に御捺印の上御返送賜り度願上候

記

藤樹先生全集第一回（第一刷一回）二五〇〇部　１／４
合計一金　弐百六拾壱円弐拾五銭也

藤樹神社様
岩波書店

謹啓時下愈々御清栄の段大慶の至りに奉存候
陳者別封振替貯金を以て御高著印税左記の通り御送附申上候間
何卒御査収被下度先は右要用迄申上候
敬具
昭和十五年六月十日

追而御手数恐縮ながら同封受領書に御捺印の上御返送賜り度願上候

記

藤樹先生全集第二回（第一刷一回）二〇〇〇部　１／４
合計一金　弐百参拾参円七拾五銭也

小川秀和様
岩波書店

謹啓時下愈々御清栄の段大慶の至りに奉存候
陳者御高著検印左記の通り頂戴仕り度別封を以て検印用

紙御送付申上候間御手数恐縮ながら御捺印の上折り返し
速達郵便にて御返送賜り度願上候
先は右要用迄申上候　　　　　　　　　　　　　　　敬　具
　昭和十五年六月廿日
　　二伸　検印領収書同封申上候

記

一、藤樹先生全集第四冊
　　　第三回配本（第一刷一回）　一八五〇部
　合計一金　弐百参拾参円七拾五銭也

　藤樹神社様　　　　　　　　　　　　　岩波書店
謹啓時下愈々御清栄の段大慶の至りに奉存候
陳者別封振替貯金を以て御高著印税左記の通り御送附申
上候間
何卒御査収被下度先は右要用迄申上候　　　　　敬　具
　昭和十五年八月十日
　　追而御手数恐縮ながら同封受領書に御捺印の上御
　　返送賜り度願上候

記

藤樹先生全集第三冊（第一刷一回）　一八五〇部
　合計一金　弐百四拾円六拾参銭也

　藤樹神社様　　　　　　　　　　　　　岩波書店
謹啓時下愈々御清栄の段大慶の至りに奉存候
陳者別封振替貯金を以て御高著印税左記の通り御送附申
上候間
何卒御査収被下度先は右要用迄申上候　　　　　敬　具
　昭和十六年一月十日
　　追而御手数恐縮ながら同封受領書に御捺印の上御
　　返送賜り度願上候

記

藤樹先生全集第五冊（第一刷一回）一九〇〇部　1／4
　合計一金　弐百四拾七円五拾銭也

（藤樹神社所蔵資料）

（五一）小川村だより

昭和十五年四月

▽藤樹先生崇拝者である大阪市吉川又平氏は今回、養親城多菫翁五十年祭記念として金一万二千円を藤樹神社に奉納せられた。誠に感激の至りである。氏は嘗つて以前

にも多額の献納をせられた事もあり、藤樹先生真蹟の奉納、孟母聖像の寄附等藤樹先生御神徳顕揚につくされたる功績は枚挙に遑がないのである。先年出来上つた藤樹先生絵伝の如きも氏の尽力になつたものである。
▽氏は幼にして親に別れ、大阪に出で独力奮闘よく今日の大をなされたのであるが、敬神の念特に厚く各神社に奉献せられたる額の如きも実に莫大に上るのである。又かんながらの道に対する信念極めて強く之が宣揚に努力しておられる事は一度氏に会つたものゝ等しく感ずる所である。
▽最近筆者は橿原神宮に参拝した。玉砂利をふんで今や大鳥居にかゝらんとした一歩手前の右側に大きく橿原神宮と自然石に刻まれたる社標は之も亦吉川氏の寄附にかゝるのである。横に「吉川又平謹建」とかゝれてある。以て氏の人となりが解るのである。
▽私が社務所に坐つてゐると、随分色々の人が参拝せられる。学者・教育者は云ふに及ばず、官吏といはず商人と云はず、あらゆる階級の人にお出会ひ出来るのである。之等の人々と藤樹先生に就いて語りあふ事もあるが、又世情の事を語りあふ事もある。そしてそれ等の人から教へられる事も多々あるのである。誠に有難い事である。

（後略）

（三月卅一日稿、小川秀和）

（『藤樹研究』第八巻第四号、藤樹頌徳会、一九四〇）

（五二）藤樹先生全集月報

昭和十五年十一月

全集再刊本の編纂及び校正を終へて

加藤盛一

全集再刊本の発行については最初は約半歳で終了する予定であつたが、編纂に関する材料の新追加に加へて時局下数々の制約をも受け、遂に満一年の時日を要する事となつた。然し読者はその事情を諒とせられるでせう。外観上のことは、姑く置き、内容については更に読者の満足を買ひ得るものがある。顧れば、十年以前初版の発行が済むと、特に忠実至誠の校正委員井上正男君に依嘱して、今一度底本並に原稿と入念対校正誤しておいた一部別置の全集を這回の原稿とし、且つ第三冊の如き高橋委員が其の後十年間静思研究の結果を以て記入増補を行ひ、尚筆者が「岩波文庫」に寄せる為めにした『翁問答』や『鑑草』や春風並陰隲の校注に際し新に発見し得た事項を全部追補した等、一見初版と大差なく見えて居ても、実質に至つては面目を一新したもので、現に底稿に用ひた全集の各頁に貼附した赤色の紙片丈を眺めても幾ど数百頁の各葉に亙つてゐる有様で、啻に誤植の正誤のみならず、各冊共相当多量の新記入追加があつて、一々原紙型に象嵌塡補し、若くは新に版を起した印刷所の苦心は想察するに余りがある。

さて這回再刊本を作つて痛切に感じたことは、初版の際愚直迂遠にも近い編輯と校正との労を吝んでゐなかつた為め、たとひ正誤追補があつたとしても、それが良質のものであり得た事で、朽ちたる木は彫る可からず、糞土の牆はぬる可からざる底のもので無かつた事を喜んだ。編輯の方法にしても、正確な底本を取り、是に異本を対校傍記した事、解題を附し頭注を添へた事、別しては全書岡田氏本の影響を受けて全五十巻を通じ編次が極めて論理的である事、尚校正を至厳にした事等は回顧するだに愉快である。今日は印刷の技術並に工賃等の関係上、此の全集の如き複雑な組み方は何れの書店を以てするも容易に実現し得なかつた事かと思はれる。かくて終を始に慎むべきことは蓋し此の如き場合に適用せらるべき語句かと思ふ。下手の大工の仕上げを見よといふ。同人は敢て下手の大工たるに甘んじたのである。全集など凡其の人を論ずる第一資料となるものは永久の生命のあるもので、其の刊行は決して拙速であつてはならぬ。巧遅必ずしも咎む可からざるを覚えるのである。此の意味に於て再刊本は巧遅の倍加であつて、やがて是が再刊本の重要な特色ともなり、其の存在意義のある所以である。

まして次々に発表した各冊には随分先生の真蹟から取材して、既に存する材料は是を対校傍記することに由つて其の真意を発揮し得る様取り運び、又全然新しき材料に属する者は、是に由つて新に内容を増益したのであつて、是が諸多の類書と撰を異にする一特徴であると自信する。初版の時既に然りであつたが、再刊本亦然りである。特に真蹟の取捨を慎重にしたことは、昨秋遺墨帖を作つた際にも頗る利便を覚えた。全集に真蹟一覧表を添付しておいたものを根基としたが、初版の時偽筆や敬写のものや常省子の筆など、凡そ似而非なる者を一々排除しておいたので、後の工作に極めて便利であつた。あの際権門や知人に媚びて選択上致良知の工夫を怠つてゐたならば、遺墨帖作製上多大の支障を来したことと思ふ。

今回全冊に亙つて象嵌訂正をなせるものは洵に無数であるが、新に追補改訂した主要なるものを概観すると左

の如きものである。（後略）

（『藤樹先生全集月報』第五号、岩波書店、一九四〇・一一）

（五三）公信私信

昭和十六年十月

まつもと

△　久しぶりで――と言ひたいほどの気持で九月二十五日藤樹神社の例祭に参詣した。もう此の間までは自分の家の祭のやうに思つてゐた例祭であるが、今日は招かれて詣る他所の祭礼のやうな気持もした。それでもバスが国境の峠を越へて今津に近づくと流石に胸のときめくのを覚えた。

△　安曇の駅では之れこそ久しぶりに佐野真次郎氏に会ふ。氏は藤樹神社創立の功労者で、しかも神社創立以来毎年の例祭には一度も欠かした事がないといふ程の熱心な崇敬者である。久闊を叙してのち一人の老紳士に紹介される。これぞ仁丹の森下博氏である。今日は大阪から家族づれの参拝である。非常に和かなものを感ずる。夜来の雨も漸く上る。両氏に同車して神社に向ふ。万木の野はもう稲も黄ばんで豊かな秋である。道々参拝の学童の列を追越す。その列の中に見知りの先生の後姿もあつた。

△　神社へ着いて車から下りる。もう定刻である。参拝の人でさしもの境内が埋めつくされてゐる。すぐ前に整列してゐた青年学校の生徒がなつかしげに莞爾と笑つて敬礼をしてくれたのは、千万言に優つて嬉しい歓迎の辞であつた。会ふ人ごとに一別以来の挨拶を交はす。県内の郡市教育会長の顔も沢山見受けられた。言葉をかけられて振向くと中江勝氏である。言ふまでもなく藤樹先生十一代の裔にして今度私のあとを襲つて藤樹高女の校長になられた方である。心なしか如何にも嬉しさうに見受けられる。かつての教へ子であつたその女学生達も今日を晴とばかりに参列してゐる。その前を通つて設けの席につく。

△　玉串の順が進んで中江勝氏の番になつた。氏はやをら立上つて玉串を受けると軽く一礼して意あるが如く無きが如く、無心素朴な足どりで正面の階に向つて進まれた。私はその後姿を見送りながら瞼に熱いものを感じた。在鮮二十年、今迎へられて藤樹女学校長となり、祖聖教

学の地に来つて女子教育に晩年を捧げようといふ。迎るものにも迎へられるものにも日本人らしいいじらしさがあるのではないか。わが国でなければ見られないやうな美しさがあるのではないか。私は藤樹先生が何か言つて居られるやうな気がした。藤樹女学校は真実の校長を戴いた。私は教へ子達のために祝福し自らために喜びを感じた。私は至極晴やかな気持でその次に立つて玉串をさゝげた。（後略）

（『藤樹研究』第九巻第一〇号、藤樹頌徳会、一九四一）

〈注〉「まつもと」とは、滋賀県立藤樹実科高等女学校の初代校長であり、藤樹頌徳会の主幹でもあった松本義懿（一八九七―一九七六）のこと。石川県の出身で広島高等師範学校を卒業。戦後は、初代の組合立安曇川中学校長、藤波幼稚園長等を歴任する。

（五四）供進使参向名簿

昭和十九年二月

昭和十九年二月二十五日

祈年祭供進使　滋賀県属　三宅金太郎

随員

滋賀県属　西条　薫

昭和十九年九月二十五日

例祭供進使　滋賀県知事　菊池盛登

随員

属　川合直道

属　伊庭清仁

昭和十九年十一月二十五日

新嘗祭供進使　滋賀県視学　小野忠一

随員

属　中西康二

昭和二十年二月二十五日

祈年祭供進使　滋賀県祭務官補　小林道徳

随員

青柳村役場吏員

志村清五郎

昭和二十年五月二十六日
寇敵撃攘臨時祭供進使　地方事務官　深尾武三郎
随員
属　多胡参吾

昭和二十年九月二十一日
戦争終結奉告祭供進使　地方事務官　深尾武三郎
随員
属　清水周一

昭和二十年九月二十五日
例祭供進使　滋賀県知事　稲田周一
随員
滋賀県秘書課長　三宅金太郎
滋賀県属　坂口　清

昭和二十年十一月二十五日
新嘗祭供進使　滋賀県属　小寺伝次郎

（藤樹神社所蔵資料）

（五五）近江神宮鎮座十周年事業

昭和二十五年七月

拝啓　暑気一入きびしき折柄弥々御清祥の段賀上げます。陳者予ねて格別の御高配を煩わしております近江神宮鎮座十周年奉賛事業に関しては、企画委員常任委員に於て慎重審議を遂げまして別紙の通り成案を得ましたので、之が実施運営に最善を期しこの意義深き事業を通じて県民総氏神の名実を整え、神徳の宣揚に一段の光華を加える様いたしたく存じますので、今後益々御協賛御尽力を賜わりたく、茲に御報告旁御依頼申上げます。

尚本事業の完遂を図るため浄財勧募の方法として関連みくじを頒布することゝし、普く関係各位の御協賛を願いたく、各郡市毎に具体的方策の御相談を煩わすことゝ相成りおりますので、御含置下されたく念のため申添えます。

昭和二十五年七月二十五日
近江神宮奉賛会長　鷹司信輔
近江神宮十年祭奉賛事業企画委員長
佐野真次郎

小川参与様

（藤樹神社所蔵資料）

〈注〉近江神宮の記念事業に佐野真次郎が関わっていたことに注目すべきである。なお、近江神宮は昭和十五年、すなわち紀元二千六百年の創立であることは周知のとおり。

（五六）佐野真次郎「藤樹神社創立のこと」

昭和三十三年九月

藤樹先生御生誕三百五十年記念事業の協賛会は新たに設立された、昭代の盛事である。その目的は（一）遺徳顕彰の関するもの、（二）史跡保存に関するもの等で種々の施設があつて洵に喜ばしい。切に当局の方々の御熱心に御努力されることを懇請するものである。私は去る大正九年五月藤樹神社創立の際、神社創立協賛会理事長の職に在つて、東奔西走寄付の募集に従事したが、時恰も財界の不況であつて、事業の目的を十分達成することのできなかつたことは、誠に慚愧の至りである。

当時神社創立協賛会の事業は、第一期藤樹神社創立、第二期（一）徳本堂建築、（二）藤樹文庫建築、（三）藤樹全集出版、（四）基本財産造成の四項目で、創立費は一期二期で計金弐拾万円に過ぎない、勿論当時貨幣価値の変動があつても、内拾四万円の大部分は神社創立費に要したのである。

神社創立協賛会の事業は、第二期、徳本堂建設、藤樹文庫建設は未着手である。今次三百五十年記念事業のこれに該当する事業はそれぞれ完成することを望みたい。

創立協賛会第二期の事業は藤樹全集の出版である。編纂委員は加藤盛一氏、高橋俊乗氏、小川喜代蔵氏、柴田甚五郎氏である。加藤盛一氏は主任委員で今津中学校から高知高等学校教授に転任し後、官を辞し、全集編纂主任委員として専心これに従事し遂に昭和十五年十一月完成した、大正九年以来全集に着手し昭和十五年十一月迄満二十二年間、加藤主任以下各委員それぞれ分担し、不断の努力で熱心に是れに従事されたことは、感激の外なく而も各委員は物質的報酬が無かつたことは誠に相すまぬ訳である。

藤樹研究に対して加藤主任委員は、文部省へ論文を提出し、名誉ある学位を受けられたことは大いに祝福されたが、惜しいかな広島の原爆によつて、遂に逝去せられたのは洵に哀悼のきわみである。

序でながら申しあげる。神社造営に関して新たに境内地を創設した際、境内地及び神苑地には剣熊村青年団員が松の稚苗を寄付したのが立派に生育し、今では社殿の森厳を維持するに役立つている。

（『藤樹先生を仰ぐ』生誕三百五十年記念事業協賛会、一九五八）

（五七）中江藤樹三百五十年

昭和三十三年十月

高島郡安曇川町の中江藤樹生誕三百五十年記念事業協賛会（会長、森知事）は六、七の両日、藤樹の生地を中心に盛大な記念大祭を催す。六日は前夜祭で午後二時から安曇川中で立教大学教授後藤三郎氏の講演、同七時から藤樹書院で孝経の講読、講義をきく。七日は記念祭で午前九時から藤樹書院で儒式報告祭、同十時から藤樹神社で神式報告祭、同十一時から安曇川中で記念式、正午から祝賀式。また同町内各地で中江藤樹遺品展示会、相撲、余興大会がある。

（『読売新聞』滋賀版、一九五八・一〇・五）

（五八）長崎から13世が参拝

昭和三十三年十月

中江藤樹の生誕三百五十年祭は六日、故郷の高島郡安曇川町でも催された。藤樹の十三世、中江勝氏（64）＝長崎県下県郡美津島町鶏知＝が長男意気さん（34）＝専売公社厳原出張所勤務＝を連れ、十年ぶりに藤樹神社を参拝した。

勝氏は藤樹の長男、次男が若死したあと、藤樹二世をつぎ対馬藩に仕えた三男常省の子孫。県、郡の奨学金で滋賀師範（滋賀大学学芸学部の前身）国学院大学に学び朝鮮で小学校教諭をしていた。昭和十六年、高島町立藤樹高等女学校長に迎えられたが、〝藤樹の再来〟として偶像視されるのをきらい二十三年春、藤樹書院を残して対馬に帰った。

こんどの記念祭への参列は滋賀師範時代からの親友、京都市左京区下鴨梅ノ木町、倉敷レイヨン監査役安原精一氏（64）＝安曇川町出身＝の招きによるもので、町民たちに囲まれた藤樹十三世は「先祖のオモリを皆さんにおまかせしていてすみません。祭典についてのお骨折りをうれしく思います」と感謝していた。

（『読売新聞』滋賀版、一九五八・一〇・七）

（五九）くり出した七千人

昭和三十三年十月

中江藤樹の生誕三百五十年祭は前夜祭についで七日朝から高島郡安曇川町、藤樹神社で催されたが、道徳教育復活の波にのって「藤樹さまを再び世に出そう」と全町あげてのにぎわい。

打あげ花火がとどろき、手に手に日の丸と藤樹の紋を染め抜いた小旗をかざした町内の小学生二千六百人が鼓笛隊を先頭に藤樹頌徳歌を歌いながら行進した。この日の記念祭参列、参拝人はおよそ七千人、県内の知名士をはじめ藤樹研究家立教大学後藤三郎教授ら六十人、大津市上田小関町の米人宣教師ジョージ・H・トイヤー氏らも顔をみせた。一方藤樹書院では儒式奉告祭、ついで同神社では小川宮司、近江神宮平田宮司ら七人の神官がおごそかに神式奉告祭を営んだ。

町内では遺品展はじめ相撲、箏（ソウ）曲、教育映画の会、正午から安曇川中では祝賀会がほらかれた。祝賀会では主催者、来賓たちが「道徳教育の復活を喜ぶ」「行きすぎの労働運動は困る」などと演説をぶち、悦に入っていたが、この日の祭りに青年たちの姿がほとんどみられなかったのが印象的だった。

（『読売新聞』滋賀版、一九五八・一〇・八）

（六〇）百組を越えた公営結婚

昭和三十三年十二月

新生活運動の一環として、わが町で採り上げました公営結婚も、昭和三十年十月十六日にスタートしてから、早や三ヵ年余、本年十一月二十一日で百組を数え、その後の申込み数も十六件余と、このところ公営結婚は申込が殺到している盛況ぶりです。

しかしこの公営結婚百組記念を一つの機会として、今までの歩んできた事柄につき静かに反省し検討することが、今後ますます生活運動を深め、これを推進していく供給源になるのではないかと思います。（中略）

百回迄の概況

1、実施件数　　（表を省略する）
2、集落別実施人数　　（同右）
3、結婚式と祝宴
（イ）経費　最初「新生活運動実施の鑑」を全町全戸に配布しました実践要項によりますと「経費は一万五千円を基準とし、婚家の負担とする。但し衣装着付費は嫁側の負担とする」となつていますが、勿論これは基準を示したもので参加の人数と料理の種類（松の部六五〇〇円、竹の部八〇〇〇円）によつてその経費に高低の差のあるのは当然であるが、第一〇〇号迄の経費（個人負担額）は総経費一、五〇四、八〇〇円、一件平均一五、〇四八円となり大体平均して基準の線に落付いている。
　これを普通の式や祝宴の形式でやつたら自動車関係も含めて一件平均七万円は必要であり、七〇〇万円を消費され五五〇万円が冗費されることになる。
（ロ）様式　結婚式の様式も坐つて行う結婚式から腰かける結婚式へと十月十日から変更し、神社拝殿（式の時は周囲に硝子障子をはめる）で行うこととした。
（ハ）祝宴会場を二個所に　待賓館と座敷を使用することにしたので、二組以上の場合は他の祝宴会場を借用する必要もなくなり、時間的にも融通が出来る様になつた。
（ニ）利用された式場
1、藤樹神社（上小川）　九一回
2、中野公民館（中野）　九回
3、日吉神社（西万木）　一回
4、明光寺（三尾里）　二回
5、料理店座敷　一回　※忌中の為
（ホ）町外え縁の場合　従来は町内への結婚のみ公営結婚を取扱つていましたが、本年三月から町内から町外へ行かれる場合も当事者から申込のある場合は、公営結婚式を当町式場で取扱うことゝした。但し式費等の実費を支払つて頂くことになつている。
（後略）
（『月報安曇川』第四七号、安曇川公民館、一九五八・一二・一）

（六一）例祭謡曲等の奉納番組

昭和三十五年九月

藤樹神社例祭奉納

謡曲箏曲茶の湯大会番組

日時　昭和三十五年九月二十五日（日）午前九時始

場所　安曇川町藤樹神社待賓館

素　謡

竹生島　小島弘至　川越栄治　玉木音一

敦　盛　今井芳男　森本清嗣

屋　島　斉藤重蔵　高島睦友　熊谷長二

小　督　トモ中村慶子　ツレ日置政美　西村芳子

平野淑子

独　吟

砧　石田英一

鞍馬天狗　子方桑原春吉　桑原久次　斉藤源四郎

半　蔀　西川友子　吹田恵以

箏　曲

さくら変奏曲　八千代会

六　段　八千代会

仕　舞

羽　衣　平野邦男

養　老　堀野　正

東　北　青地　収

融　高田　実

清　経　川原林徳一

経　正　桑原俊雄　沢田純三

蝉　丸　弘部正義　城野たつ　末永　勲

紅葉狩　饗庭八重子　松林香代子　河本房子

箏　曲

小　曲　八千代会

せきれい　八千代会

茶の湯手前と琴の合奏　神川宗香会　八千代会

巻　絹　堀野　正　土永　洋　青地　収

三井寺　熊谷長二　多胡美代子　多胡勇雄

饗庭彦武

独　吟

景　清　川原田善次

鉢　木　今井彦平

藤　戸　杉本儀兵衛　木原一市　多胡勇雄

山　姥　饗庭彦武　平野富章　上原茂人

附祝言

主催　江謡会

高島謡曲同好会

土永八千代会

神川宗香会

後援　藤樹神社

（藤樹神社所蔵資料）

（六二）営繕整備趣意書

昭和四十四年一月

趣　意　書

藤樹神社は大正十一年五月二十一日全国の心ある人々の御奉讃によりまして、現在のところに創立されたのであります。之全く御祭神藤樹先生の御遺徳の然らしむるところでありまして、我々聖地に住するものの誠に感激に堪えないところであります。

この神社の創立にあたりましては、当時の郡内町村長その他知名の士は申すに及ばず、北は北海道より、南は九州台湾に至るまで又東都に於きましても、杉浦重剛先生や、元内閣総理大臣大隈重信侯を始めとし、三井、岩崎住友男爵等当時財界名士の絶大なる御賛同を得たのであります。亦今尚大鳥居にかかげる扁額の四大文字「藤樹神社」はかの日本海々戦の名将東郷元帥が神社の創立を祝して、特に献納されたものであります。

往年、畏くも、皇后陛下には御使を当神社に遣され、幣帛を奉らる。亦良子女王殿下（今の皇后陛下）には、特に御祭神を尊崇遊ばされ「我が敬慕する人物中江藤樹」と題する御作文を御下附になつています。

洩れ承るところによれば、畏れ多くも天皇陛下摂政宮におわせし頃、滋賀県知事を通じて藤樹神社に対し有難き御言葉を賜つたという。誠に恐懼感激に堪えないところであります。先生の稀世の人格高潔なる君子なりといえども一介の布衣に過ぎず、然るに上皇室を始め全国貴顕紳士の絶大なる尊崇をうく。今更ながら、神徳の広大なるに驚歎措く能わざるものがあります。

爾来星霜五十年、現代世相の赴くところ、光輝ある神域も荒廃の極に達するに至り、或は先士の偉業を失墜せんことを恐る。

ここに神社建造物の営繕を企画し、以て神徳の昂揚に資せんとするにあたり、神社縁由の一端を記し、以て心ある人士の御賛同を庶幾うものであります。

昭和四十四年一月

藤樹神社奉賛会

本庄地区発企人

北船木区長　駒井末吉
右代理区長　橋本仁左衛門
南船木区長　田辺泰三
右氏子総代　八木林蔵
川島区長　提中庄助
右氏子総代　奥津式三
藤江区長　拝藤助明
右氏子総代　梅村良三
今在家区長　梅村雄一
右氏子総代　斉藤源兵衛
横江浜区長　青井又次郎
右氏子総代　沢井三蔵

記

営繕整備費　金参百万円

内訳

金五拾万円　神庫修繕費
金壱百万円　透塀修繕費
金九拾万円　神饌所修繕費
金六拾万円　社務所修繕費
その他

（藤樹神社所蔵資料）

（六三）藤樹神社奉賛会規約

昭和四十四年十一月

第一条　本会は藤樹神社奉賛会と称す。
第二条　本会の事務所は高島郡安曇川町役場におく。
第三条　本会は藤樹神社御神徳顕揚に必要なる施設及び事業に奉讃するを以て目的とする。
第四条　本会に会長、副会長、常任理事、理事、監事、代議員、顧問若干名をおく。
第五条　会長は安曇川町長之に当り、副会長は二名とし、会長之を選任する。常任理事は青柳学区及び藤樹神社宮司とし、理事は他の三学区より区長を二名宛、監事は同様一名宛選出する。その他区長を代議員とする。上の外、本会運営に適任と考えられる人を顧問に委嘱する。顧問は町の内外を問はず広く人材を求める。
第六条　本会役員の任期は現職在任期間中とする。但し顧問については此の限りにあらず。
第七条　会長は本会を代表し、その事務を総理する。会長事故あるときは副会長が代理する。

第八条　常任理事は常任理事会を組織し、本会の事業計画にあたり之を理事会に提出する。
第九条　常任理事及び理事は理事会を組織し、常任理事会の提出したる議案につき審議する。
第十条　常任理事会は藤樹神社宮司之を招集し、その他の会議はすべて会長之を招集する。
第十一条　常任理事会及び理事会は、必要と認めた時は顧問の出席を求めることができる。
第十二条　総会は年一回以上開催しなければならない。その他の会議は必要事項が生じた時、随時開催する。
第十三条　会計年度は毎年四月一日に始り、翌年三月三十一日に終る。
第十四条　本会運営の細部については、別に之を定む。

附則

この規約は昭和四十四年十一月四日から発効する。

（藤樹神社所蔵資料）

（六四）「高校風土記」高島高校篇

昭和五十二年六月

「敦厚（とんこう）＝篤実で人情に厚いこと＝と、剛毅とは、わが藤樹先生の性格の二大特長なり。生徒は日夕、先生に私淑し……軽薄優柔の言動を避くべし」。

これは初代、加藤盛一・今津中学校長が作った「生徒心得七綱領」の一節である。「今中を語る場合、中江藤樹を切り離すことはできません」。今津中一期生として、校風づくりの先頭にたった高島高校同窓会長の地村巳代治さん（七二）＝大正十三年卒、高島郡安曇川町＝は、今津中と中江藤樹の深い結びつきを強調する。

創立当時、今津中学校は、中江藤樹が多くの弟子を同郡安曇川町上小川の藤樹書院で教えたことから、〝現代版・藤樹書院〟の異名をとっていたらしい。「今津中とは呼ばれず、藤樹中と言うのが通り名でした」と、多くの卒業生が口をそろえる。「初代校長の加藤さんが、中江藤樹の説いた藤樹学研究家であったことも、今中の校風づくりに影響があったと思います」と語る地村さん。それでは、加藤校長が与えた影響とは……。また、その人なりは……。

加藤校長は明治十七年、広島で生まれ、広島高等師範、京都帝大哲学科卒業後、大正九年、県立膳所中学教頭から今津中学校長になった。その後、旧制高知高等学校教授、立命館大教授、広島文理科大教授を歴任。広島で原爆に被爆、これがもとで死亡。この間、中江藤樹研究で文学博士となり、「藤樹先生全集」「中江藤樹研究上・下」など多くの著書がある。

「近江聖人生誕の地・高島郡初めての中学校だけに、学校所在地の決定に劣らず、重要なことは、新校長の人選にあったと聞いている」と話すのは、地村さん一緒に加藤校長を慕って四年生から高知高校へ入学した社会教育家の金川健一さん（七一）＝大正十三年卒、大津市膳所一＝。「学者はだで温厚な人」――これが一期生らの共通した加藤像。それだけに、今津中の初代校長として加藤校長は、うってつけの人選だったといえる。

では、加藤校長が今津中で目指したものは―。開校式での加藤校長の式辞から探ってみると……。「……幸に山紫水明のこの地は先哲の遺風を受け人情素朴に、人心道義に厚く、誠に教育の好適地なり……いわゆる軟教育を排して硬教育を施し、ひたすら剛健の士、正義の人を養わんことをつとめ、もって、わが聖人（中江藤樹）をして地下にひんしゅくせしむることなからんを期せり……」

こうして今津中学校は、中江藤樹を建学精神の柱としてスタートした。記章も藤樹ゆかりの下り藤をあしらった。入学・卒業時と毎年九月二十五日の藤樹例祭には、職員、生徒全員が安曇川町の藤樹墓所・玉林寺や藤樹神社に参拝。また大正十一年九月には、今津中職員、生徒が寄付金を出しあって藤樹神社入口に石碑を建立するなど「敦厚剛毅」のもと、生徒、職員が一丸となって〝新生今中づくり〟へと大きく踏み出していったのである。

（つづく）

（『毎日新聞』滋賀版、一九七七・六）

〈注〉滋賀県立高島高等学校篇は全部で五十回におよぶ連載で、掲載資料はその第三回目の記事である。毎日新聞今津通信部の高岡広次郎記者（東京都町田市出身、早稲田大学卒）の原稿になるもので、取材に登場する人物もそのほとんどが故人となっており、今ではすこぶる貴重な高校史である。資料収集にさいしての大学ノートはかなりの冊数におよんだと高岡氏からお聞きした。

（六五）藤樹神社奉賛会役員

昭和五十三年五月

会　長　安曇川町長 永田平一
副会長　安曇川町会議長 西川徹郎
　　　　下小川区長 馬場正男
常任理事　青柳区長 北川栄良　上小川区長 志村敏男
　　　　横江区長 駒井薫　藤樹神社宮司 小川秀和
理　事　下古賀区長 石黒勘一　長尾区長 川島伊織
　　　　南市区長 林寺忠一　西万木区長 八田庄介
　　　　北船木区長 伊香荘平　藤江区長 田村光雄
監　事　南古賀区長 北村安治
　　　　馬場区長 岸田芳三郎
　　　　南船木区長 斎藤源一
代議員　上古賀区長 吉田由三　中野区長 清水繁
　　　　下ノ城区長 横井祐三　仁和寺区長 村山昇
　　　　三田区長 中村甚一郎　佐賀区長 馬渕信義
　　　　上寺区長 小川英一　沖田区長 平井良一
　　　　伏原区長 奥田隆一　北出区長 石島伊兵衛
　　　　三尾里区長 横井昭三
　　　　五番領区長 岡見奈古海
　　　　十八川区長 寺井和男　三重生区長 谷吉造
　　　　庄堺区長 熊谷甚次郎
　　　　泰山寺区長 日置長三郎
　　　　陵区長 西山茂
　　　　田中ニュータウン区長 加藤基次
　　　　川島区長 提中清　今在家区長 斎藤房夫
　　　　横江浜区長 澤井三郎
（敬称略）
（藤樹神社所蔵資料）

（六六）児童生徒献書会

昭和五十三年九月

昭和五十三年度第一回藤樹神社児童生徒献書会

一、主催　藤樹神社奉賛会
二、後援　高島郡教育委員会連絡協議会　高島郡教育会
　　　　高島郡小学校長会　同中学校長会
　　　　高島郡書教育研究会　安曇川町教育委員会
　　　　青柳小学校
三、会場　青柳小学校
四、会期　昭和五十三年九月二十三日（土）から九月
　　　　二十五日（月）まで
五、出品資格　郡内小中学生

六、出品要項
1　用　紙　小学校（三年以上）半紙　タテがき
中学校　小画仙紙半切の四分の一の大きさ
2　課　題　内容自由
3　出品料　不要
4　出品は軸仕立てとし出品数は小学校三年生以上学級二点、中学校は七本（軸）以内とする。
5　出品〆切　昭和五十三年九月十六日（土）必着
6　送り先　青柳小学校
7　審　査　献書会審査委員会において厳正公平に行う。
8　褒　賞　出品作品は全部展示し、その中優秀なものには賞状又は賞品をさしあげます。

藤樹神社献書会予算

一、印刷費　二、〇〇〇　諸用紙代
二、通信費　二、〇〇〇
三、消耗品費　一、〇〇〇
四、賞状賞品　三〇、〇〇〇　賞状三百枚×五〇円
賞品五百円×三〇名
五、会議費　二、〇〇〇　茶菓子代
六、審査費　一〇、〇〇〇　審査員五名
七、謝礼　二、〇〇〇　校舎借用謝礼
八、雑費　一、〇〇〇
合　計　五〇、〇〇〇

（藤樹神社所蔵文書）

〈注1〉このときの審査員は、文書はのこされていないが、おそらく郡内在住の教職員であった竹脇実氏（日展会友）、川越真吉氏、前川晋氏らが委嘱されたものと思われる。いずれもすでに鬼籍に入られた。

〈注2〉戦前には、藤樹頌徳会主催の献書大会が藤樹神社にて開催されたり、あるいは藤樹実科高等女学校は、開校以来、毎年のように生徒の書作品の神社奉納がおこなわれたりした。いずれも『孝経』に限定しての清書であって、女学校のばあいは当該学年の生徒全員の作品が奉納されたのである。

（六七）神饌所・拝殿修復工事竣功ちらし

平成十四年四月

ごあいさつ

藤樹神社宮司　小川秀治

藤樹神社は近江聖人中江藤樹先生をお祀りし、大正十

一年全国の方々の浄財を基に、特に高島郡においては全戸の御奉賛をいただき創建されたものです。

本年創建八十年という目出度き年を迎え社殿の修復・境内整備を計画致しましたところ、郡民の皆様には厳しい時代の中、多額のご奉賛を賜わり、お陰様で本年三月末をもって予定通り社殿の修復を完成することができました。

ここにご奉賛いただいた方々の大神様に対する敬神の念と赤き誠心に対しまして、心から厚く御礼を申し上げます。

創建当時の人々の熱き心を次なる時代へ橋渡しすることが出来、今を預かりする者にとって最高の喜びでございます。これを機に益々、ご祭神・藤樹先生の御神威が発揚されんことを願いますと共に藤樹神社に対しまして今後共、ご理解ご協力を賜わりますよう宜敷くお願いします。

修復工事決算書

（1）収入の部

神社費より	二〇、〇〇〇、〇〇〇円
奉賛金	一〇、三六一、二五〇円
預金利息	六〇五円
合計	三〇、三六一、八五五円

（2）支出の部

大工工事	二六、二五〇、〇〇〇円
印刷費	一二七、一八六円
会議費	八二、九五〇円
神具調度費	八八三、二〇〇円
電気工事費	三四〇、六二五円
竣功式費	一二八、四六七円
合計	二七、八一二、四二八円

差引金額二、五四九、四二七円は境内整備に活用させていただきます。

〔監査並びに役員会のご承認を受けています〕

（藤樹神社所蔵文書）

〈注1〉平成十二年七月四日に第一回役員会が開催され、以後修復に関する会議が順次おこなわれ、翌年一月十二日に「修復奉告祭」、同年九月十七日に「拝殿竣功清祓式」、翌年四月十六日に「修復工事完成奉告祭」が執り行われた。なお、右の竣功ちらしは新聞折り込みにて郡内に全戸配布された。

〈注2〉右記以外の神社建物の老朽化や風水害にともない、平成十五年度には透塀と中門の修繕工事、平成二十三年度から数年かけての社務所の改修工事、平成二十八年度の待賓館の改修工事などがおこなわれた。
〈注3〉昭和六十三年三月、安曇川町当局からの要請をうけて、神社敷地内に近江聖人中江藤樹記念館（総工費約一億四千万円）が開館した。その建物敷地および駐車場については、安曇川町と賃貸借契約を締結する。あわせて、神社宝物類は、開館と同時に防犯上の点から同館の収蔵庫に寄託保管することになった。

（六八）中江藤樹がつなぐ縁

平成二十七年十一月

江戸時代の儒学者・中江藤樹（1608〜48）生誕地の滋賀県高島市にある藤樹神社の関係者が11日、藤樹立志の地として知られる松山市北条地域の柳原地区を訪れた。三穂神社（同市柳原）や河野小学校（同市宮内）で藤樹ゆかりのチシャの木を見学、今後も親交を深めることを確認した。

北条地域南部は江戸時代初期に大洲藩の飛び地で、柳原地区には代官所が置かれていた。藤樹は祖父の代官赴任で10〜13歳の少年期を柳原で過ごし、その間に立派な人間になると決意。神社近くに「中江藤樹先生立志之地」の碑もある。

一行は、藤樹神社の小川秀治宮司（69）や近江聖人中江藤樹記念館の前館長中江彰さん（62）ら8人。11日は、北条地域で藤樹を顕彰する柳原藤樹保存会の案内で、藤樹の祖父が代官所に植えたとされる親木から分けられた、三穂神社と河野小のチシャの木を見学した。

河野小では大久保秀司教頭から「人間が生来持つ美しい心を大切にするように」との教えを意味し藤樹が説いた「致良知」を教育に取り入れていると説明を受け、1916年に植樹されたチシャの木の脇芽を持ち帰った。22年創建の藤樹神社の新しいシンボルとして100周年での植樹を検討しており、小川宮司は「今回初めて立志の地を訪れたが、今後も藤樹の縁をつないでいきたい」と話した。

（門田龍二）

（『愛媛新聞』、二〇一五・一一・一四）

（六九）藤樹ゆかりの木　移植

平成三十年五月

湖国が生んだ儒学者で「近江聖人」とたたえられる中江藤樹（1608～48）を祭る「藤樹神社」（高島市安曇川町）に、藤樹ゆかりのチシャの木が植えられ、21日の神社創立記念祭で神社総代らに披露された。チシャの木は藤樹が大洲藩（愛媛県）時代に植えたと伝わり、松山市に子孫の木がある。この木から譲り受けた幼木が、約400年を経て「里帰り」した。

近江・高島の小川村で生まれた藤樹は数え年10歳の時、祖父に連れられ、祖父が仕える大洲藩に赴いた。現在の大洲市一帯の藩領は風早郡（松山市柳原地区）に飛び地があり、祖父が約3年間、奉行を勤めた。屋敷跡にはチシャの大木がそびえ、藤樹が自ら植えたと刻まれた石柱が立つ。

藤樹神社の小川秀治宮司（72）と植樹を提案した藤樹研究家の中江彰さん（65）によると、3年前に総代らと松山市を訪問。この大木から株分けした地元の小学校の木の根元に生えた、高さ約50㌢の幼木を譲り受けた。庭でならした後に昨秋、神社境内に移植。一冬越え、多数の若葉が出たため定着したと判断し、お披露目した。

チシャの木は西日本の温暖な土地に自生し、葉と樹皮が柿の木に似ていることから「カキノキダマシ」の異名がある。小川宮司は「案内看板を立てて来訪者に知らせたい」、中江さんは「滋賀では見ない木。藤樹の古里・近江にしっかり根付いて育ってほしい」と喜んだ。

（塚原和俊）

（『毎日新聞』滋賀版、二〇一八・五・二二）

（七〇）創立100周年　高島高の資料発見

令和二年六月

今春に創立100周年を迎えた高島高（高島市今津町今津）の関係資料がこのほど、藤樹神社（同市安曇川町上小川）境内の蔵で見つかった。同高の前身にあたる旧制今津中の校友会誌と旧制藤樹高等女学校の入学案内書で、関係者らは「2年後の2022年に迎える神社創立100周年との縁を感じる」と話す。

高島高は、戦後の学制改革に伴い旧今津中と旧藤樹高女が統合して1948（昭和23）年に開校。旧今津中が開校した20（大正9）年から数えて今年は創立100周年となる。一方、藤樹神社は、江戸初期の儒学者で

「近江聖人」と称される安曇川町出身の中江藤樹を顕彰しようと、地元関係者らが寄付を募って22年に創建された。

今春、神社に隣接する近江聖人中江藤樹記念館の元館長中江彰（67）が「藤樹神社100年史を作りたい」と小川秀治宮司（74）に持ち掛けた。中江さんが蔵にあった資料を整理していたところ、高島高の関係資料3冊を見つけた。

旧今津中校友会誌は第7号（昭和6年10月発行）と第10号（同10年3月発行）の2冊。第7号の記事では、発行前年に行われた同中創立10周年の記念行事（同5年10月）について触れ、生徒らの作文や詩、俳句も掲載している。旧藤樹高女の入学案内書（昭和12年1月発行）は、「本校の教育方針」と題された一冊。人の生き方を説いた藤樹の教えを基に「徳育中心の学校」を目指すとしている。ほかに、旧今津中生徒による英作文や神社に奉納した旧藤樹高女の習字も見つかった。

中江さんは「開校間もない頃の様子を伝える貴重な資料。生徒や女学生が藤樹の教えに触れて勉学に励んだことがうかがえる」と話す。関係資料は同神社100周年記念として地元で公開する予定。

（山木秀二）

（『京都新聞』地方版、二〇二〇・六・二七）

編集協力者

小川秀治（宮司）
中村敏夫（禰宜）
渕田純雄（氏子総代）
渕田英和（氏子総代）
中江靖行（氏子総代）
藤井忠　（氏子総代）
田中和男（氏子総代）

表紙写真（深川澄雄撮影）
裏表紙社標（杉浦重剛揮毫）
資料提供（京都新聞高島支局）

藤樹神社百年史

2021年 5月15日　初版印刷
2021年 5月21日　初版発行

監　　修　藤樹神社
著　　者　中江　彰
発 行 者　藤樹神社奉賛会
〒520-1224
滋賀県高島市安曇川町上小川69番地
藤樹神社社務所内

発 売 所　㈱明徳出版社
〒167-0052
東京都杉並区南荻窪 1-25-3
電話 (03)3333-6247
振替 00190-7-58634

印刷・製本　㈱明徳

乱丁・落丁の場合はお取替えします。 ISBN978-4-89619-832-4